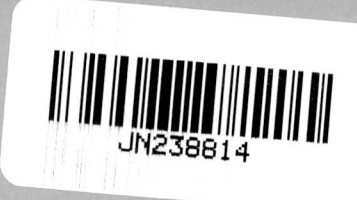

自分で
パパッとできる

事業戦略コンサルタント
石井真人 著

事業計画書

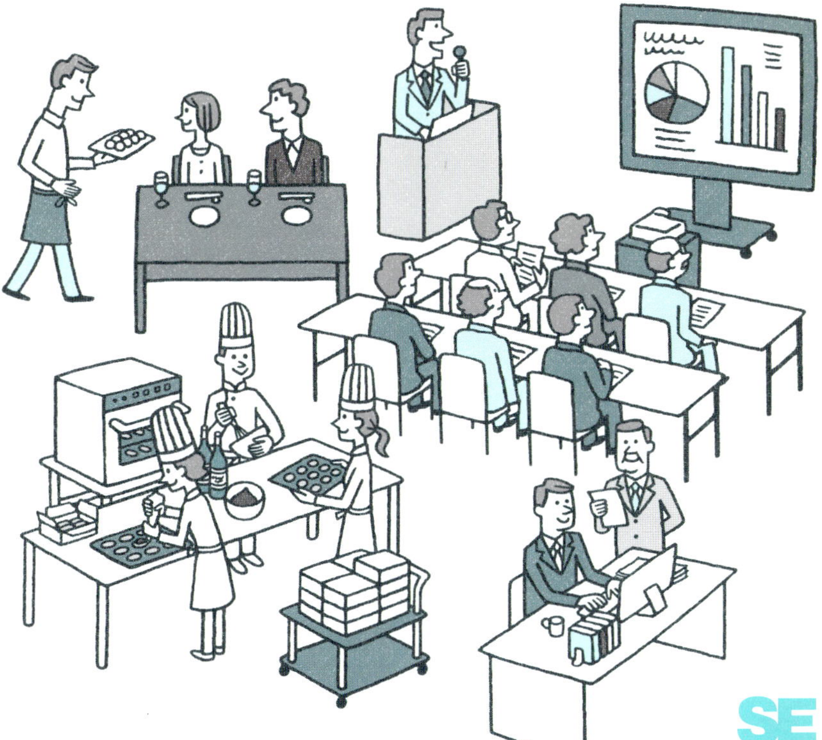

SE
SHOEISHA

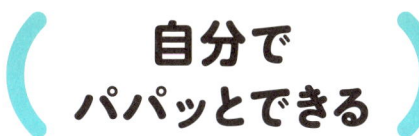

巻頭特集

事業計画書があるとこんなに便利！

個人事業主として独立したり、社内で新規事業を立ち上げようという際、
事業計画書は重要な役割を果たします。巻頭特集では、そのメリットをざっくりと紹介します。

メリット1 アイデアがカタチになる

単なる思い付きだったものが、ビジネスとしてどう成立するのかがはっきりします

メリット2 ビジネスの強みや魅力が伝わる

カタチになることで第3者が理解しやすくなり、より多くの人を巻き込めます

メリット3 客観的な意見でブラッシュアップできる

自分1人では思いもつかなかったような助言が得られます

メリット4　優先するべきことを明確にできる

目標までの道のりを「見える化」することで、期日通りに業務が進められます

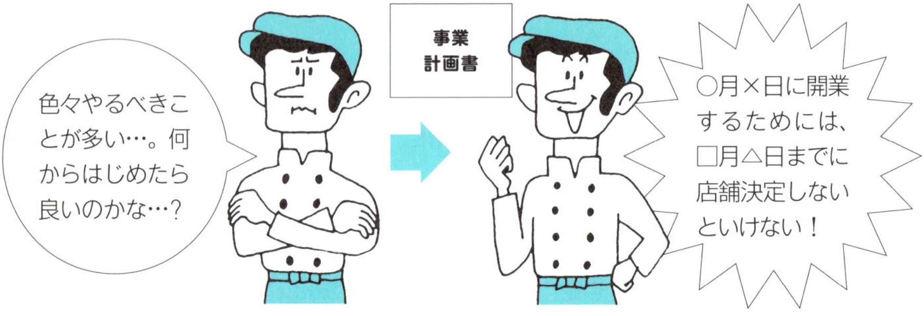

メリット5　しっかりとした売上目標がつくれる

目標があれば自分だけでなく従業員のモチベーションがアップします

メリット6　戦略・計画の根拠が説得力を増す

取引先や融資担当者などのビジネスパートナーからの信用が得られます

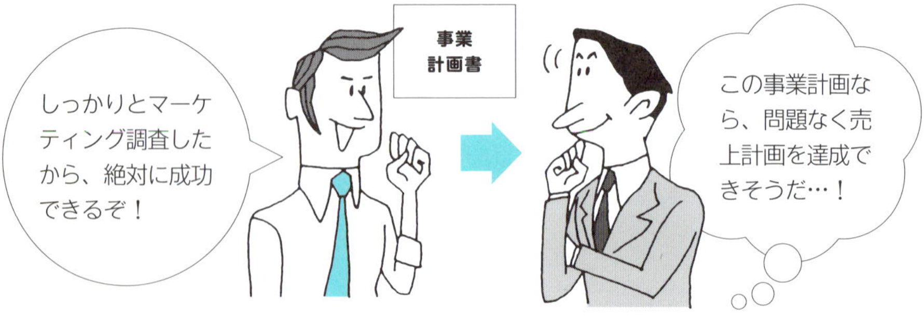

メリット7 ビジネスの利益がわかる

挫折することなく、事業化までこぎつけようというモチベーションに繋がります

メリット8 資金調達ができる

当座の資金繰りや設備投資のために必要な融資が受けられます

メリット9 プレゼンがしやすくなる

しっかりした事業計画書があれば、自信を持ってアピールができます

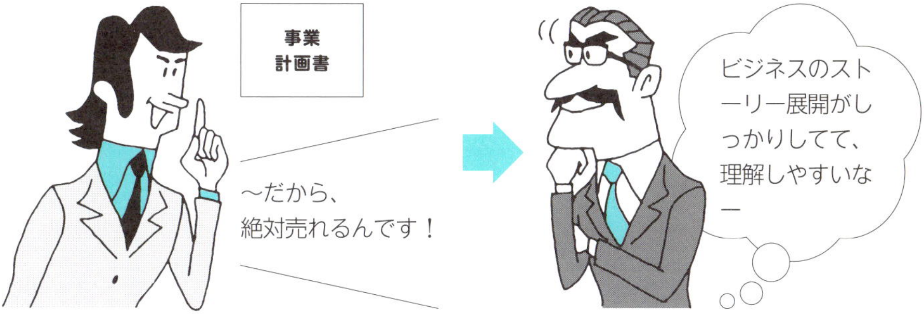

次ページから、本書の魅力や具体的な読み方を説明します。
事業規模に応じて、自分が必要な箇所だけを読めばとなっていますので、是非ご一読下さい。

本書の構成

ビジネスのシーンにあわせたレベル別の内容

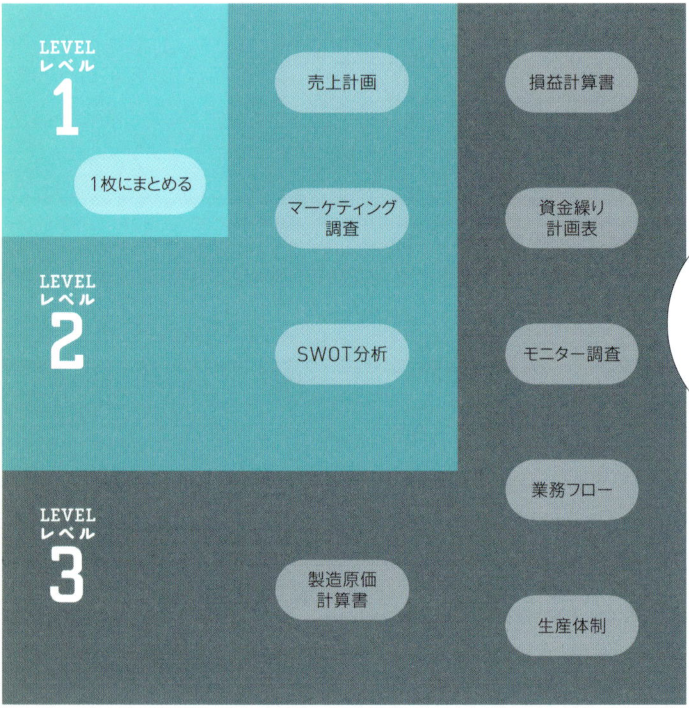

レベル1

新規事業・起業独立を目指す最初の第一歩は、ビジネスのアイデアを広げて１枚にまとめることからはじめます。

レベル2

アイデアの事業化に取り組む段階から事業基盤を確立させる段階では、マーケティング調査・SWOT分析に基づいた売上計画まで作り込んだ事業計画書が重要です。

レベル3

事業規模が大きいビジネスやある程度成長したビジネスでは、より確実な売上を獲得するためのマーケティング調査や組織体制の構築まで考え抜いた事業計画書が重要です。

レベル1の事業計画書（1枚）

１枚だけでビジネスの全体像や強みを伝える事業計画書。ビジネスのアイデアを発案した企画段階で情報整理する時や短時間でプレゼンしなければならない場面で有効です。また、営業ツールとしても活用できます。

高級たこ焼き店

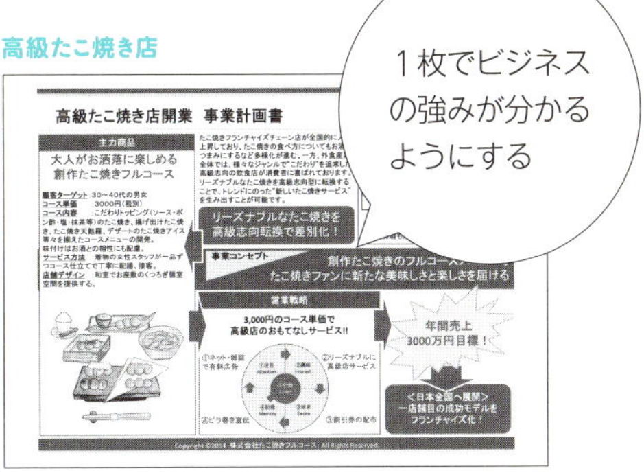
１枚でビジネスの強みが分かるようにする
高級たこ焼き店開業　事業計画書
主力商品
大人がお洒落に楽しめる創作たこ焼きフルコース
リーズナブルなたこ焼きを高級志向転換で差別化！
事業コンセプト
創作たこ焼きのフルコースで
たこ焼きファンに新たな美味しさと楽しさを届ける
営業戦略
3,000円のコース単価で高級店のおもてなしサービス!!
年間売上3000万円目標！
＜日本全国へ展開＞
一店舗目の成功モデルをフランチャイズ化！

レベル2の事業計画書（12枚）

10枚前後でマーケティング調査、売上計画までしっかり作り込み、“売れる根拠”をプレゼンできる事業計画書。事業戦略のプレゼンをしやすく、ビジネスの企画段階から開業後１～２年は使用頻度が多くなります。

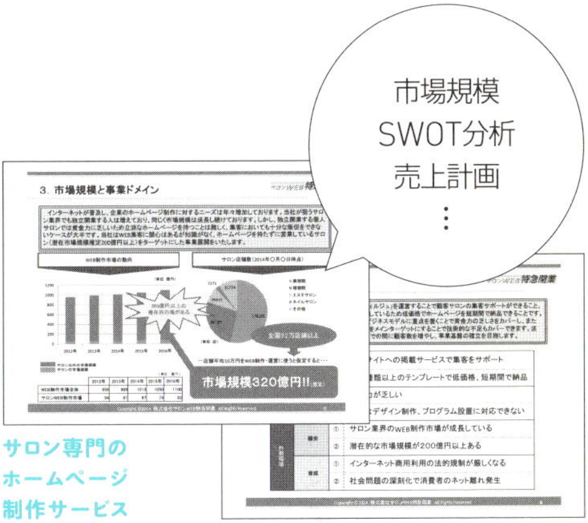
市場規模
SWOT分析
売上計画
⋮
3. 市場規模と事業ドメイン
市場規模320億円!!
サロン業界のWEB制作市場が成長している
潜在的な市場規模が200億円以上ある
インターネット商用利用の法的規制が厳しくなる
社会問題の深刻化で消費者のネット離れ発生

サロン専門のホームページ制作サービス

レベル3の事業計画書（27枚）

20枚以上で徹底したマーケティング調査や組織体制まで作り込んだ事業計画書。しっかり試算した損益計算書・資金繰り計画表も添付した“売れる根拠・儲かる根拠・実行できる根拠”をプレゼンできる完全版です。

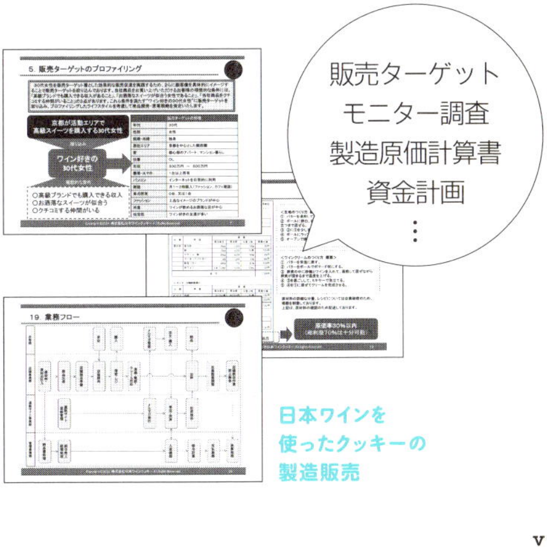
販売ターゲット
モニター調査
製造原価計算書
資金計画
⋮
5. 販売ターゲットのプロファイリング
京都が活動エリアで高級スイーツを購入する30代女性
ワイン好きの30代女性
19. 業務フロー

日本ワインを使ったクッキーの製造販売

まずはA4用紙1枚で事業計画書をつくってみよう

ビジネスのアイデアを思い付いた企画段階では、各戦略・計画を確定させることは難しく、**いきなりレベル３の事業計画書をつくることはお薦めできません。**レベル３の事業計画書をゼロからつくると数週間を必要とするため、開業に向けた一番大事な時期にフットワークが悪くなってビジネスチャンスを逃すケースもあり得ます。これでは、企画段階で戦略・戦術の詳細まで作り込む作業時間がムダになってしまいます。

本書でレベル１から３まで分けている理由は、**ビジネスの成長に合わせて事業計画書を徐々にレベルアップさせていくことが、ムダなく堅実な事業運営に役立つからです。**

本書の活用方法は、最初はレベル１（Ａ４用紙１枚）をつくってビジネスの企画を練り上げ、商品を売り出す段階になった際にレベル２に発展させ、いよいよ組織体制が必要になる段階でレベル３まで作り込む、というイメージです。次頁には、レベル別の事業計画書をつくるのに役立つトピックを一覧化してありますので、ビジネスの成長に合わせて効率よく読んでいただけます。

なお、レベル３で解説しているテーマがレベル２で有効な場合もあり、その時々で必要とされる事業計画書の内容が異なります。まずは本書で紹介している基本パターンを習得していただき、それから積極的に応用してみてください。

最初はレベル１を読みましょう。計画の進捗にあわせてレベル２・レベル３の必要な箇所を読み、事業計画書をレベルアップさせてください。

章		トピック	レベル1	レベル2	レベル3
1	事業計画書の役割と必要性	事業計画書の基礎(P2)	●	●	●
		事業計画書が必要になるタイミング(P8)	●	●	●
		事業計画書の構成と作成の流れ(P14)	●	●	●
2	ビジネスのアイデアを広げる方法	アイデアを事業化していく思考ステップ(P22)	●	●	●
		売れている商品を参考にする方法(P28)	●	●	●
		ヒト・モノ・カネ・情報の資源を活用する方法(P34)		●	●
		ブレーンストーミングを成功させるコツ(P38)		●	●
3	ビジョンはなぜ必要か	ゴール地点としてのビジョン(P44)	●	●	●
		ビジョンを数値化するコツ(P50)	●	●	●
		ビジネスを成功させるビジョンのつくり方(P56)	●	●	●
4	事業コンセプトを決定する	スタート地点としての事業コンセプト(P64)	●	●	●
		事業コンセプトと企業理念の違い(P70)			●
		事業コンセプトのつくり方(P72)	●	●	●
5	「何を誰に何円で売るのか?」を企画しよう	主力商品の明確化(P80)	●	●	●
		販売ターゲットの決定(P86)	●	●	●
		プロファイリングの基本(P92)			●
		商品名・商品品質・販売価格の設定(P94)	●	●	●
		体験モニターの実施(P100)			●
		ブランディング戦略の実施(P102)			●
		店舗の立地条件(P104)			●
6	自社の強みを理解して事業戦略を決定する	マーケティング調査による市場の見極め(P108)	●	●	●
		競合調査によるライバルの分析(P114)		●	●
		強みと弱みの分析(P118)	●	●	●
		機会と脅威の分析(P124)		●	●
		SWOT分析による事業戦略の決定(P128)		●	●
7	販路と営業の方法・手順を具体的に考える	商品を届ける販売チャネル(P134)	●	●	●
		AIDMAの法則(P140)	●	●	●
		売上計画の試算(P146)		●	●
8	ビジネスの展開に必要な体制を考える	会社概要(P152)		●	●
		生産体制(P156)			●
		製造原価計算書(P158)			●
		運営体制を説明する組織図(P160)			●
		業務フロー(P164)			●
		事業展開のスケジュール(P166)			●
9	損益計画・資金繰り計画をつくる	損益計算書と資金繰り計画表の基礎(P170)		●	●
		損益計算書と資金繰り計画表をつくる手順(P174)		●	●
		売上原価の試算(P178)			●
		経費計画の試算(P180)		●	●
		設備投資と開業費用の試算(P184)			●
		利益計画(損益計算書)の試算(P186)		●	●
		資金繰り計画表の試算(P190)			●
		資金計画(資金使途)の決定(P198)		●	●
10	第三者に魅力を伝えるプレゼンをしよう	プレゼンの準備(P204)	●	●	●
		プレゼンをストーリーで伝える方法(P210)	●	●	●

見開きで完結！
知りたいところだけ拾い読み！

事業計画書は、会社やビジネスに関する様々な戦略・戦術・計画を集約した１冊の本のようなものです。事業計画書には膨大な情報が含まれるため、事業計画書をつくっている最中に記憶があやふやになりがちです。

そこで、本書は各テーマについて見開きで解説を完結することで、読者の皆様が知りたいテーマだけを読んで理解できる『**事業計画書作成ノウハウの事典**』として使える構成になっています。

また、より一層理解を深めていただくため、見開きごとに”ざっくり言うと”というタイトルで、各テーマについて重要なポイントを３点にまとめています。

本書末収録の事業計画書や各種ツールをダウンロードページで用意しました！

本書執筆にあたり、読者の皆様に”**現物の事業計画書**”のイメージを明確に持っていただくため、架空のビジネスで事業計画書のサンプルをつくりました。これらサンプルを眺めるだけでも、各戦略・計画やストーリーを作り込む方法をご理解いただけると思います。巻末にまとめて掲載しておりますので参考にしてください。

また、**本書ご購入特典として、本書で紹介したサンプル以外の事業計画書、関連ツール・フォーマットをダウンロードできるようにご用意しております。**本書と合わせて、皆様のビジネスにご活用頂ければ幸いです。

ダウンロードサービスのご案内

本書で紹介する3業種の事業計画書の他に、4業種の事業計画書、著者が実際にクライアントとのやり取りに使っている事業計画自己診断チェックシートなど、ダウンロードサービス限定のすぐに役立つコンテンツが盛りだくさんです！下記の手続きに従って、ダウンロードして下さい。

ブラウザで、翔泳社のウェブサイト「SE Book」（翔泳社の本）の本書のページを表示してください。
「翔泳社の本 自分でパパッとできる事業計画書」などで検索、あるいは、https://www.shoeisha.co.jp/book/detail/9784798137438 へアクセスします。
次に、商品ページで「付属データ」ボタンをクリックしてください。

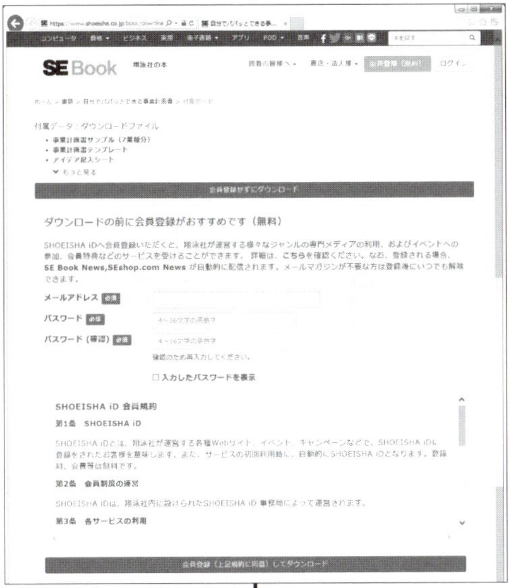

「ダウンロードの前に会員登録がおすすめです（無料）」のページが表示されたら、メールアドレスなどの必要情報を入力して、「会員登録（上記規約に同意）してダウンロード」ボタンをクリック、あるいは、必要情報を入力せずに「会員登録せずにダウンロード」ボタンをクリックしてください。

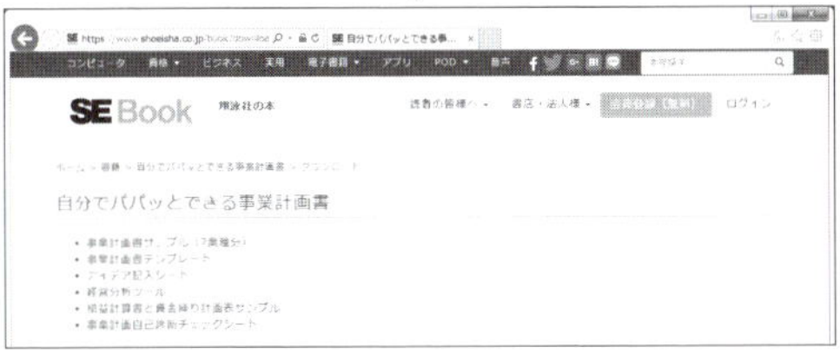

ダウンロードできるファイルが一覧表示されますので、クリックしてダウンロードしてください。ダウンロードできるファイルは以下の通りです。

ダウンロードファイル一覧

○事業計画書サンプル（7業種分）
○事業計画書テンプレート
○アイデア記入シート
○経営分析ツール
○損益計算書と資金繰り計画表サンプル
○事業計画自己診断チェックシート

はじめに

この度は、数多くある事業計画書をテーマにしたビジネス書の中から本書をお選びいただき、誠にありがとうございます。筆者が執筆にあたり心掛けたことは、**本書を最初から読み進めていけば、事業計画書について必要な知識を理解し、誰でも本当に事業計画書がつくれるようになるということです。**

そのため、事業コンセプト・ビジョン・マーケティング調査・事業戦略・ビジネスモデル構築・商品企画・商品戦略・営業戦略・売上計画・利益計画・資金計画など**数多くある事業計画書で必須となるテーマについて、小難しい前提条件・理屈の説明は省き、実践で使える最低限の知識と実務ノウハウを集中的に解説しています。**また、ビジネスのアイデアを広げる方法から、事業計画書を完成させてプレゼンをするまでの一連の流れを順序良く網羅し、事業計画書のサンプル掲載や図解を多用した構成になっています。

筆者自身、事業計画書を初めてつくった当時、”理論重視のビジネス書”が多かったため、実際に事業計画書に何を書いて良いのかわからず、徹夜で悩んだ日々は今も鮮明に記憶しています。読者の皆様が、同じような悩みを経験されないように**『理論よりも初心者が使える実践ノウハウ』**を意識した本書を、ぜひビジネスの成功にお役立てください。

目次

CONTENTS

巻頭特集

第1章 事業計画書の役割と必要性

事業計画書の基礎

事業計画書が必要になるタイミング

事業計画書の構成と作成の流れ

第2章 ビジネスのアイデアを広げる方法

アイデアを事業化していく思考ステップ

売れている商品を参考にする方法

ヒト・モノ・カネ・情報の資源を活用する方法

ブレーンストーミングを成功させるコツ

第3章 ビジョンはなぜ必要か

第4章 事業コンセプトを決定する

第5章 「何を誰に何円で売るのか?」を企画しよう

第6章 自社の強みを理解して事業戦略を決定する

第7章 販路と営業の方法・手順を具体的に考える

第8章 ビジネスの展開に必要な体制を考える

第9章 損益計画・資金繰り計画をつくる

第10章 第三者に魅力を伝えるプレゼンをしよう

第1章

事業計画書の役割と必要性

本章のトピック	レベル1	レベル2	レベル3
事業計画書の基礎	○	○	○
事業計画書が必要になるタイミング	○	○	○
事業計画書の構成と作成の流れ	○	○	○

LEVEL
レベル
1

1枚の事業計画書でビジネスを説明する

作成する習慣づくりが大切

企画書との違い
企画書と事業計画書は同じような役割を果たす書類ですが、一般的に企画書の内容はアイデアに重点がおかれています。一方、事業計画書ではアイデアを実行するプランニングまで網羅します。
本書が紹介するレベル1は、企画書と事業計画書の中間地点と言えます。

事業計画書という書類名称は、誰もが聞いたことがあり、ビジネスにおいて大事な書類であることは何となく認識していると思います。しかし、実物を見たことがある人や作成した経験がある人はとても少ないのではないでしょうか？

事業計画書があるおかげでビジネスがさらに成長するチャンスを発見できるケースもあれば、事業計画書がないためにビジネス展開の方向性が定まらず、なかなか売上がつくれないケースもあります。

事業計画書はあればメリットが多く、なければデメリットが多い書類です。“事業計画書＝難しい”というイメージがあるため後回しにする人が大半ですが、これは暗闇で懐中電灯を持たずに走り抜けるような行為です。

実はビジネスのスタート地点とゴール地点さえ明確であれば、たった1枚でも事業計画書の役割をしっかり果たしてくれます。成功までの道のりを明るく、安全にしてくれるのが事業計画書なのですから、アクションを起こす前に1枚だけの簡単な内容でも作成しておく習慣が大事です。

レベル1の事業計画書とは？

本書では事業計画書を3段階にレベル分けし、具体的なサンプル事業計画書を参照しながら、事業計画書の必要性や作成ノウハウについて解説いたします。

レベル1の事業計画書では、あなたがやりたいビジネスの全体像と魅力を1枚で簡潔に説明します。その1枚の内容で重要なことはビジネスのスタート地点とゴール地点が明確であること、そして主力商品の強みや魅力が第三者に伝わることです。

ざっくりと言うと

- □事業計画書はあればメリットが多く、なければデメリットが多い
- □目指すビジネスの全体像と魅力を1枚で簡潔に説明
- □スタート地点とゴール地点が明確であることが最も重要

レベル1の事業計画書サンプル

1枚の中で市場分析、事業コンセプト、主力商品、戦略、目標、ビジョンをまとめてあり、どんなビジネスで何を成し遂げたいのか伝わる内容になっています。

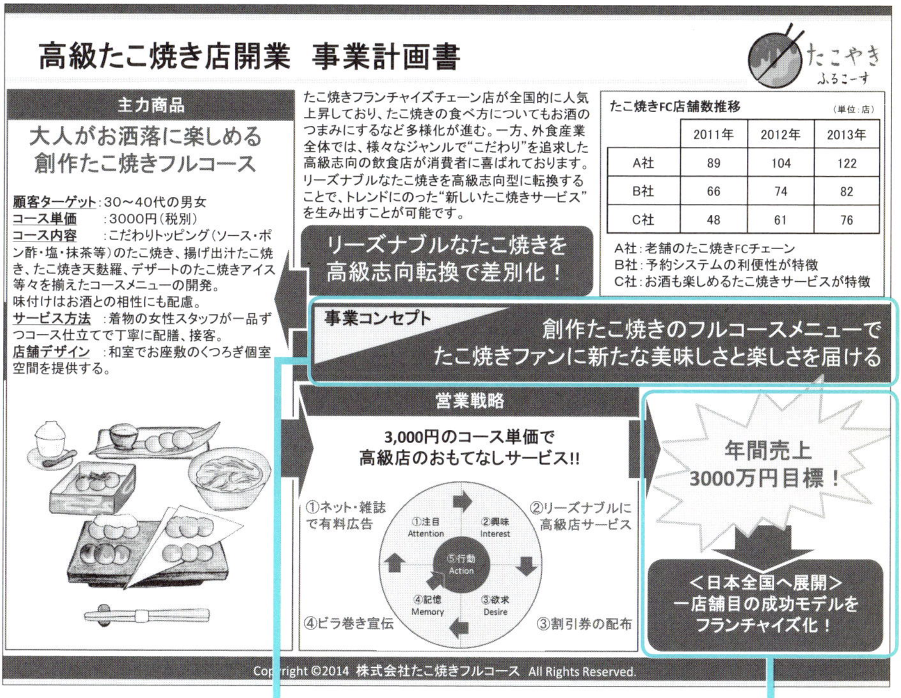

高級たこ焼き店開業　事業計画書

たこやき ふるこーす

主力商品

大人がお洒落に楽しめる
創作たこ焼きフルコース

顧客ターゲット：30～40代の男女
コース単価　：3000円（税別）
コース内容　：こだわりトッピング（ソース・ポン酢・塩・抹茶等）のたこ焼き、揚げ出汁たこ焼き、たこ焼き天麩羅、デザートのたこ焼きアイス等々を揃えたコースメニューの開発。
味付けはお酒との相性にも配慮。
サービス方法　：着物の女性スタッフが一品ずつコース仕立てで丁寧に配膳、接客。
店舗デザイン　：和室でお座敷のくつろぎ個室空間を提供する。

たこ焼きフランチャイズチェーン店が全国的に人気上昇しており、たこ焼きの食べ方についてもお酒のつまみにするなど多様化が進む。一方、外食産業全体では、様々なジャンルで“こだわり”を追求した高級志向の飲食店が消費者に喜ばれております。リーズナブルなたこ焼きを高級志向型に転換することで、トレンドにのった“新しいたこ焼きサービス”を生み出すことが可能です。

リーズナブルなたこ焼きを
高級志向転換で差別化！

たこ焼きFC店舗数推移　（単位：店）

	2011年	2012年	2013年
A社	89	104	122
B社	66	74	82
C社	48	61	76

A社：老舗のたこ焼きFCチェーン
B社：予約システムの利便性が特徴
C社：お酒も楽しめるたこ焼きサービスが特徴

事業コンセプト
創作たこ焼きのフルコースメニューで
たこ焼きファンに新たな美味しさと楽しさを届ける

営業戦略

3,000円のコース単価で
高級店のおもてなしサービス!!

①ネット・雑誌で有料広告
②リーズナブルに高級店サービス
③割引券の配布
④ビラ巻き宣伝

①注目 Attention
②興味 Interest
③欲求 Desire
④記憶 Memory
⑤行動 Action

年間売上
3000万円目標！

＜日本全国へ展開＞
一店舗目の成功モデルを
フランチャイズ化！

Copyright ©2014 株式会社たこ焼きフルコース All Rights Reserved.

経営者の思いが、
ビジネスのスタート地点

目標・将来性は
ビジネスのゴール地点

LEVEL
レベル
2

事業計画書で儲かる根拠を示す

主観を排して客観的に説明する

資金調達をする時には、必ず事業計画書の内容で“儲かるビジネス”だと判断できる客観的な根拠を説明しなければなりません。事業計画書の内容で儲かる根拠が一切説明されていなければ、その計画はあくまでも主観的な思い込みでしかなく説得力のない書類だと言わざるを得ません。

儲かる根拠を説明するためのポイントは、**マーケティング調査**と利益計画の2つです。言い換えると、あなたの商品を買ってくれるお客様が存在する理由と収支計算から導き出される利益額の予測です。直感的に儲かると判断してすぐにビジネスに取り組む人の大半は、頭の中でこの2つを瞬時に分析しています。しかし、その瞬間の思い込みで売れると感じているだけだったり、必要となる経費を全て網羅できていない利益計画は実際には赤字経営という事態に陥りがちです。このように不本意な状況を避けるため、儲かる根拠を客観的に分析できる事業計画書が重要となります。

マーケティング調査
マーケティングという言葉を聞くと営業手法のことだけをイメージする方が多いですが、本来は“顧客ニーズに合わせた商品を開発して宣伝・販売すること”の全てを含みます。そしてマーケティング調査とは、顧客ニーズ・宣伝方法・最適な販売チャネルを調べることを意味しています。

レベル2の事業計画書とは?

レベル2の事業計画書では、客観的なマーケティング調査から考えた営業戦略に基づいて売上計画と利益計画を説明します。ビジネスのスタート地点からゴール地点までの道筋を10ページ前後で論理的に説明していくため、レベル1の事業計画書と比較して計画性が高い内容となります。なお、売上がゼロではビジネスが不成立のため売上計画を重視しがちですが、ビジネスを存続させるために最も大事なことは利益です。第三者に“儲かるビジネス”だと判断してもらえる事業計画書に仕上げるために利益計画まで作り込みます。

ざっくりと言うと

- □“儲かるビジネス”だと判断できる客観的な根拠が重要
- □マーケティング調査と利益計画で示す
- □10ページ前後で売上計画と利益計画を説明する

レベル2の事業計画書に盛り込むテーマ

売上計画・利益計画の数値書類だけでは計画が実現できる客観的な根拠がありません。根拠を説明するために市場規模・営業戦略などを説明するページが必要となります。

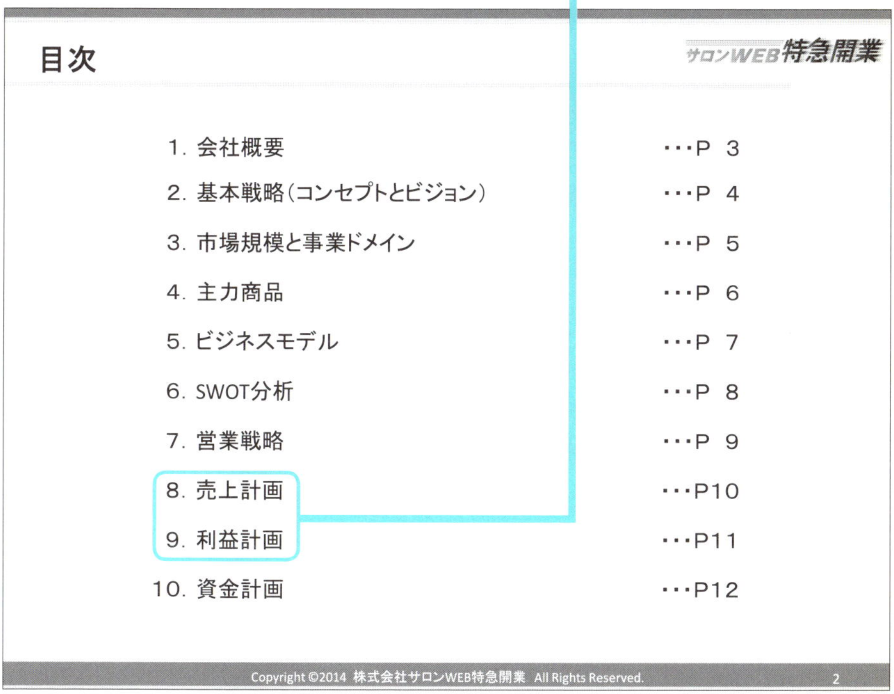

目次

サロンWEB特急開業

1. 会社概要	･･･P 3
2. 基本戦略（コンセプトとビジョン）	･･･P 4
3. 市場規模と事業ドメイン	･･･P 5
4. 主力商品	･･･P 6
5. ビジネスモデル	･･･P 7
6. SWOT分析	･･･P 8
7. 営業戦略	･･･P 9
8. 売上計画	･･･P10
9. 利益計画	･･･P11
10. 資金計画	･･･P12

Copyright ©2014 株式会社サロンWEB特急開業 All Rights Reserved. 2

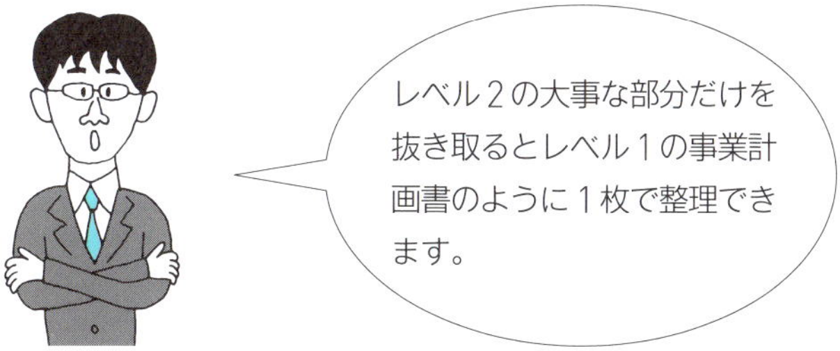
レベル２の大事な部分だけを抜き取るとレベル１の事業計画書のように１枚で整理できます。

LEVEL
レベル
3

事業計画書で計画の実行可能性を納得させる

ヒト・モノ・カネの流れを明確にする

どんなにアイデアが秀逸で儲かるビジネスのネタがあったとしても実行できる体制がなければ、それは絵に描いた餅です。“体制”という言葉は堅苦しく感じるかもしれませんが、要はヒト・モノ・カネ（**経営資源**）のことだと理解してください。例えば、商品を売るためには営業マン（ヒト）が商品とパンフレット（モノ）を持って営業をしますが、その営業活動には交通費と営業マンの給料（カネ）が必要です。アイデア段階ではヒト・モノ・カネのバランスが悪くてもなかなか気づきませんが、事業計画書をしっかり作り込むことで的確なバランスに調整できます。特に実際にビジネスを動かす組織体制（ヒト）はコスト負担が大きいため、業務フローを書き出してシミュレーションすることが大事です。

経営資源
会社の経営資源はヒト・モノ・カネが基本ですが、昔と違って現在では情報も経営資源として扱われます。例えば、顧客リストは売上をつくる大事な資源といえます。

ビジネスの将来性を感じさせる

事業計画書にはビジネスの将来性や経営者の魅力を伝えるという重要な役割もあります。将来性を感じさせることで自然とヒト・モノ・カネが集まり、目標が達成しやすくなります。経営者は事業計画書の作成を決して他人任せにせず、ビジネスに対する思いを反映させなければなりません。

レベル3の事業計画書とは?

レベル3の事業計画書では、ビジネスについて「将来性がある」「実行できる」「儲かる」の3点がしっかり説明できる作り込みをします。事業計画書に書かれた全てのヒト・モノ・カネを数値化して**損益計算書**と**資金繰り計画表**に落とし込むことで、現実味のある事業計画として第三者から評価してもらえます。

損益計算書
収入と支出の差額で利益額を計算する書類です。この利益額でビジネスの赤字・黒字、成長性・安定性を判断することができます。

資金繰り計画表
手持ちの運転資金の動きについて計算する書類です。黒字でも運転資金が尽きれば倒産するため、資金管理に欠かせません。

ざっくりと言うと

- □「将来性がある」「実行できる」「儲かる」の3点を説明
- □ビジネスの将来性や経営者の魅力を伝える
- □損益計算書と資金繰り計画表が必要

レベル3の事業計画書に盛り込むテーマ

ヒト・モノ・カネについて全ての情報を網羅しています。プレゼンを意識したストーリーを考えて、各テーマの順番を決めると読みやすくなります。

目次

1. 会社概要 …P 3
2. 基本戦略（コンセプトとビジョン） …P 4
3. 市場規模と事業ドメイン …P 5
4. 消費者ニーズと販売ターゲット層 …P 6
5. 販売ターゲットのプロファイリング …P 7
6. 主力商品 …P 8
7. モニター調査 …P 9
8. ビジネスモデル …P10
9. 立地条件 …P11
10. 競合分析 …P12
11. SWOT分析 …P13
12. 事業戦略（クロスSWOT分析） …P14
13. ブランディング戦略 …P15
14. チャネル戦略 …P16
15. 営業戦略 …P17
16. 生産体制 …P18
17. 製造原価計算書 …P19
18. 運営体制 …P20
19. 業務フロー …P21
20. 事業展開スケジュール …P22
21. 売上計画 …P23
22. 生産計画 …P24
23. 設備投資・経費計画 …P25
24. 利益計画 …P26
25. 資金計画 …P27

 2

販売ターゲット層に対するモニター調査等は、商品が本当に売れると感じさせてくれる強力な武器になります。

組織体制やスケジュールがあると数値情報の信頼性がグッと高まります。

LEVEL
レベル
1

立ち上げ段階で事業計画書を活用する

書面化が事業化の第一歩

ムダなく事業計画書を作成・活用する
ビジネスの進展に応じて、必要な事業計画書もレベル1からレベル2、3へと変化していきます。
最初はレベル1だけ作成しておき、進展があれば徐々に作り込んでいくことで、事業計画書がプロジェクト管理の役割も果たすためムダなく効率的に活用できます。

一般的に事業計画書はページ数の多い資料ですが、ビジネスの現場では1枚だけの事業計画書が活躍する場面が沢山あります。

アイデアを整理する時

アイデアが閃いた時、企画した内容を1枚に整理することで客観的にビジネスを見つめることができます。頭の中でボヤっとしているイメージのままではなかなか進展しませんが、書面化すると事業化していくための第一歩となります。

商品開発をする時

商品開発によって新しい商品を生み出す時は、関係者の間で完成イメージを共有しなければいけません。ビジネスの全体像を踏まえて価格帯・販売ターゲット・売上目標等の情報を伝えることで、プロジェクトメンバー全員が同じ方向を向いて仕事に取り掛かれる体制になります。

ビジネスの自己紹介をする時

営業活動・交流会といった場面では「どんなビジネスをしているのか（するのか）」を自己紹介をするケースが少なくありません。こういう状況では簡潔にビジネスの全体像と魅力を説明できる1枚があると理解してもらいやすく、コミュニケーションのテンポが崩れないメリットがあります。

融資申込の際、専用フォーマットがある時

公庫や銀行では、融資申込のフォーマットが用意されていることがあります。フォーマットに記入するだけではビジネスの内容が上手く伝わらない時、融資担当者に理解してもらうために参考資料として提出します。

ざっくりと言うと

- □ 書面化することで客観的にアイデアを見直せる
- □ イメージしていることを関係者が共有できる
- □ 短時間でビジネスの全体像と魅力を伝えられる

レベル1の事業計画書の必要性が出てくる事業ステージの順番

アイデアを整理する時

↓

商品開発をする時

↓

ビジネスの自己紹介をする時

↓

融資申込の際、専用フォーマットがある時

レベル1は、今からビジネスをスタートさせる段階に最適です。
たった1枚の事業計画書があることで、ビジネスはスムーズにカタチになっていきます。

LEVEL
レベル
2

成長軌道に乗せる段階で事業計画書を活用する

活用する場面が最も多い

売上計画・利益計画まで作り込んだ事業計画書は、ビジネスをはじめる段階から成長軌道に乗せる段階まで、活用する場面が多いと言えます。

本当に儲かるのか自ら判断する時

商品は売れるがどんなに売れても赤字…という会社は意外に沢山あります。儲けるためのビジネスで損をしないためには、ビジネスをはじめる前に事業計画書を作成して判断しなければなりません。**損益分岐点**が明確になれば、売上目標を決定できるメリットもあります。

損益分岐点
事業全体の収入と支出を計算すると毎月の最低必要な売上金額を試算できます。この金額が損益分岐点であり、これを下回ると赤字経営になってしまいます。

共同経営者や提携企業がある時

共同経営者や提携企業と協力して１つのビジネスを行い、利益を分配する仕組みを作りたい時は、予め事業計画書で利益計画を提示しなければ誰も協力してくれません。

補助金・助成金を申し込む時

補助金・助成金は、その目的に合致している信頼性の高いビジネスに対して、支援する企業・団体が選定されます。そのためビジネスの方向性や全体像・魅力を的確に伝えること、そして計画性の高さをアピールできることが重要となります。

公庫・銀行で融資を申し込む時

公庫・銀行は融資を決定するために売上計画・利益計画で必ず３つのポイントを確認します。１つ目は売上が間違いなく作れること、２つ目は返済できるだけの利益が見込めるか、３つ目は経営者の資質です。経営者の資質では、ビジネスの先を見通す力や計画的な事業運営する能力など、経営者としての価値が事業計画書を通じて評価されるのです。

ざっくりと言うと

- □ 利益計画をつくることで損失を避ける
- □ 将来性や経営者の魅力を伝える
- □ ヒト・モノ・カネを数値化して落とし込む

レベル2の事業計画書の必要性が出てくる事業ステージの順番

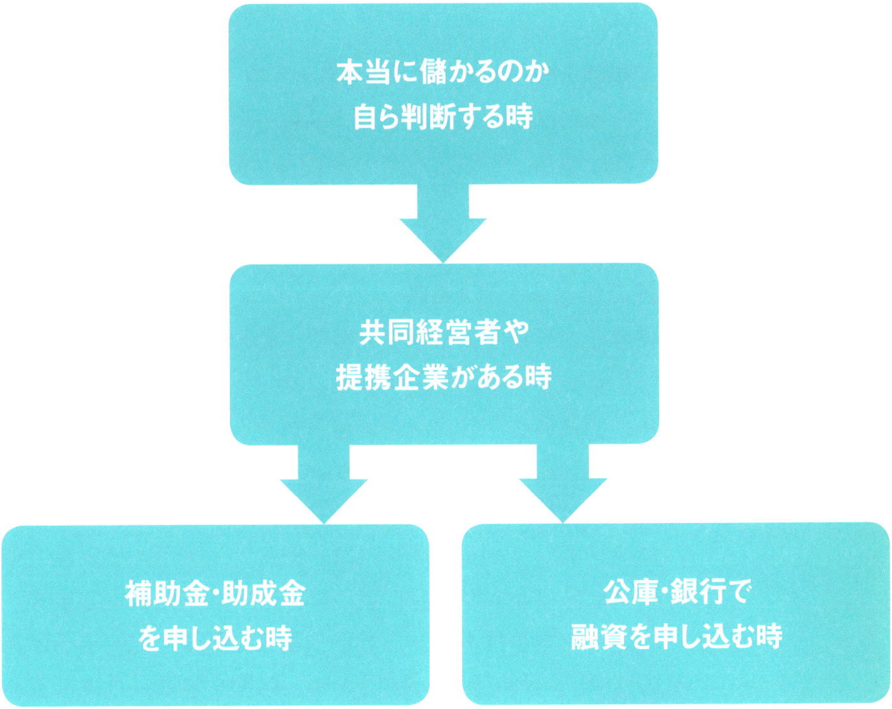

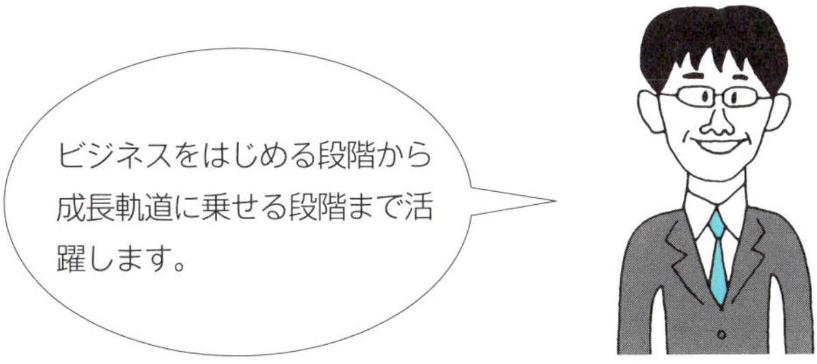

LEVEL
レベル
3 社内外の人を巻き込むために事業計画書を活用する

誰もが納得できる根拠を示す

売上規模の大きいビジネスでは、必要となる事業計画書に緻密さが求められます。社内外で関わる人も増えるため、**リスクマネジメント**を意識した事業計画書で誰もが納得できる説明をしなければなりません。

リスクマネジメント
ビジネスの失敗を避けるためにリスクに対する予防策と対応策を考えて、万が一に備える体制をつくることです。

売上規模が大きいビジネスをはじめる時

これからはじめる新規事業であっても目標とする売上規模が大きい場合、失敗した時の金銭的リスクも大きくなります。そのため、ビジネスに関わる全てのヒト・モノ・カネについて方針・戦略・計画を考え抜かなければなりません。

組織の足並みを揃える時

経営者が考えている方針・戦略・計画を、共に働くスタッフが共有していないと事業運営にムリ・ムラ・ムダが発生します。経営者とスタッフが情報共有する手段として、事業計画書は大いに役立ってくれます。

企業スポンサーを獲得する時

企業スポンサーを獲得すれば、資金力・信用力・集客力など様々なメリットがあり、ビジネスが飛躍的に成長します。スポンサー側もサポートしたビジネスに問題が発生すると自社の社会的信用に影響があるため、緻密な事業計画書によるプレゼンが必要となります。

多額の資金調達をする時

事業規模の拡大を目指す投資や**株式公開（IPO）**を目指す時には、銀行・投資家・ベンチャーキャピタル等から多額の資金調達をすることになります。金額が大きいため投資回収が最優先のポイントですが、そのビジネスが成功する社会的意義も重要となります。

株式公開（IPO）
東京証券取引所等で会社の株式を売買できるように投資家から資金調達する仕組みです。本書は新規事業が対象ですが、レベル3の事業計画書に直近1～3年の業績資料を追加するだけで通用するため参考として紹介しておきます。

ざっくりと言うと

- □ 大規模なビジネスではリスクマネジメントが必要
- □ 経営者の方針・戦略・計画を組織で情報共有できる
- □ 事業規模の拡大には、社会的意義が重要

レベル3の事業計画書の必要性が出てくる事業ステージの順番

売上規模が大きい
ビジネスをはじめる時

↓

組織の足並みを揃える時

↓

企業スポンサー
を獲得する時

↓

多額の資金調達をする時

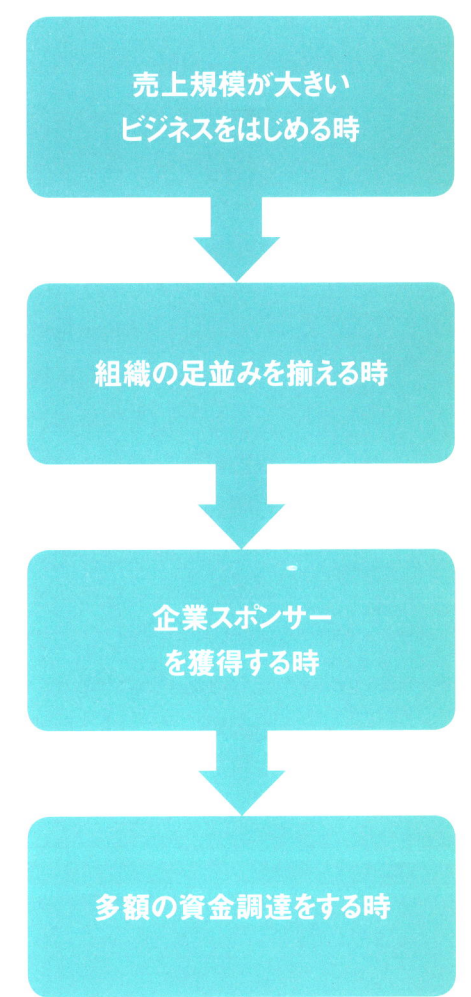

LEVEL
レベル
1

基礎的な構成の流れを押さえる

必要な情報を効率よく盛り込む

事業計画書を作成する時は、手順良く作業を進めなければなりません。事業化のプランが整理し切れないまま書類の作成をはじめると、作成途中でプランの甘さに気づいて何度も書き直すことが多々あります。作成の段階で発想力が刺激されて素晴らしいプランに辿りつくこともありますが、むやみに時間・労力の負担を増やさないためには事業計画書に盛り込む内容と作成手順を理解しておくことが大切です。

レベル1の事業計画書の構成

レベル１では、**事業コンセプト**・**ビジョン**・マーケティング調査・**SWOT分析**・商品戦略・営業戦略の重要ポイントを１枚に情報整理することが基本となります。

事業コンセプト
参入する（している）業界で「何を目的としたビジネスをやるのか?」という事業そのものの存在意義を決めることです。業界・社会に対する影響や役割に配慮して考えます。

ビジョン
ビジネスの目標であり、成長性や将来性を表すものです。

SWOT分析
事業戦略策定手法の１つであり、強み・弱み・機会・脅威４つの視点から分析します。

レベル1の事業計画書を作成するポイント

レベル１の事業計画書は、たった１枚にビジネスの全体像と魅力をまとめなければなりません。そのため、ビジネスに関して的確な情報整理をすることがポイントの１つ目です。この情報整理が不適切では、事業計画書として必要な要件を満たさなくなる可能性があります。２つ目は、いきなり事業計画書を作り込むのではなく下書きを必ずすることです。これは必要な情報をバランス良く配置して、読みやすい事業計画書に仕上げるための作業です。読み手の視線や強弱による見た目の印象にも配慮して下書きすれば、仕上がりの力強さに大きな差が出てきます。事業計画書は作成することが目的ではなく、第三者を納得させるためのツールであることを忘れてはいけません。

ざっくりと言うと

- 構成・策定手順を理解して効率的に作成する
- 的確な情報整理で伝わる内容にする
- 読む人を意識した情報の見せ方が品質を高める

レベル1の事業計画書を作成する流れ

ビジネスのアイデアを思いつく
（事業コンセプトとビジョンの決定）

↓

どんな商品をつくって売るのか考える
（商品戦略の決定）

↓

市場での優位性を確認する
（マーケティング調査）

↓

営業方法と売上目標を決定する
（営業戦略・売上計画）

↓

1枚の書類に情報の配置箇所を下書きする

↓

情報を書き込んで事業計画書に仕上げる

LEVEL
レベル

2　構成に根拠を肉付けする

数値やマーケティング調査で説得力を持たせる

レベル2では、会社概要・事業コンセプト・ビジョン・マーケティング調査・SWOT分析・**商品戦略**・**ビジネスモデル**・営業戦略・売上計画・利益計画・資金計画等の各テーマについて、しっかりと説明した事業計画書となります。計画内容について詳しく説明しなければならない場面もありますので、必要に応じて添付資料の準備もしなければなりません。添付資料の例としては、ビジネスに関連する契約書類や見積書といった数値情報の根拠となる資料は最低限揃えておきたいところです。

商品戦略
販売する商品について、商品名・製品仕様・価格・デザイン・品揃えなど様々な視点で戦略を考えて競争優位性を作り出していくことです。

ビジネスモデル
誰に・何を・どうやって販売するのか?を主軸において、取引関係者間のヒト・モノ・カネ・情報の流れについて相関図で説明します。

レベル2の事業計画書を作成するポイント

レベル2の事業計画書は、10ページ程度であるため情報量もそれ相応に多い資料となります。そのため事業内容について何も知らない人が理解しやすいように、各テーマの順番を工夫しなければなりません。

各テーマの順番を考えるヒントは、ビジネスシーンの営業トークをイメージすることです。初めて会う相手に対する営業トークでは、まず名前を名乗って自己紹介をし、取扱商品の説明をします。次にライバル商品との違いを説明して、自社商品の素晴らしさをアピールします。最後にその商品を買うことで得られるメリット（利益）でプッシュします。この営業トークの基本的な流れに事業計画書のテーマの順番を当てはめると、会社概要でまず自己紹介をして、事業コンセプト・ビジョンや商品について説明を行い、ライバル企業との差別化を説明して**営業戦略**・売上計画に繋げて、最後に利益計画・資金計画で説明を着地させます。

営業戦略
商品をどんな方法で何個販売して、何円の売上にするのか?について方針・戦術を決定することです。

ざっくりと言うと

- □レベル1の事業計画書を基本にして各テーマを作り込む
- □必要に応じて添付書類を用意する
- □営業トークをイメージして説明するテーマの順番を決める

レベル2の事業計画書を作成する流れ

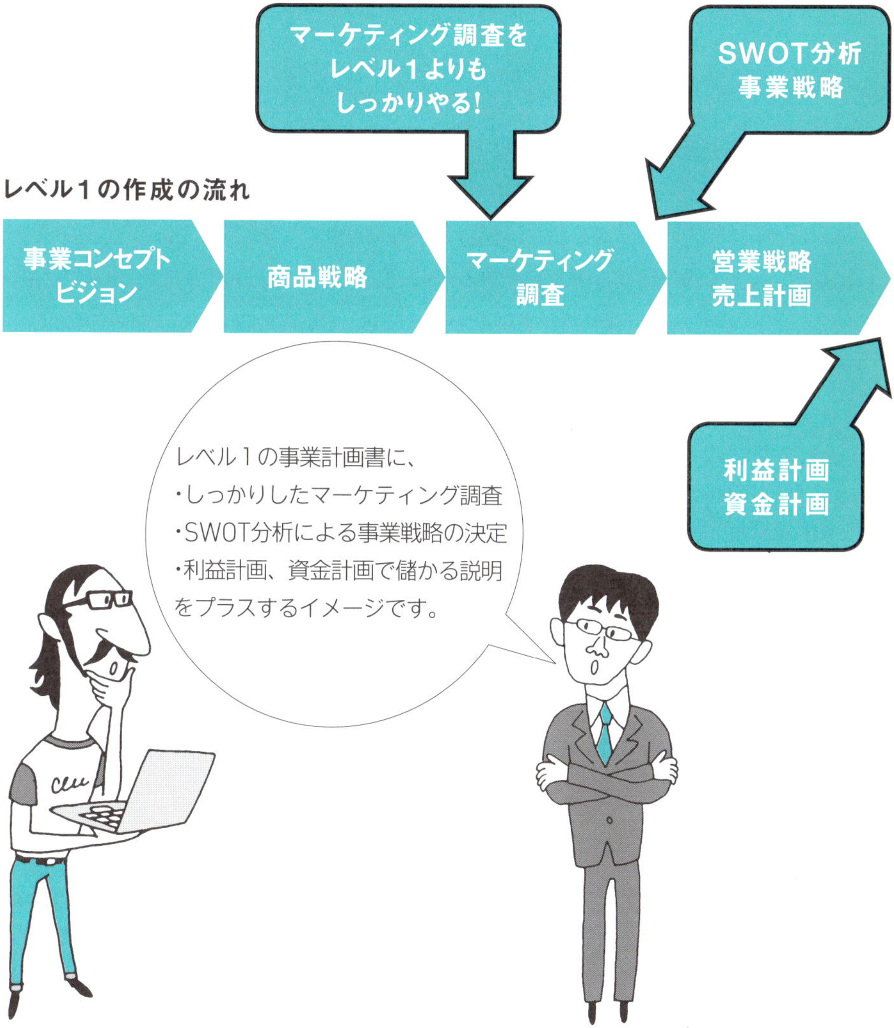

LEVEL
レベル
3 ストーリーのある構成を考える

実現可能性を付加する

レベル３は、レベル２の会社概要・事業コンセプト・ビジョン・マーケティング調査・SWOT分析・商品戦略・ビジネスモデル・営業戦略・売上計画・利益計画・資金計画に、販売チャネル・生産体制・運営体制といった組織体制全般に関するテーマと事業展開を時間軸で捉えたスケジュールを追加した構成が基本となります。ビジネスモデルの内容に応じて、**モニター調査**・立地条件・**ブランディング**戦略といったテーマを適宜追加して作成します。添付資料は、ビジネスに関連する契約書類や見積書とモニター調査・立地条件等の各種調査資料、そして売上計画・利益計画・資金計画をシミュレーションした損益計算書と資金繰り計画表です。

モニター調査
実際の販売ターゲット層から試食等を行い、アンケート調査をして消費者の商品に対する評価を分析すること。

ブランディング
商品･企業について、コンセプト通りのイメージを消費者や世間に浸透させること。

レベル３の事業計画書を作成するポイント

レベル３の事業計画書は、テーマの数も多く20～30ページとなります。そのため、事業戦略・事業計画の内容をわかりやすく伝えるための**ストーリーを持たせる**ことがポイントとなります。ストーリーがある事業計画書はプレゼンがしやすく、さらにストーリーが論理的な展開になっていない場合は見落としているテーマを発見することができます。ただし、単に事業計画書にストーリーがあれば良いわけではありません。その中で、ビジネスの魅力などアピールしたいことや数値情報の根拠となる戦略・計画に触れていることは絶対に欠かしてはいけません。

事業計画書にストーリーを持たせるとは?
プレゼンの台本を考えることに等しい工夫です。プレゼンで話す内容と見せる資料が連動するようにテーマの順番や記載する内容を仕上げておくことです。

プレゼンしている場面を頭の中でイメージしながらストーリーを確認して不足があればテーマを追加し、ストーリーが論理的な展開に仕上がるまで繰り返しながら完成させていきます。

ざっくりと言うと

- □レベル2の事業計画書に実行できる根拠になるテーマを追加して作成
- □わかりやすく伝えるためのストーリーを持たせることがポイント
- □ストーリーは論理的な展開で伝えたいアピールポイントを入れることが重要

レベル3の事業計画書を作成する手順

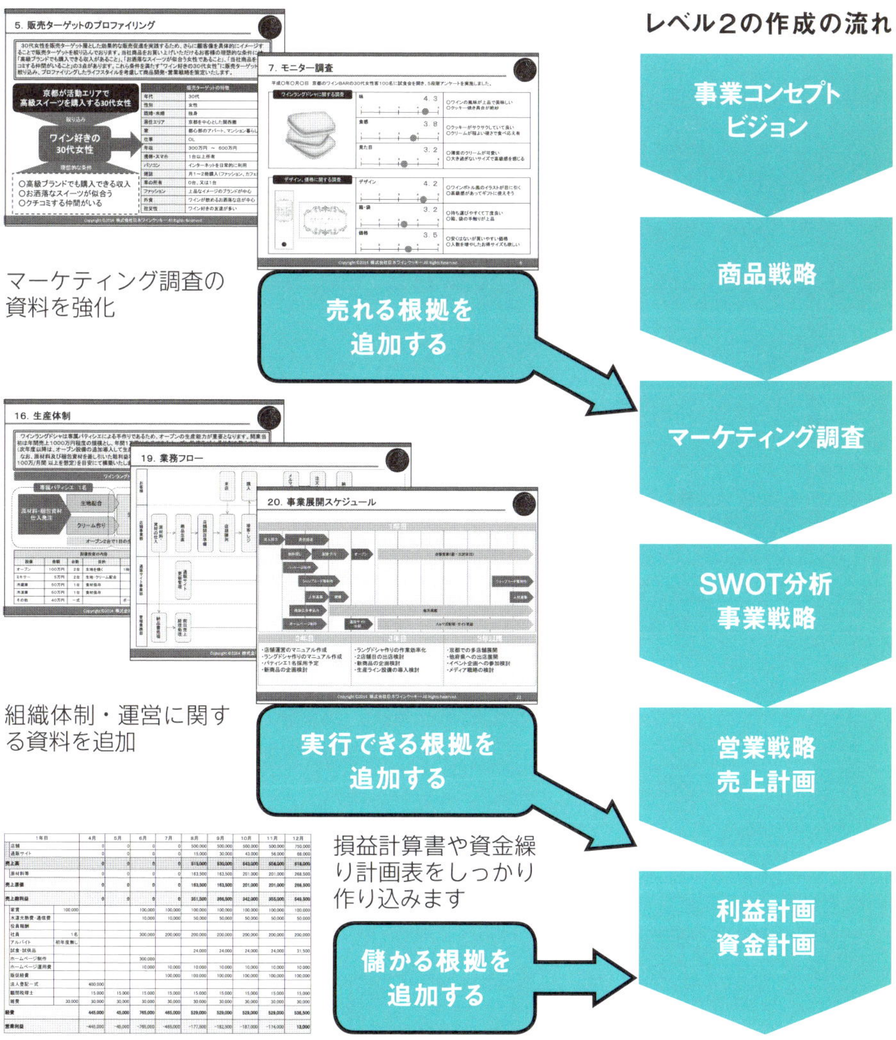

COLUMN
コラム

立派な事業計画書は必要はありません

今まで様々な業種・業界の事業計画書をつくってきましたが、初めてつくった事業計画書のことは鮮明に記憶しています。その事業計画書のテーマはワインビジネス、社会人２年目で何もわからないまま手探り状態で仕上げました。

当時は、具体的な事業計画書作成ノウハウを解説した書籍等はなく、完成した書類のイメージを全くできませんでした。そのため、私が初めてつくった事業計画書は、見た目も話の流れもわかりづらく、決して褒められる代物ではありませんでした。しかし、その事業計画書に基づいて開始した新規事業は成功し、現在も無事に事業は継続しています。成功できた一番の理由は、事業コンセプトに基づき、具体的なビジネスのカタチを事業計画書で表現できたからに他なりません。そのおかげで社内外の様々な人達の助けを借りることができ、アイデアを事業化するところまで辿り着けました。

つまり、立派な事業計画書が必要なのではなく、アイデアを事業化するための戦略・計画を明確にしていること、そして第三者に伝わることが大事なのです。

事業計画書をつくるための実務ノウハウは、実際に何度かつくれば習得できます。そのため最初から立派な事業計画書をつくることを意識するよりも、アイデアを事業化するための戦略・計画を書面化するつもりで、まずは手を動かしてみてください。

第2章

ビジネスのアイデアを広げる方法

本章のトピック	レベル1	レベル2	レベル3
アイデアを事業化していく思考ステップ	○	○	○
売れている商品を参考にする方法	○	○	○
ヒト・モノ・カネ・情報の資源を活用する方法		○	○
ブレーンストーミングを成功させるコツ		○	○

LEVEL
レベル
1

アイデアに具体性を持たせる

商品分類を明確にする

商品分類がない商品を生み出したい場合
いかなる商品にも分類は存在しており、分類＝参入する市場・業界です。
例えば、今は普通となったバナー広告というIT系サービスは数十年前には存在しませんでしたが、消費・利用の視点からみると広告宣伝サービスなどの商品分類に属します。
誰も生み出したことがない画期的なアイデアの商品も消費・利用の視点から分類を把握しておく必要があります。

儲かりそうだと感じるアイデアは、誰でも思いつきますが、誰もがビジネスまで仕上げられるものではありません。最初に思いつくアイデアのほとんどは漠然としているため、具体的な商品イメージやビジネスモデルの在り方まで検討しなければ事業化まで至らないのです。例えば、たこ焼き屋を固定費が安く利益率も高いビジネスとして着目したと仮定します。たこ焼き屋を開業するというアイデアだけでは、たこ焼きメニューのイメージも店舗のイメージも具体的ではないため、商品もお店も作ることができません。つまり、アイデアはビジネスとして事業化できるレベルまで、実現性を追求して広げていく必要があります。

アイデアは徐々に具体化する

アイデアを広げていく第一歩は、商品分類を明確にすることです。商品分類とは、たこ焼き・ホームページ制作・クッキーなど売り物のことであり、この分類が明確でなければアイデアを広げることができません。漠然としたアイデアを思いついた時、そのアイデアが明確に商品分類をイメージできていないケースがあります。例えば、飲食店を開業したいというアイデアだけでは、「どのようなお店を開業したいのか?」が明確ではないためアイデアの広げようがありません。そのため、たこ焼き屋を開業するなど商品分類を明確にして、次の段階では「どのようなたこ焼き屋をつくりたいのか?」とアイデアを徐々に具体的にしていきます。

ざっくりと言うと

- □ 最初のアイデアは漠然としているため広げる必要がある
- □ 商品分類を明確にしなければ事業化できない
- □ 商品分類は利用・消費の視点からも考える

まずは売り物を明確にすることを考えよう!

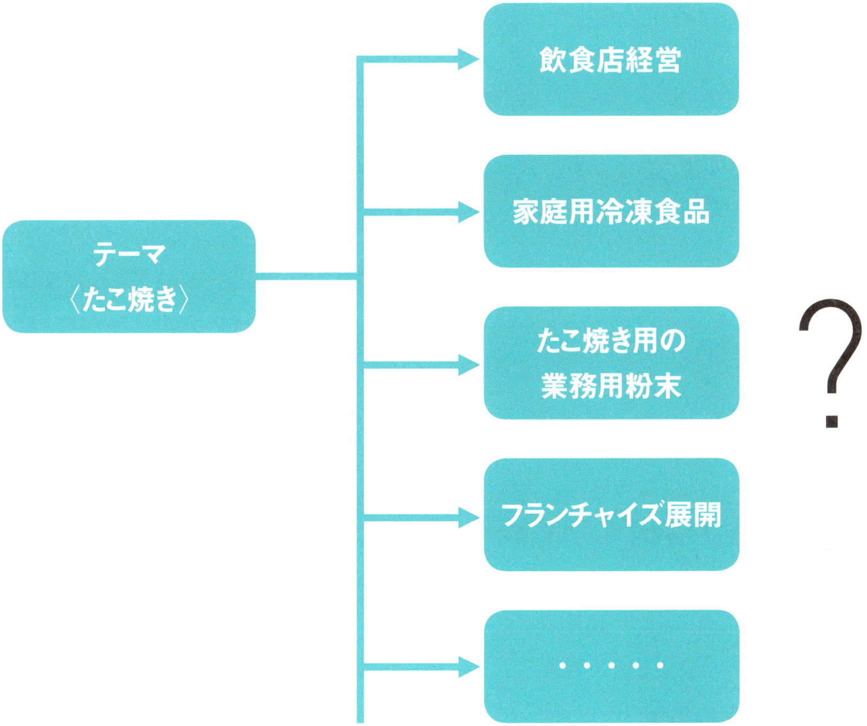

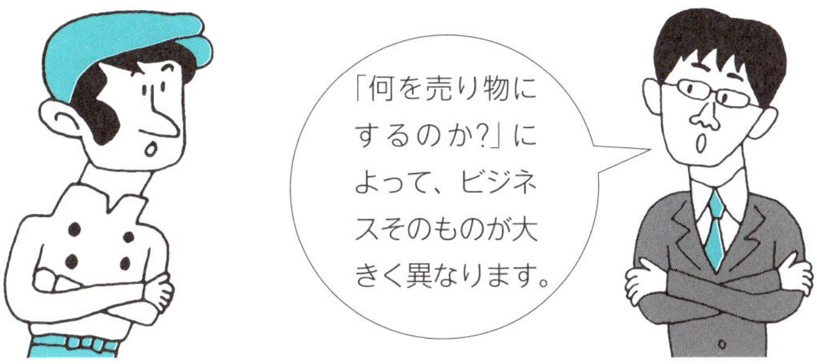

LEVEL
レベル
2

ビジネスモデルまでアイデアを広げる

相関図で流れをつかむ

商品分類を決めただけでは、「誰にどのような方法で販売するのか?」や「商品はどうやってつくるのか?」など、事業化の軸となるビジネスモデルがあやふやな状態です。ビジネスモデルを描くことで、そのビジネスに必要となるヒト・モノ・カネ・情報の動きを明確にして儲けの仕組みを考えることができるのです。またビジネスモデルを考える際、「こだわり・強み・差別化」など、お客様がその商品を買ってくれる理由を見つけておくことが重要です。素晴らしいアイデアの商品を作り出すことができても、売れなければビジネス上の価値はありません。お客様が商品を買える仕組みと買いたくなる理由を明確にできるまでビジネスモデルを見直すことが重要です。

現実味を持たせるコツ

ビジネスモデルを考える際、ヒト・モノ・カネ・情報の動きについて的確に網羅するためには、**相関図を描く**ことをお薦めします。ヒト・モノ・カネ・情報はそれぞれ、ヒト＝買う人・売る人・つくる人、モノ＝商品・サービス、カネ＝買う代金・売る費用・つくる費用、情報＝営業行為・宣伝告知が基本的な内容となります。ヒト・モノを四角で囲った図にして、これらの図を商流・物流・金流・情報流の矢印で繋いでいきます。このように相関図を描くと、最初は漠然としていたアイデアがビジネスとして現実味を帯びてくることが実感できると思います。さらに相関図に「こだわり・強み・差別化」のポイントを付け加えれば、ビジネスモデルの**コアコンピタンス**も確認しやすくなります。

カネの流れ中心で相関図を描く
ビジネスモデルの相関図を描くと、自分が見落としているポイントを把握できて便利です。この見落としのポイントは、カネの流れを追うことで確実に捉えることができます。

コアコンピタンス
競合他社が簡単には真似できない技術、ノウハウ、仕組み、環境といった優位性の高い差別化ポイントを意味します。コアコンピタンスに経営資源を集中させることで競争力を最大限に発揮させることが重要です。

ざっくりと言うと

- □ビジネスモデルを描いて儲けの仕組みまで広げる
- □ヒト・モノ・カネ・情報の動きを相関図で描く
- □「こだわり・強み・差別化」を相関図に付け加える

相関図を描くとビジネスモデル全体が見えてくる!

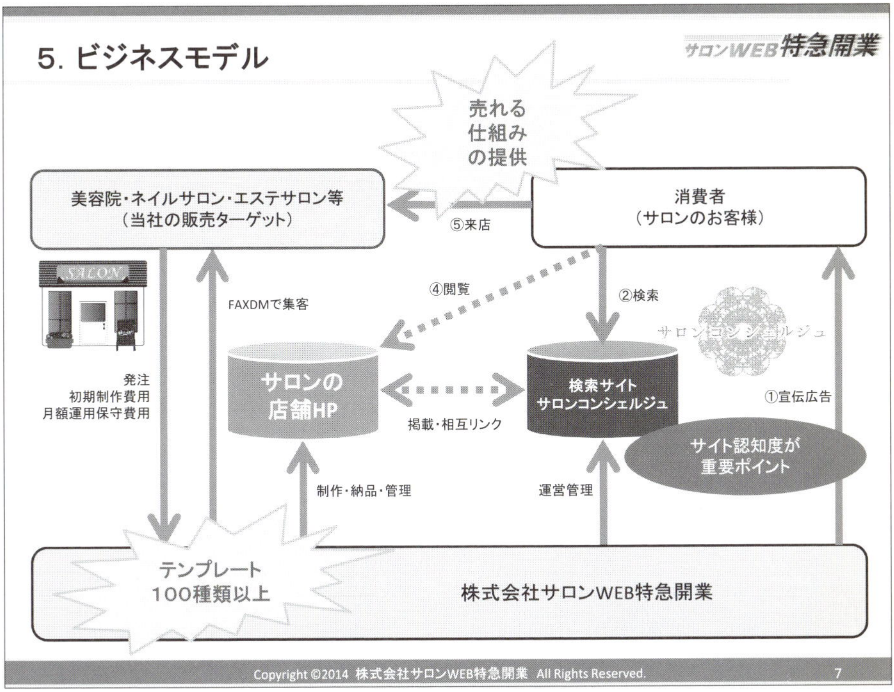

LEVEL
レベル
3

アイデアの将来性を明確にする

事業コンセプトがブレない事業展開を目指す

社会動向も見据える
事業計画書を作成する時、政治・法律や世界経済など社会動向が数年後に変化することが見えている場合もあります。この社会動向に合わせた戦略を考えておくことも大切です。

レベル２で解説したビジネスモデルの相関図は、「今現在のビジネス」を描いています。戦略・計画通りにビジネスを展開していくと、数年後には業界・地域における会社（あなた）の地位が良い方向に変化し、消費者からの信用と利益も獲得しているはずです。これら勝ち得た地位・信用力・利益を新たな経営資源として活用することで、ビジネスを次にステージに成長させていくことができます。つまり、数年後の社内外の環境の変化を見通して「『将来のビジネス』をどのように展開していけるか?」について模索しておくのです。「将来のビジネス」がイメージできている企業は、何年たっても事業コンセプトがブレることなく筋が通った事業展開をするため業界・地域・消費者からの信用は確固たるものとなり、企業・商品のブランド価値も不動のものとなります。

業界・地域・消費者が持っている課題を見つける

数年後を想像しなければならないため、アイデアの将来性を模索することは簡単なことではありません。しかし、地位・信用力・利益を得た会社だからこそできる仕事があります。それは、業界・地域・消費者が持っている課題を見つけて解決する役割を担うことです。例えば、日本ワインはまだこれから成長していく業界です。その成長を後押しするような商品を開発して販売していくことは大きな貢献になります。さらに各都道府県のワイン用ブドウを原材料に使えば、経済効果が見込めるため地域活性化に貢献することになります。

関連する業界・地域・消費者に注目して課題を見つけ出し、その課題に対してどのような貢献ができるのか?という視点で考えてみてください。

ざっくりと言うと

- □ 環境の変化を見通して「将来のビジネス」を考える
- □「将来のビジネス」が明確だと事業コンセプトがブレない
- □ 業界・地域・消費者に貢献できる役割を考える

経営者としての魅力にも繋がるビジョン

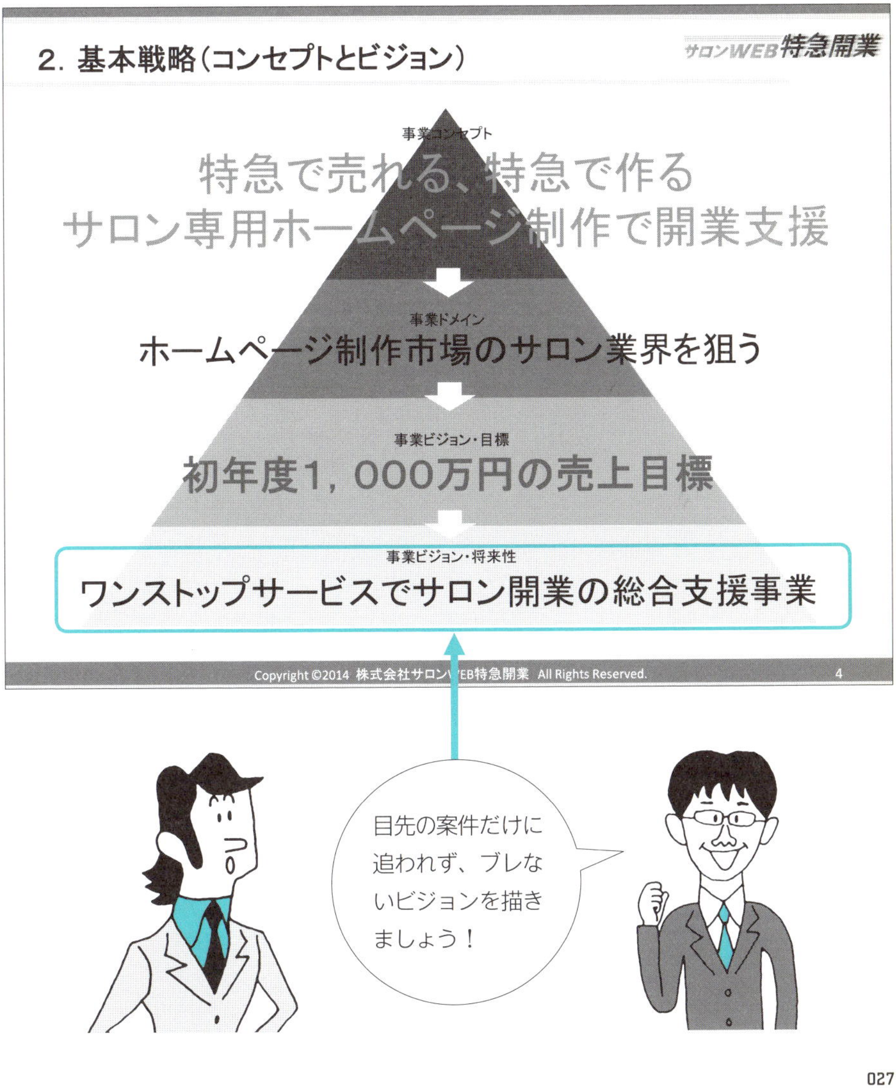
2. 基本戦略（コンセプトとビジョン）
サロンWEB特急開業
事業コンセプト
特急で売れる、特急で作る
サロン専用ホームページ制作で開業支援
事業ドメイン
ホームページ制作市場のサロン業界を狙う
事業ビジョン・目標
初年度1，000万円の売上目標
事業ビジョン・将来性
ワンストップサービスでサロン開業の総合支援事業
Copyright ©2014 株式会社サロンWEB特急開業 All Rights Reserved.
4
目先の案件だけに追われず、ブレないビジョンを描きましょう！

LEVEL
レベル
1

商品を差別化する

売れている商品を参考にして企画する

差別化しない商品
売れている商品との差別化をせず、類似品をつくってライバル企業の顧客を奪う戦略もありますが、法的トラブルになる可能性が高いリスクあるアイデアだと言えます。

ビジネスのアイデアについて、商品分類を明確にして売り物が具体的になれば、次に考えるべきことは「どんな商品をつくるのか?」を考えることです。そのためには、必ず同じタイプの売れている商品を探して参考にするようにしてください。その理由は、売れている商品をいくつか分析することで消費者に興味を持ってもらえるポイントをつかむことができるからです。また、ライバル企業の主力商品とその特徴を把握しておくことで、差別化された商品を企画しやすくなります。消費者に興味を持ってもらいやすく、さらにライバル企業と差別化することで業界における商品の存在意義が生まれるのです。

商品のどこを差別化するのか?

商品の差別化を考える時、販売ターゲット・品名・品質・原材料・デザイン（見た目）・サイズ・サービス方法・価格など、商品の設計・仕様についてライバル企業がやっていないことをイメージしてみるとアイデアが広がりやすくなります。例えば、たこ焼きの販売ターゲットは庶民向けが一般的ですが、この販売ターゲットを高所得者に切り替えることをイメージすれば、原材料にこだわって品質を向上させ、たこ焼きの見た目には高級感を持たせなければなりません。すると必然的に価格も高く設定することになります。この瞬間、“高級たこ焼き”という新しい商品が誕生します。

このようにアイデアを広げてできた差別化ポイントは、商品の強みになりますのでライバル企業の商品は抜かりなく調査しておくことが大切です。

ざっくりと言うと

- □ヒット商品を分析して消費者のニーズをつかむ
- □ライバル企業の主力商品と特徴を把握する
- □ライバル企業がやっていないことをイメージしてみる

商品の設計・仕様を1つでも変えると新しい商品になる

高級志向のターゲットを
狙うアイデア

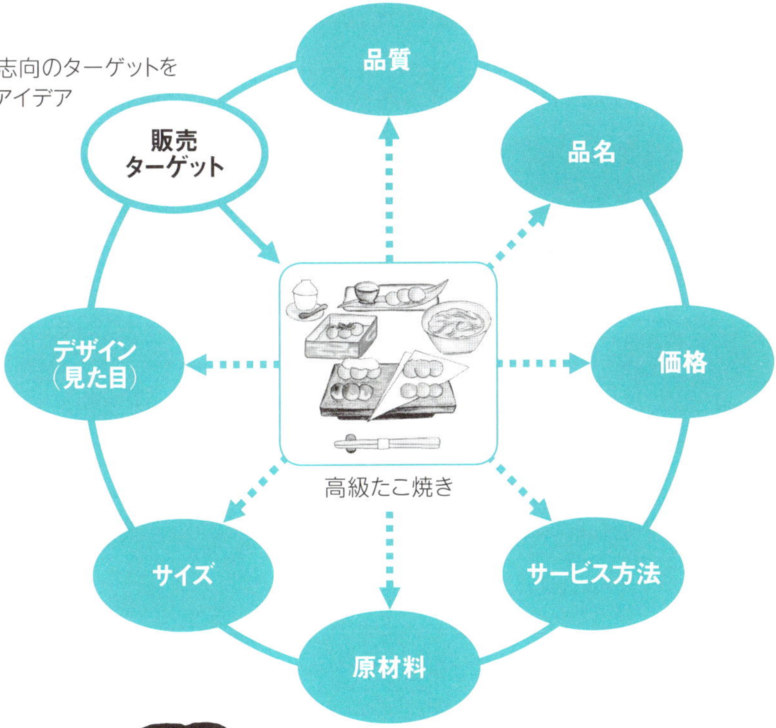

LEVEL
レベル
2

商品の売り方を差別化する

商品の設計・仕様以外に目を向ける

売り方の差別化はお客様のメリットが大事
売り方を差別化しても、お客様にデメリットが発生したら売れません。売り方の工夫でお客様にメリットが発生していることは大事なポイントです。

商品の設計・仕様を差別化しようと思っても差別化できるポイントが見つけられないことがあります。既に色々なパターンで差別化された商品が生み出されている商品分類もあれば、ITサービスのように商品そのものが差別化しづらい場合もあります。このようなケースでは商品の設計・仕様ではなく、売り方を差別化する視点に切り替えてみるとアイデアが広がりやすくなります。商品によっては設計・仕様の違いがお客様の視点からはわかりづらく、“同じような商品”という認識をされることもあるため、売れている商品を参考にして、売り方の工夫をすることで差別化を考えていきます。

売り方の何を差別化するのか?

売り方の差別化を考える時は、売り手・売る相手・売る体制・売る場所・売る時間などシチュエーション的な工夫をするパターンがお薦めです。例えば、ホームページ制作というサービスは専門技術が必要となるため、制作費用もそれなりの金額になってきます。しかし、ホームページのデザイン・レイアウトのテンプレート100種類を準備した売る体制を作れば、低価格かつ短期間でホームページ制作のサービスを提供できるようになります。また、売る相手をサロンに限定することでサロン業界専門のホームページ制作会社という差別化されたイメージ戦略を打ち出すこともできます。

売り方の差別化をした結果、特殊なビジネスモデルになることもあります。事業化したときに、お客様からお金をいただく仕組みがつくれることを必ず相関図でビジネスモデルをチェックしてください。

ざっくりと言うと

□ 商品自体の差別化が難しい場合は、売り方を変える
□ 売り方のシチュエーションを工夫する
□ 売り方を差別化した際は必ずビジネスモデルを確認する

売り方を変えてお客様のメリットを増やす

主な売り方	事　例
売り手	スーパー等の店舗販売している商品を自動販売機で販売するとお客様の利便性が高まるというメリットがある
売る相手	日本でしか売られていない商品を海外に向けて販売すれば、海外から日本の商品を買える環境になる
売る体制	ホームページ制作をテンプレート化すれば制作期間が短縮化されるため、お客様は早くホームページを立ち上げられる
売る場所	その地域限定のご当地商品を日本全国のスーパーで販売すれば、お客様は旅行しなくてもご当地商品を買える
売る時間	ユーザー向けの電話相談を24時間対応にすることで、お客様は緊急時にも相談できる環境になる

お客様だけでなく、会社側にもメリットが生まれるアイデアを考えてみよう！

LEVEL
レベル
3

異なる商品を融合して差別化する

「強み×強み」の相乗効果を狙う

商品や売り方の差別化だけでは、どうもパッとしない時、異なる2つ以上の商品を融合させることで斬新なアイデアに発展することがあります。このパターンでも、売れている商品を参考にしてアイデアを広げることが重要です。なぜなら、売れていない商品同士を組み合わせても、結局お客様が興味を惹くポイントがなければ、その商品は売れないからです。少なくとも融合させる商品のうち、1つだけでも売れている・興味を惹けることが重要なポイントとなります。

アイデアはいち早く実現した者が勝つ
どれだけ素晴らしいアイデアでも、他の人に同じようなアイデアを事業化された瞬間に二番煎じとなります。成功できそうなアイデアがひらめいたら、その時点から事業化のスピードが重要となります。

融合させるポイント

異なる2つ以上の商品を融合して開発した場合、インパクトを生み出すために元々の商品の強みを打ち消さないことが大事です。「強み×強み」の相乗効果で強力な商品を企画しなければなりません。また、ここで言う商品とは、モノだけではなく、無形のサービスやキャラクターといった著作物も範囲内で考えてみてください。例えば、確実な市場があって手軽に食べられるクッキーという商品に、人気が高まりつつある**日本ワイン**を融合させると、お洒落なイメージのワインを手軽に味わえる商品「日本ワインクッキー」のアイデアになります。しかも、クッキー好きの市場を手堅く狙いながら、日本ワインに興味を持った人が購入してくれることが期待できます。さらに、誰もが知っている有名なソムリエに監修してもらえば、ワイン愛好家たちに与えるインパクトはますます高まります。

日本ワイン
ワインは、その生産地域の名称をつけることが一般的です。フランスならフランスワイン、イタリアならイタリアワインです。数年前まではワイン＝海外のイメージが強く、日本ワインという名称は聞き慣れませんでしたが、昨今では人気のジャンルになっています。

融合する商品を探すコツは、テレビ・雑誌・インターネットで、多くの人が興味を持っている情報を探すことがお薦めです。

ざっくりと言うと

- □ 異なる商品を融合させると斬新なアイデアになる
- □ 元々の商品の強みを打ち消さない
- □ 多くの人が興味を持っている情報を探す

何を組み合わせて融合させるか？が大事

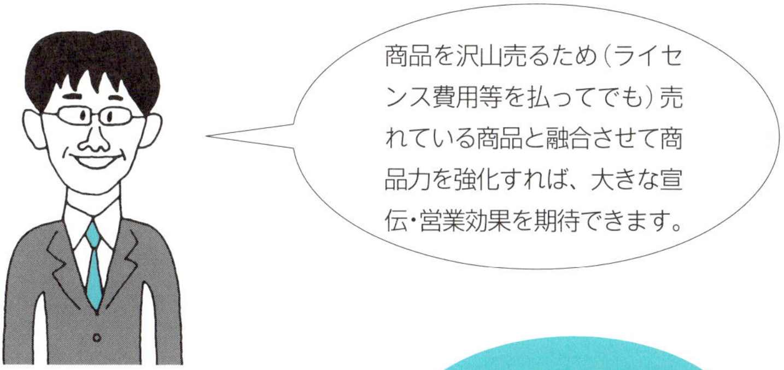
商品を沢山売るため（ライセンス費用等を払ってでも）売れている商品と融合させて商品力を強化すれば、大きな宣伝・営業効果を期待できます。

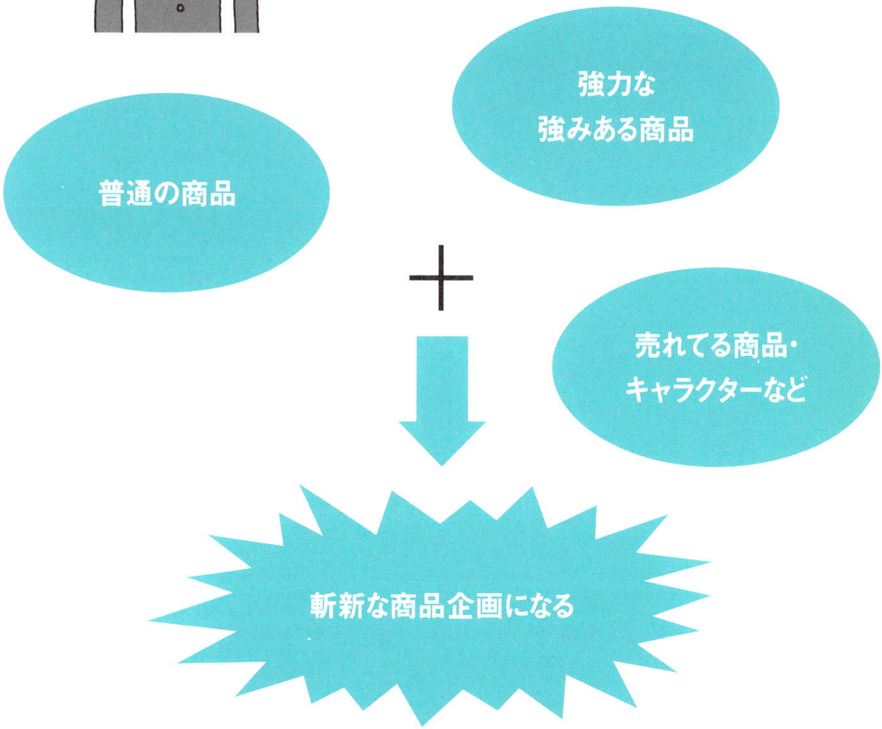
強力な
強みある商品
普通の商品
売れてる商品・
キャラクターなど
斬新な商品企画になる

LEVEL
レベル
2

経営資源を棚卸しする

自社の強みを活かすヒントを探す

ビジネスのアイデアを広げる時、自社のヒト・モノ・カネ・情報といった経営資源を把握しておくことは重要です。なぜなら、自社で準備できる経営資源の範囲内でビジネスをスタートできた方が、経営の負担が軽くて済むため効率的に事業化を進めることができるからです。

経営資源を活用するヒントをご紹介すると、ヒトは仕事をする人材の技術・経験・知識など、モノは既に持っている商品や資材・車・土地・建物などカタチあるもの、カネは現金・貯金・有価証券など資産価値のあるもの、情報は企業リストなど営業に使えるデータ・まだ世の中に浸透していない政治経済に関わる計画などが挙げられます。アイデアを広げる前にこれら経営資源を**棚卸**しておき、ライバル企業に差をつけるためには、「どのように活用するべきか?」という視点で検討してください。

商機を掴む情報
時流に乗ってビジネスを起こした経営者を「商機を見るに敏」と称すことがあります。この商機とは、ライバルが気付いていない情報を手にして成功したケースが多いものです。ビジネスを成功させるためには、情報に対して常にアンテナを張っておくことが重要です。

棚卸（たなおろし）
一般的には経理用語で、決算のために商品の在庫を調査して数量を確認することです。これが応用されて、今あるモノ・コトを整理する作業の意味でも使われます。

最高の経営資源はヒト

経営者にとって人材は最も重要な経営資源だと言えます。どんなに素晴らしいモノ・カネ・情報を持っていたとしても、これらをビジネスというカタチにするためには人材の力が必要だからです。例えば、売り物が手元になかったとしても、WEBデザインに優れた技術を持つ人材であれば、その技術を活かしてホームページの100種類のテンプレートを制作すれば魅力的な商品となります。逆にWEBデザインのできる人材がいない状況で、ホームページのテンプレートを100種類制作する場合は業者に発注するしかなく、大きな支出となるため現実的ではありません。経営資源の活用で実現できるビジネスを発想することが効率的な事業化に繋がります。

ざっくりと言うと

- □経営資源を活かせば効率的な事業化に繋がる
- □ライバル企業との差別化も意識する
- □人材は最も重要な経営資源

経営資源を書き出して棚卸することが大事

サロン業界に特化したホームページ制作で事業化を目指す

ヒト	モノ	カネ	情報
WEBデザインの優れた技術がある	WEBサービスのため特になし	最小限の資金	特になし

ライバル企業との差別化を考える

100種類のテンプレートを準備することは
自社内で対応可能であり、
お客様にとってもメリットある差別化商品になる!

LEVEL
レベル
3

経営資源を活用して付加価値を生む

アイデア次第で可能性が広まる

ブラッシュアップ
一定のレベルに達しているモノ・コトをさらに磨き上げて品質を高めること。事業計画書においては、商品やビジネスモデルなどにさらにアイデアを加えて強化するときに使います。

商品企画のアイデアがある程度まとまった段階でも、ヒト・モノ・カネ・情報といった経営資源の有効活用でさらに**ブラッシュアップ**することができます。上手くブラッシュアップできれば、画期的な商品に仕上がる、お客様が商品を買いやすい環境になる、商品のブランド価値が高まるなどのメリットが出てきます。そのメリットが加わることで、商品に付加価値がついて競争力を強化できます。

付加価値を高めていける経営資源の活用方法の事例としては、ヒトであれば人脈を生かした事業提携・監修など、モノであれば既にある自社商品を組み合わせたビジネスモデル構築、カネであれば資金力を活かした高級感ある演出・サービスへの投資、情報であればとっておきの情報をお客様だけに提供するなどが挙げられます。

集客力のアップを狙って付加価値をつける

実は、商品やビジネスモデルに付加価値を加えるアイデアを出すこと自体はそれほど難しくはありません。しかし、付加価値の付け方を間違えると全く集客できないケースもあります。その理由は、お客様に商品の付加価値が魅力的に見えていないからです。つまり、付加価値の加え方が間違っているのです。例えば、日本ワインを原材料に使用したクッキー商品であれば、その特徴である日本ワインをアピールしてワイン愛好家に買ってもらえる仕掛けをしていきます。付加価値の付け方の一例としては、有名なソムリエの人脈を活用し、クッキーの監修をしてもらうことでワイン愛好家が興味を持ちやすい商品にブラッシュアップしていくことが挙げられます。

ざっくりと言うと

- □組み合わせ次第でメリットが生まれる
- □商品やビジネスモデルの競争力が強化される
- □アイデアを加える時は集客も考慮する

商品の付加価値を高めるためにはお客様のニーズが重要

日本ワインを使用したクッキー商品

＋

人脈という経営資源（ヒト）

有名な
ソムリエによる
監修

↓

お客様にとって興味を惹く付加価値のある商品になる

↑

ワイン愛好家

LEVEL
レベル
2

ブレーンストーミングのテーマを設定する

参加者のアイデアで可能性を広げる

ブレーンストーミングは楽しく進行する
ブレーンストーミングの場は、参加者が笑いながらアイデアを出せるくらいが丁度良い具合です。進行を担当する人は出てきたアイデアを褒めたり、突拍子もない発想を笑ってあげたりして参加者の気分を乗せてください。気分が高揚してくると発想力を増す人は多いのでお宝級のアイデアが出てくるかもしれません。

一人でビジネスのアイデアを練ろうとしても良い発想ができなかったり、毎回同じパターンの発想しかできなくて悩むことがあります。こういう時は、他の人の知恵・経験に基づいたアイデアを出してもらうことが最も効率的です。他の人からアイデアを出してもらうために有効な手法の代表格がブレーンストーミング（略称：ブレスト）です。この手法は、誰にでも簡単にできますので是非覚えておいてください。

ブレーンストーミングの特徴は、テーマを１つだけ決めて、そのテーマに沿ったアイデアを複数のメンバーが自由な発想で思いつく限り出し合ってビジネスの可能性を広げていくことです。参加者の自由な発想を妨げないため、ブレーンストーミング中は他のメンバーが提案したアイデアに対する否定的な意見は禁止しておくことがポイントです。

一番悩んでいることをテーマにする

ブレーンストーミングの議題となるテーマは、一番の悩みどころをピンポイントで絞り込んでシンプルに提示してください。例えば、悩みが“顧客離れしない仕掛けが思いつかない”であれば「サロンが大満足して離れてくれないホームページ制作サービスを考える」をテーマにするといった感じです。もしテーマに悩みが入ってなければ、沢山のアイデアが出てきても使い道がなく無駄になってしまいますので、悩みをそのままテーマに置き換えてブレーンストーミングに臨んでください。また、楽しい雰囲気でアイデアを出した方が発想力もアップしますので、ちょっと笑えるテーマにするとより良いでしょう。

ざっくりと言うと

- □ 自由な発想でビジネスの可能性を広げる
- □ 一番の悩みをテーマにする
- □ 否定的な意見を禁止して自由な発想を促す

参加者の自由な発想でアイデアが広がる

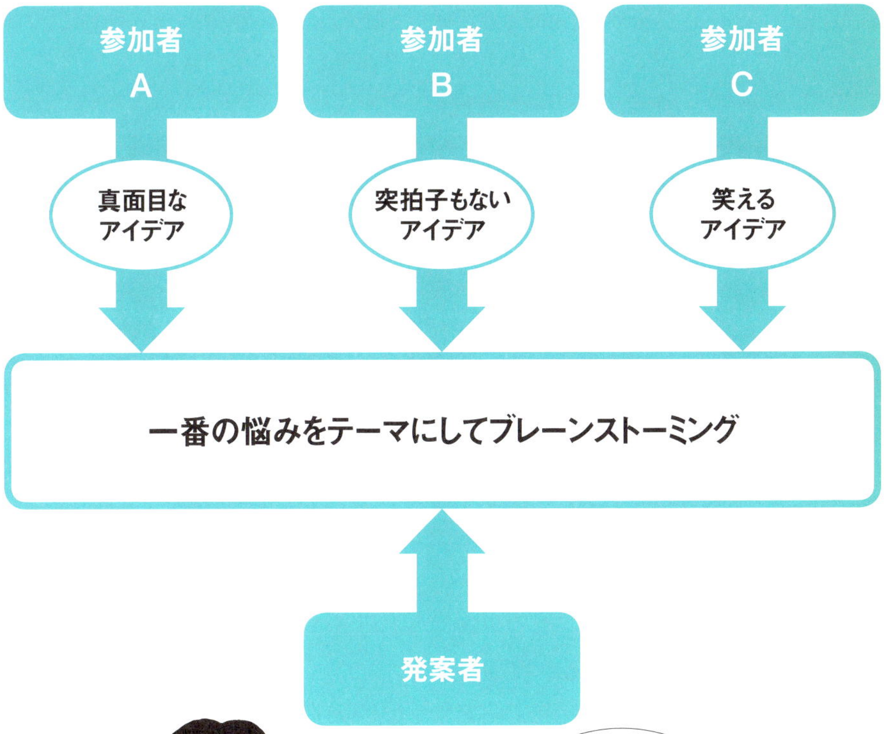
参加者 A
参加者 B
参加者 C
真面目なアイデア
突拍子もないアイデア
笑えるアイデア
一番の悩みをテーマにしてブレーンストーミング
発案者

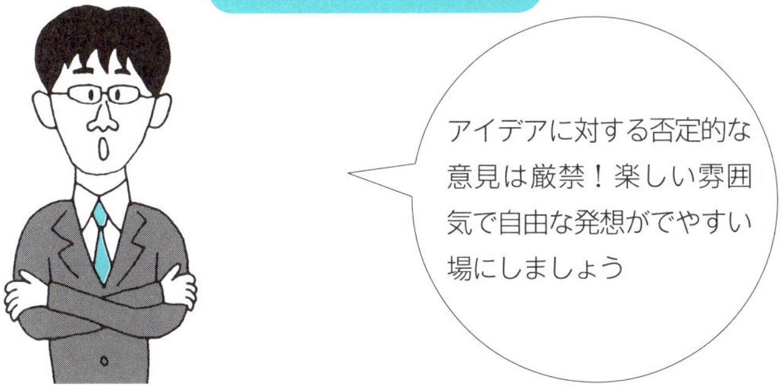
アイデアに対する否定的な意見は厳禁！楽しい雰囲気で自由な発想がでやすい場にしましょう

LEVEL
レベル
3

ブレーンストーミングで得たアイデアを活かす

ブレーンストーミングの注意点

ゴールを決めずにアイデアを出し合うこと
ブレーンストーミングを行う時は、参加者にビジョンを伝えない方が良いケースが多いです。特にビジョンが大きい場合は、参加者が身構えて堅実なアイデアを出そうとする傾向があり、ブレーンストーミングの良さがなくなります。

ブレーンストーミングは、複数のメンバーでアイデアを出し合う手法だからこそアイデアが広がるというメリットがありますが、同時に注意点もあります。注意点を把握して、上手くメリットを引き出せるようにしてください。

参加メンバーの選定

ブレーンストーミングの結果は、参加者の知識・経験等に左右されるためメンバーの人選は重要なポイントとなります。また、参加メンバーからアイデアの情報が漏れたり、アイデアが採用された後に権利関係で揉めるリスクもあります。
そのためビジネスへの関わり方を明確にして、能力的な視点だけでなく人格的な視点からも配慮しておくことが必要です。

アイデアは全てメモに取る

複数のメンバーから自分の知識・経験では発想できなかったアイデアが出てくるメリットがありますが、自分自身の中から出てきたアイデアではないため、実はすぐに忘れてしまうことも多いのです。採用しなかったアイデアも将来的に使えるネタになる可能性がありますので必ずメモしてください。

実行できるか検証する

自由な発想で出てきたアイデアには「それは無理だ」と感じてしまうものもあります。しかし、ここで無理だと決めつけてしまうとビジネスの可能性を広げることはできません。
例えば、前述した日本ワインのクッキー商品を企画する時、有名なソムリエに監修してもらえば、ブランド価値が高まるというアイデアが出てきたします。ここで無名の商品に有名なソムリエが監修するわけがないと決めつけず、本当に監修してもらえるか確認して検証しておくべきでしょう。

ざっくりと言うと

- □ 参加メンバーは能力的・人格的な視点から選抜
- □ 不採用のアイデアも将来使える可能性がある
- □ 最初から否定せず実行できるか検証する

ブレーンストーミングで得たアイデアは大事にストック

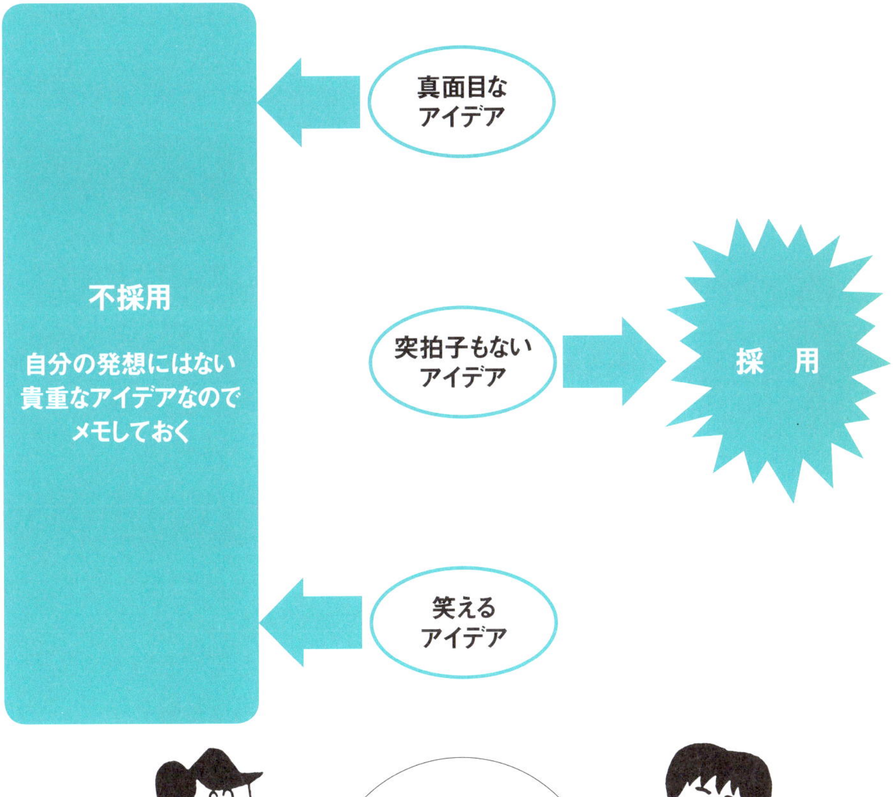

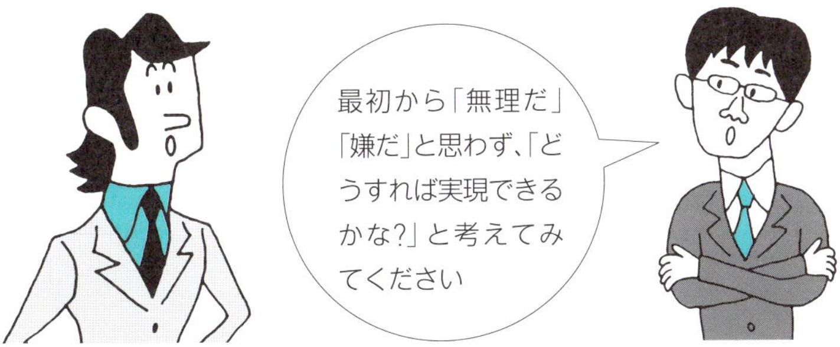

COLUMN
コラム

アイデアは必ずメモを取る習慣を

ビジネスのアイデアやヒントは、いつ発想したり出会うかわかりません。アイデアやヒントを見つけた瞬間は、「これはビジネスに使える！」と思っていても、時間が経てば忘れてしまうものです。一度忘れたアイデアやヒントは、なかなか思い出せないことも多いため、私は常に手帳に手書きでメモを取るようにしています。

その瞬間にメモを取ることができない場合は自分のメールアドレスにアイデアやヒントについて箇条書きにして送っておきます。メールで送った後、やはり手書きで手帳に書き写しています。

私は、１冊の手帳にメモが集約してあることと、手書きでメモすることが大事ではないか？と思っています。１冊の手帳に手書きでメモしておくと、同時にアイデア・ヒントを眺めることができ、アイデア・ヒントの組み合わせで思わぬ発想が出てくることもあります。

ちなみに手帳ではなく携帯・スマホ等を使っていた時期もありますが、思い付いたままに入力したメモを後から探すのは意外にストレスであり、そしてバラバラのメモを同時に眺めることも難しいため、再び手帳を使うことになりました。

もちろん、ご自身の使いやすいツールで構いませんが、いずれにしてもメモだけは必ず取り、時々見直すことを意識してみてください。メモするだけで頭がすっきりして冴えわたり、アイデア・ヒントという情報資産を貯蓄できるメリットは予想以上に大きいものです。

第3章

ビジョンはなぜ必要か

本章のトピック	レベル1	レベル2	レベル3
ゴール地点としてのビジョン	○	○	○
ビジョンを数値化するコツ	○	○	○
ビジネスを成功させるビジョンのつくり方	○	○	○

LEVEL
レベル
1

ビジョンを理解する

ビジネスが目指すべきゴールを決める

ビジョンを簡潔に説明すると、「ビジネスが目指すべきゴール地点」となります。ビジョンを決定しておくメリットは大きく３つあります。１つは、事業戦略・商品戦略・営業戦略の方向性を決定できることです。もう１つは、ビジネスの将来性・成長性をアピールできることです。そして最後の１つは、組織的な事業運営がしやすくなることです。

これら３つのメリットがあるため、ビジョンを決定することでゴール地点が明確になったビジネスは、事業展開のムリ・ムラ・ムダがなくなります。つまり、最短距離でビジネスの成功を目指すことが可能となります。

各戦略の方向性を揃えて事業展開できる

ビジョンが決定していないビジネスの事業戦略・商品戦略・営業戦略は方向性が定まっていないため、各戦略の方向性がバラバラになる可能性があります。例えば、たこ焼き開業でビジネスをはじめる場合、将来の目標（ゴール地点）が**フランチャイズ**展開による事業拡大だとします。このビジョンを明確に決定しておかなければ、入手できる量が非常に少ない原材料でたこ焼き商品を企画してしまいフランチャイズ展開した時に同じ味を再現できなくなったり、地域のお祭りなどイベント時にしか売らない営業戦略を展開していたために加盟店に指導する集客ノウハウを確立できないなど、後々に問題が発生してくる可能性があります。

このような事態を避けるためには、まずビジョンを決定して、そのビジョンの実現を目指す事業戦略・商品戦略・営業戦略を考えていかなければなりません。

フランチャイズ
本部が加盟店に対して、商標・商号の利用権利、商品を仕入れる権利、営業ノウハウ等を提供するビジネスモデル形態。一店舗を成功させて多店舗展開するときに選択されることが多い戦略の１つ。

ざっくりと言うと

- □ビジョンは成長性や将来性を示す
- □事業展開のムリ・ムラ・ムダがなくなる
- □事業戦略・商品戦略・営業戦略がカギ

ビジョンを決定して各戦略の方向性を揃えることが大事!

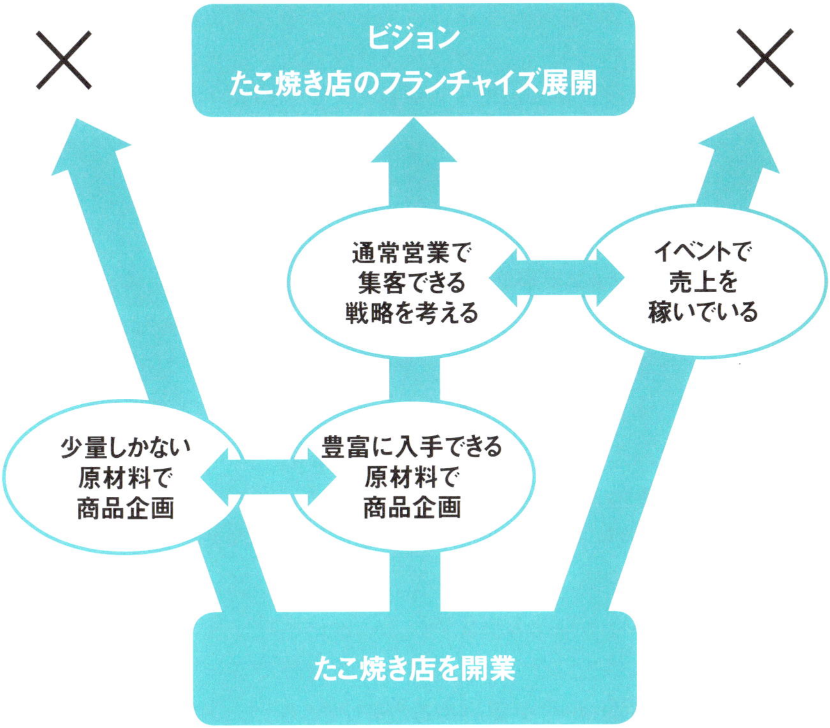

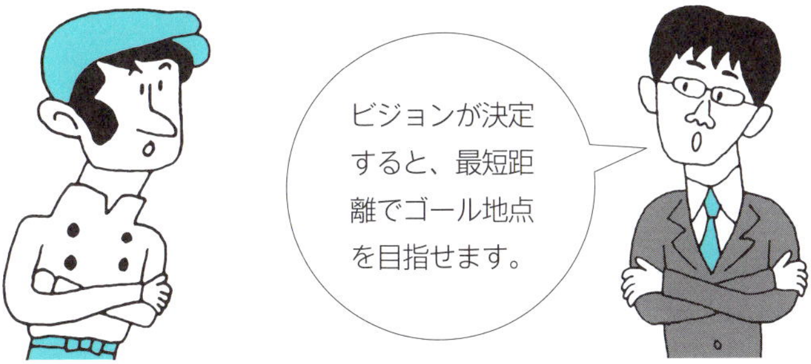

LEVEL
レベル
2

将来性・成長性を感じさせるビジョンを考える

ビジョンはビジネスの進むべき道しるべ

ビジョンが決まれば、ビジネスの方向性とゴール地点（目標）を示すことができるため、第三者に対してビジネスの将来性・成長性を伝えることができます。事業計画書が果たす役割の１つは、ビジネスの将来性・成長性について第三者に納得してもらうことであり、わかりやすく簡潔にアピールできるのがビジョンです。ビジョンで将来性・成長性を伝える目的は、ビジネスの目指す事業規模を理解してもらうことと、売上・利益が効率よく稼げると感じてもらうことです。

ビジョンで事業規模を理解してもらう

ビジョンによって第三者に事業規模を理解してもらうには、事業展開を目指す市場規模の大きさを直感してもらうこと、そして展開する市場でニーズがありそうなビジネスだと感じてもらうことです。例えば、「**ワンストップサービス**でサロン開業の総合支援事業」というビジョンの事例では、年々開業サロンが増えているため市場規模が大きくなっていくことが期待できます。また、サロンを開業したオーナーが様々な不安・課題を抱えていることは容易に想像できるため、ニーズがありそうなビジネスだと直感できます。

ワンストップサービス
１つのテーマについて、１社だけで販売ターゲットの様々なニーズに対応できる利便性の高いサービス体制のこと。例えば、開業というテーマに対して、税理士が司法書士や社労士と提携して、開業に伴う様々な手続きに対応できる体制をつくるケースが当てはまります。

売上・利益が見込めると感じてもらう

売上・利益が見込めると第三者に感じてもらうには、将来目指すビジネスモデルがポイントです。前述の「ワンストップサービスで開業サロンの総合支援事業」の事例の場合、ワンストップサービスというビジネスモデルは１社の取引先に対して様々なサービスを提供することになります。つまり、同じ営業経費で１社との取引金額が大きくなることが見込めるため、売上・利益が効率よく稼げることが期待できます。

ざっくりと言うと

- 第三者に魅力を伝える有効な手段
- 事業規模の大きさを感じさせることが重要
- 将来目指すビジネスモデルが、売上・利益を期待させる

ビジョンの将来性・成長性が第三者を惹きつける

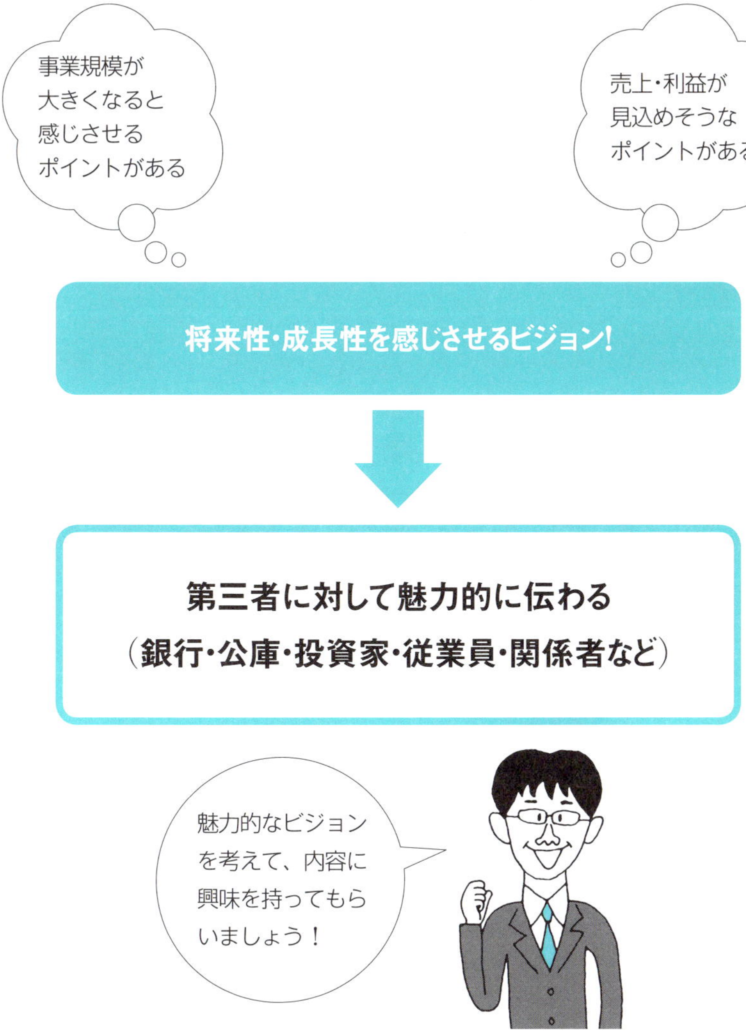
事業規模が大きくなると感じさせるポイントがある
売上・利益が見込めそうなポイントがある
将来性・成長性を感じさせるビジョン！
第三者に対して魅力的に伝わる
（銀行・公庫・投資家・従業員・関係者など）
魅力的なビジョンを考えて、内容に興味を持ってもらいましょう！

LEVEL レベル 3

組織的な運営を強化するビジョンをつくる

組織全体で戦略が実行できる

社会貢献型のビジョンとは？
例えば、難病と言われている薬の開発を目指す場合は、医療業界が抱える課題を解決して、消費者にも病に対する恐怖心を解消してもらえるため、社会貢献型のビジョンと言えます。また、ご当地商品を開発して日本全国へ販売すれば、その地域が経済的に潤うため、地域活性化をテーマにした社会貢献だと言えます。

ビジョンが決定すると会社・経営者にとっての道しるべが明確になるだけではなく、その会社で働く従業員や関係者にとっても有効な道しるべとなります。

ビジネスは経営者ひとりでは運営できないため、従業員や関係者の協力が必要となります。この時、魅力的なビジョンを経営者が決定することで、経営者・従業員・関係者が１つのゴール地点を目指すことができます。そのため、ビジョンの方向性にマッチした戦略があれば、組織全体で戦略を実行する体制をつくることができます。

例えば、京都で日本ワインを使ったクッキー商品“ワインラングドシャ”を販売するビジネスで、「各都道府県に事業展開して日本ワインの地域活性化 」というビジョンを決定し、「各都道府県に事業展開するためには、まずは京都でワインラングドシャの販売を徹底して成功を収める」という事業戦略を打ち出します。すると、従業員は目指していることと今やることの意味を納得できるため、ビジョンの実現を目指して全力を尽くすことができます。また、１つのゴール地点を目指して経営者・従業員が協力し合うことで仲間意識も芽生えるため、組織的な事業運営に繋がっていきます。

組織的な事業運営は急成長の可能性がある

組織的な事業運営をしているビジネスは、経営者１人が頑張っているビジネスよりも会社が成長しやすいことは想像に難くありません。特に社会貢献型のビジネスであれば、従業員がやりがいと目的意識を持ちやすいため、ビジネスが開業して数年で急成長することもあります。

ざっくりと言うと

- □従業員や関係者にとっても道しるべになる
- □ゴールを目指して経営者・従業員が協力し合える
- □組織的な事業運営ができれば開業後数年で急成長する可能性がある

組織的な事業運営が実現すれば急成長する可能性!

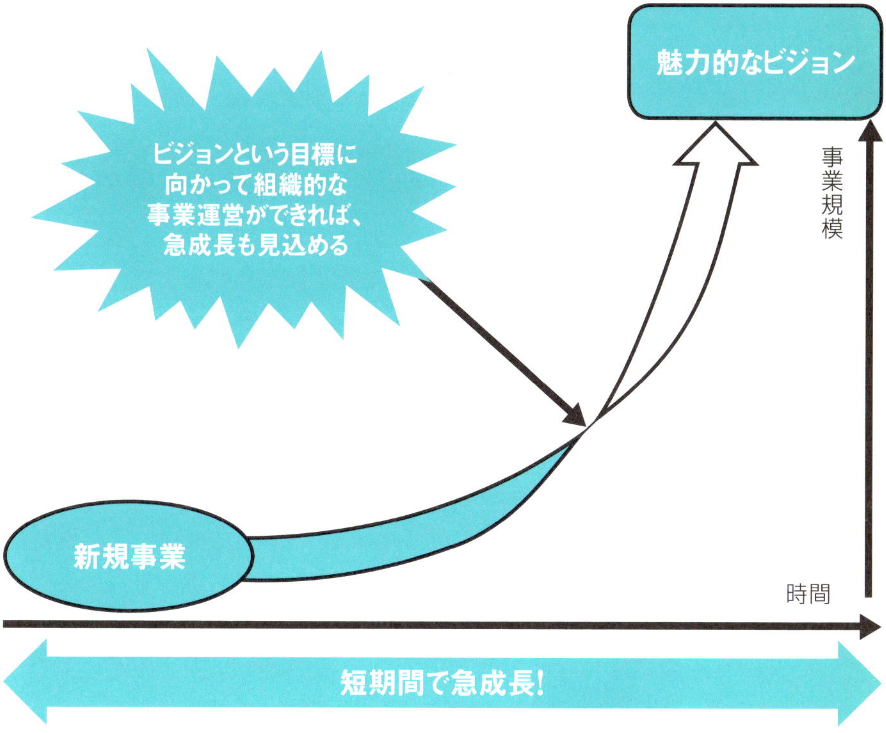
魅力的なビジョン
ビジョンという目標に
向かって組織的な
事業運営ができれば、
急成長も見込める
事業規模
新規事業
時間
短期間で急成長!

従業員がビジョンに魅力を感じることが重要です。従業員にとっては道しるべにもなるのです。

LEVEL
レベル
1

ビジョンの数値目標をつくる

ありたい姿に近づくための数値目標

数値目標のパターン
ビジョンの数値目標は、売上・利益・顧客数・販売実績の数・店舗数・従業員数など、事業規模に比例した数値であれば問題ありません。数値が高くなれば、事業規模が大きくなった証であることが重要です。本書では、数値目標＝売上目標で解説していきます。

経営者の思いを明文化したビジネスのありたい姿と、ありたい姿に近づくための数値目標を設定することが重要です。数値目標が伴ってないビジョンは、ビジネスの方向性は見えていますが、そのゴール地点までの距離がわからないのです。これでは事業戦略・商品戦略・営業戦略について最適な方法を決定できません。実は、数値目標を設定することで、各戦略について具体的な内容を考えることができるようになります。例えば数値目標が売上１億円と1000万円では、前者はテレビCMで宣伝する戦略も選択肢に入りますが、後者では雑誌・新聞への広告掲載が現実的な戦略であり、大きな違いが出てきます。

数値目標があると1日の目標も決まる

数値目標を１つ掲げると、その数値目標を達成するためにやるべきことを逆算して検討できます。例えば、たこ焼き店開業で１年後に累計売上高3000万円を目標設定すれば、月間の売上目標は平均250万円となります。そして月間の営業日数を25日とすれば、１日の売上目標は10万円です。高級たこ焼き店のアイデアでコース単価3000円を設定しても、１日30人以上も集客しなければなりません。このように数値目標から逆算していき、販売価格と集客人数が見えてくると、その販売価格に見合った商品開発と店づくり・接客サービス・集客方法を考えることができます。このように数値目標を明確にするとビジネスに現実味が出てきて、具体的なビジネスモデルや戦略・計画を検討することができるようになります。

ざっくりと言うと

- □ありたい姿の明文化と数値目標を設定する
- □数値目標が決まらないと戦略が決定できない
- □数値目標から逆算して具体的なビジネスモデルを設計する

数値目標を設定するだけでビジネスに現実味がでる!

1年後の売上目標
3000万円

← ビジョンとして数値目標を設定

↓

月間の売上目標
250万円

1年後の売上目標を
12カ月で割り算

↓

1日の売上目標
10万円

月間の売上目標を
営業日数25日で割り算

↓

1日の客数
30名以上必要!

1日の売上目標を
客単価3000円で割り算

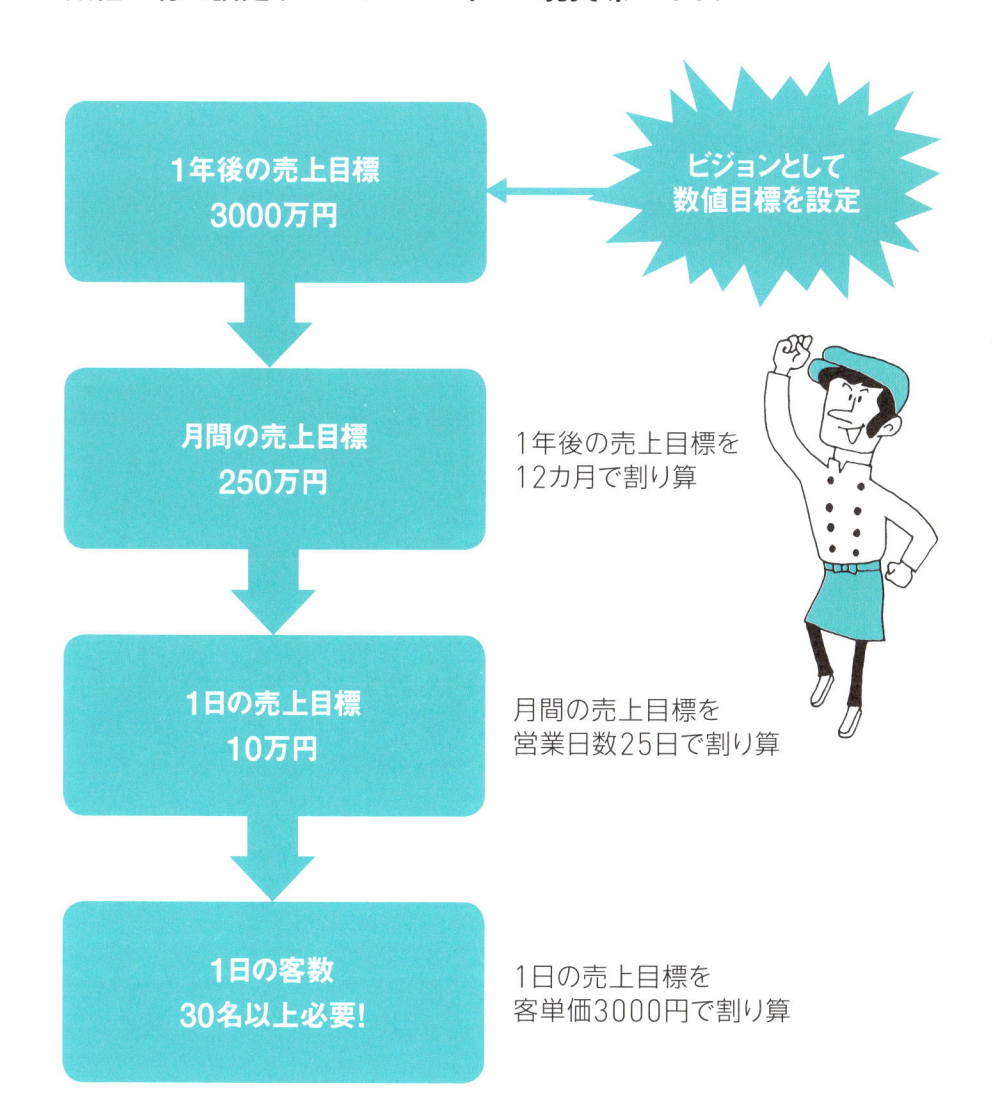

LEVEL
レベル
2

数値化したビジョンをPDCAサイクルで検証する

成功・失敗は数値目標の達成度で決まる

経営者であれば「ビジネスで成功したい」と思う人が100%だと思いますが、成功・失敗の判断基準を設定してビジネスに取り組むことはとても重要なことです。この判断基準とは、数値目標を達成していたら成功だと評価でき、達成できていなければ失敗だと評価できる状況をつくることです。数値目標を達成した場合でも目標をどれだけ上回ったかを計算すれば、成功の度合いを測定できます。一方、数値目標を設定していないビジネスは失敗の判断を誰もできないため、最悪の事態はビジネスを中止して撤退する判断を適時にできず、経済的な打撃を受けることになりかねません。

PDCAサイクルで戦略・戦術を検証する

ビジョンを数値化して明確な目標にすれば、事業全体を**PDCAサイクル**でレベルアップしていくことができます。つまり、「①P＝数値目標の設定、②D＝事業運営、③C＝達成度の検証、④A＝戦略・戦術の見直し」のサイクルを作ることで、ビジネスが成功するまで軌道修正を繰り返すのです。

この「④A＝戦略・戦術の見直し」で経営者は、何が悪かったのか?について冷静に考えることができます。数値目標を達成できなかったという結果だけを見れば失敗であることに間違いありませんが、この失敗は経営者が成功するための勘どころを学ぶ機会となります。

このように計画的に事業運営している経営者は、銀行・公庫から経営者としての資質が高いと評価されます。いざ、ビジネスがスタートすれば、数値目標の設定や検証が疎かになりがちですが、経営者の成長は会社の成長に直結します。手間暇のかかる作業かもしれませんが、ぜひ実践してください。

PDCAサイクル
P:PLAN
D:DO
C:CHECK
A:ACT
の略称であり、P（計画）⇒D（実行）⇒C（評価）⇒A（改善）の手順を繰り返す改善手法。生産体制等の品質維持・向上の目的で用いられることが多い。

ざっくりと言うと

- □数値目標で成功・失敗を判断する
- □PDCAサイクルの検証が経営者を成長させる
- □計画的な事業運営ができる経営者は銀行・公庫から高評価

数値目標があればPDCAサイクルで検証できる

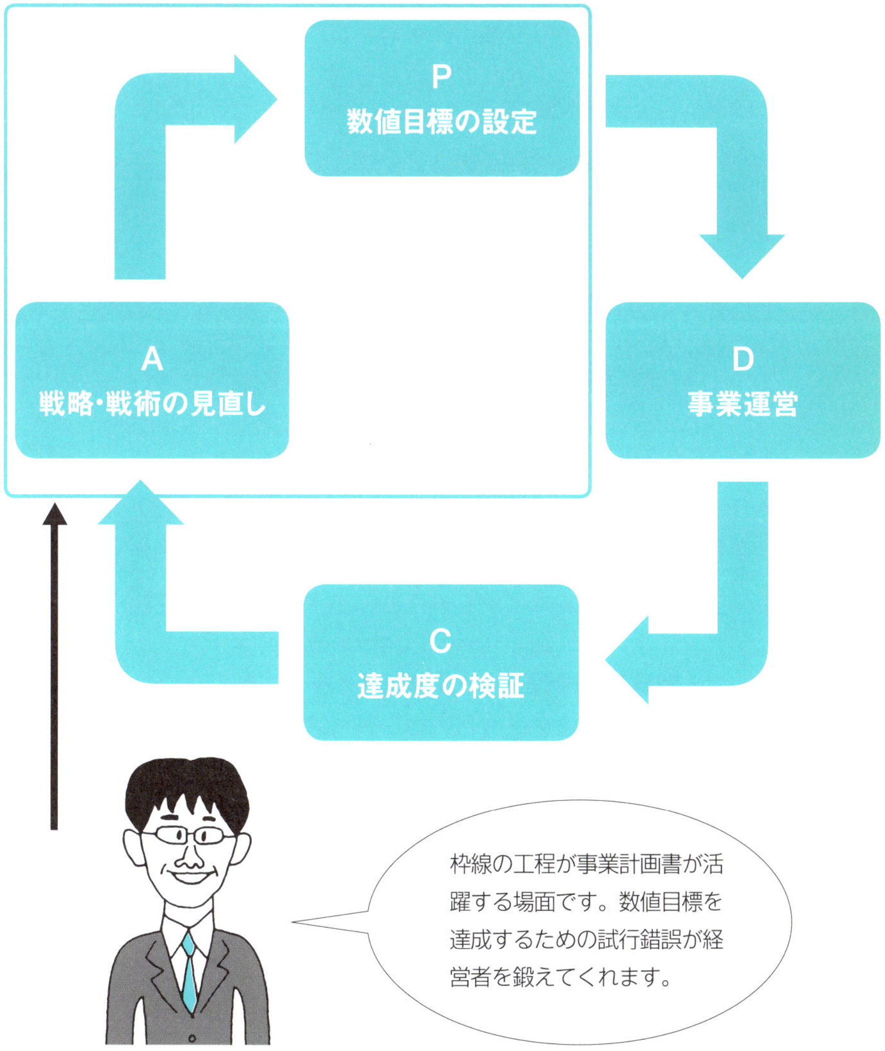
P
数値目標の設定
D
事業運営
C
達成度の検証
A
戦略・戦術の見直し
枠線の工程が事業計画書が活
躍する場面です。数値目標を
達成するための試行錯誤が経
営者を鍛えてくれます。

LEVEL
レベル
3

ビジョンの数値目標を組織で共有する

ビジネスの推進力が向上する

現実離れした数値目標は逆効果になる
数値目標を明確にすることで組織は動きますが、この目標数値が現実離れしていると従業員のやる気が失せるのは間違いありません。逆に数値目標が小さくても同様です。頑張らないと達成できないギリギリの数値目標を設定できれば理想的です。

数値目標は、経営者だけではなく従業員にとっても目指すべき明確な目標となります。数値目標を従業員が共有することで、毎月の営業目標を考えることができたり、目標達成に向けたアイデアが従業員から出てくるといったメリットがあります。このように従業員に目的意識が芽生えたら、ビジネスの推進力は飛躍的にアップしていきます。

1〜3年後に目指す数値目標にする

数値目標には必ず期限を設定してください。この期限がなければ、3000万円の売上目標を1年後に達成するべきなのか、それとも3年後に達成するべきなのかがわかりません。数値目標に期限がないと従業員の目的意識が薄れるため、ビジネスの推進力がアップすることは期待できません。

事業計画書に記載する数値目標の期限は、1〜3年後を目安にして設定することが一般的です。これ以上の期間になれば、遠い将来の目標になってしまいます。また、3年後の数値目標を設定した場合は、1年目と2年目の売上目標も考えて売上計画のページに記載しておきます。

数値目標を達成した環境をイメージする

数値目標を達成した後、勝ち得た地位・信用力・実績・利益を活用して展開できるビジネスが、ビジョンで描いたありたい姿に繋がることが重要なのです。見事に目標を達成できても、経営者が思い描いているありたい姿が、あまりに遠くに感じると「本当にできるのか?」という疑問がわき起こります。まずは、ビジョンの実現に一歩近づいたと実感できる数値目標を設定することが大切です。

ざっくりと言うと

- □従業員と共有すると組織内に目的意識が芽生える
- □期限は1～3年後に設定する
- □数値目標達成後の環境を、ビジョンにつなげる

ありたい姿に繋がる数値目標の設定が大事

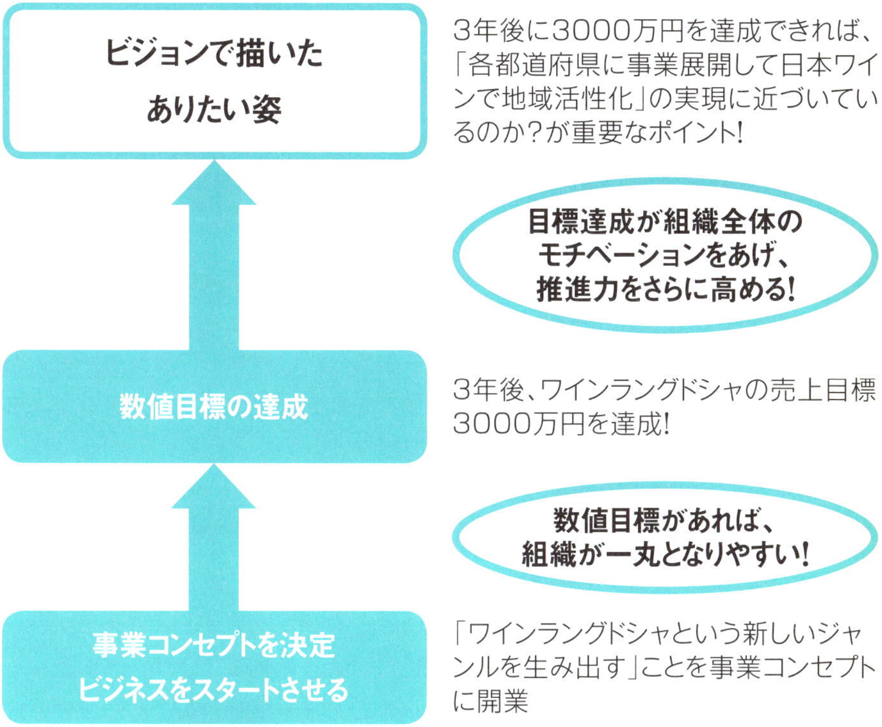
ビジョンで描いた
ありたい姿
3年後に3000万円を達成できれば、「各都道府県に事業展開して日本ワインで地域活性化」の実現に近づいているのか？が重要なポイント！
目標達成が組織全体の
モチベーションをあげ、
推進力をさらに高める！
数値目標の達成
3年後、ワインラングドシャの売上目標3000万円を達成！
数値目標があれば、
組織が一丸となりやすい！
事業コンセプトを決定
ビジネスをスタートさせる
「ワインラングドシャという新しいジャンルを生み出す」ことを事業コンセプトに開業

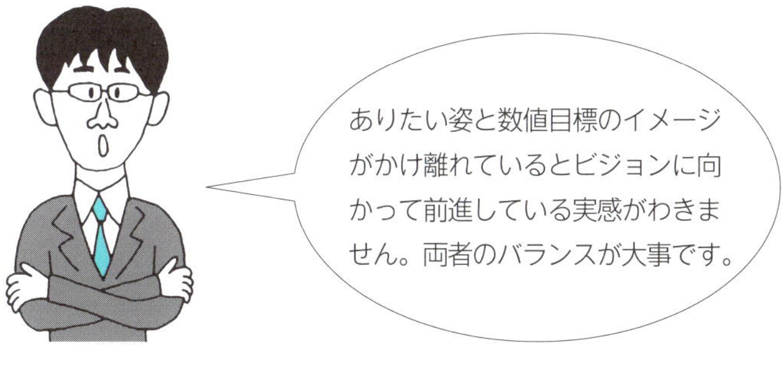
ありたい姿と数値目標のイメージがかけ離れているとビジョンに向かって前進している実感がわきません。両者のバランスが大事です。

LEVEL
レベル
1

将来の「ありたい姿」から ビジョンをつくる

ありたい姿から具体的な目標をつくる

その他、数値目標の決め方
ビジネスをやる以上、儲けることは最優先です。そのため、1年間で300万円の利益が欲しいと考えた場合、営業利益20%のビジネスであれば1500万円の売上を数値目標に掲げる方法もあります（もちろん利益300万円を目標数値にしても構いません）。

ビジョンをつくる際は、ビジネスのありたい姿を言葉にして、その将来像に近づくための数値目標を決めます。ビジョンを言葉にすることに対して難しいイメージを持たれるかもしれませんが、堅苦しく考える必要はありません。

ありたい姿をつくる基本

ありたい姿を描く簡単な方法は、２つあります。１つは、業界・地域における地位を明確にすることです。例えば、「○○地域で一番の●●業者」などです。もう１つは、ありたい姿が業態変化を伴うのであれば、そのビジネスモデルを一言で表します。例えば、最初は１店舗のたこ焼き店開業からスタートするビジネスのありたい姿が、フランチャイズ展開で儲けたいという目標であれば、その「フランチャイズ展開」をビジョンとして掲げます。

数値目標をつくる基本

ビジョンで将来像を文字にすることができれば、次は将来像を実現できる環境を獲得するために必要な数値目標を決定します。例えば、たこ焼き店のフランチャイズ展開を実現したい場合、１店舗目で魅力的な売上実績がなければ加盟したいと思う人はいません。そこで誰もが魅力的だと思う売上金額3000万円を数値目標に設定することを考えます。つまり、この数値目標を達成すればフランチャイズ展開するビジョンが実現可能な環境ができたと言えるため、ありたい姿を描いたビジョンとの整合性が取れていることになります。また、「○○地域で一番の●●業者」であれば、ライバル企業の売上・店舗数・品揃え数等を調べて、一番になれる数値を設定します。

ざっくりと言うと

- □ビジョンはありたい姿と数値目標で決める
- □「形容＋業態名」または「目指したいビジネスモデル名」で表す
- □数値目標は、実現できる数値を合理的に考える

ありたい姿を決めれば数値目標が見えてくる

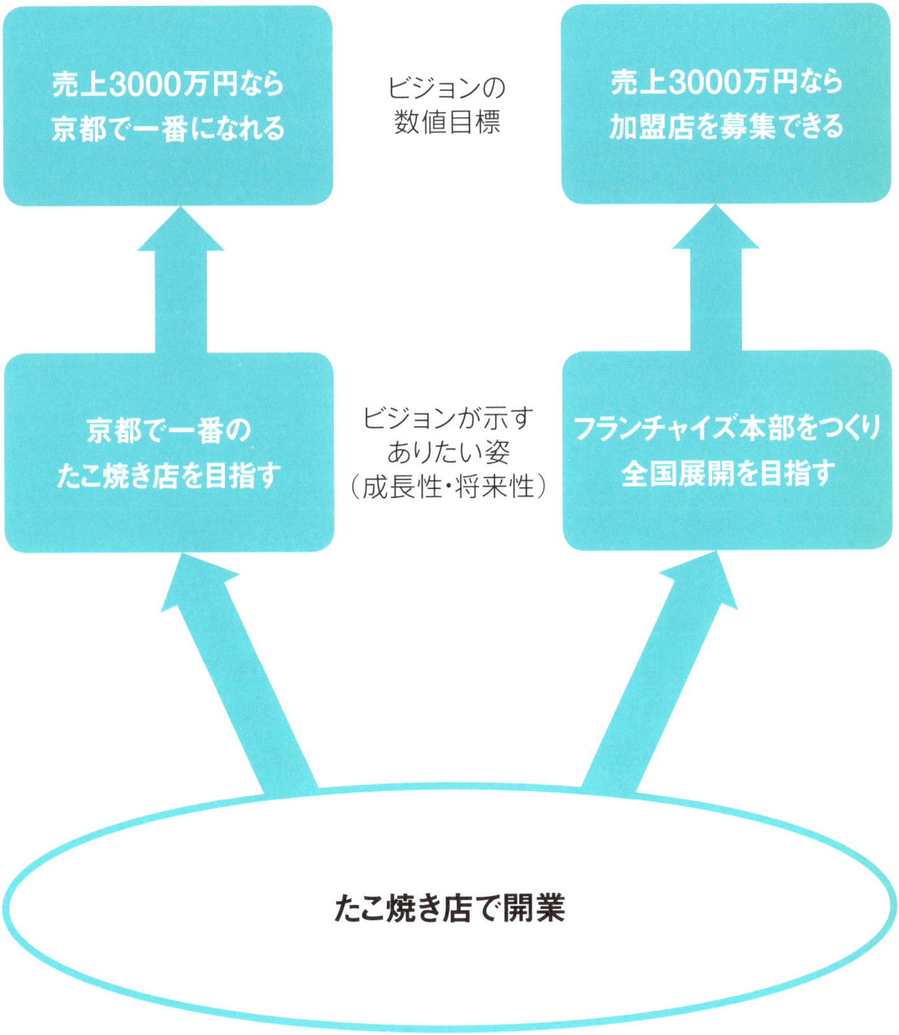
売上3000万円なら
京都で一番になれる
ビジョンの
数値目標
売上3000万円なら
加盟店を募集できる
京都で一番の
たこ焼き店を目指す
ビジョンが示す
ありたい姿
(成長性・将来性)
フランチャイズ本部をつくり
全国展開を目指す
たこ焼き店で開業

LEVEL
レベル
2

業界における役割を含んだビジョンをつくる

キャッチコピー化して第三者に伝える

　ビジョンを描く時、その成長性や将来性を感じさせる簡潔に表現するコツは、業界における役割を含めた言葉にすることです。例えば、サロン専門のホームページ制作サービスのビジネスの場合、ビジョンを「ワンストップサービスでサロン開業の総合支援事業」と表現します。この表現によって、サロン開業で起業独立するオーナーを経営支援するビジネスまで成長し、サロン業界の発展に貢献できる役割を目指していることが含まれます。

うまくキーワードを盛り込む

　成長性・将来性を感じさせるビジョンを描く時、長い文章になってはいけません。文字数が増えれば増えるほど、第三者に与えるインパクトが弱くなってビジョンが伝わらなくなります。そのため、ビジョンはキャッチコピーのレベルでなるべく短い言葉にしておくことが望ましいと言えます。

　経営者の思いを短い言葉にまとめるためには、うまくキーワードを盛り込むことをお薦めします。「**ワンストップサービス**でサロン開業の総合支援事業 」の事例では、キーワードは“ワンストップサービス”と“総合支援”の２つです。ワンストップサービスとは一社との取引で複数のサービスを提供できる商品戦略であり、総合支援とはあらゆる業務分野を全て網羅したサポート体制を意味しています。

　このようにキーワードをうまく盛り込めば短い言葉だけでも、目指しているビジネスモデルを的確に表現することができます。ありたい姿を表現するために適したキーワードを見つけて、第三者に伝わるビジョンをキャッチコピー化してください。

ワンストップサービスの事例
アート引越センターで有名なアートコーポレーション株式会社では、引っ越しに伴う住所変更で発生する電力会社・郵便局・新聞・NHK等への手続き代行やプロバイダの紹介などを行うワンストップサービスをしています。顧客には各所へ連絡・手続きする手間が軽減され、速やかに引っ越しを完了できるメリットがあります。

ざっくりと言うと

- □ 業界における役割をビジョンに含める
- □ ビジョンは文字数が増えるほど第三者に伝わらなくなる
- □ 経営者の思いをキーワードで表現すれば伝わりやすくなる

思いが伝わるキーワード選びがポイント

ビジョンの言葉

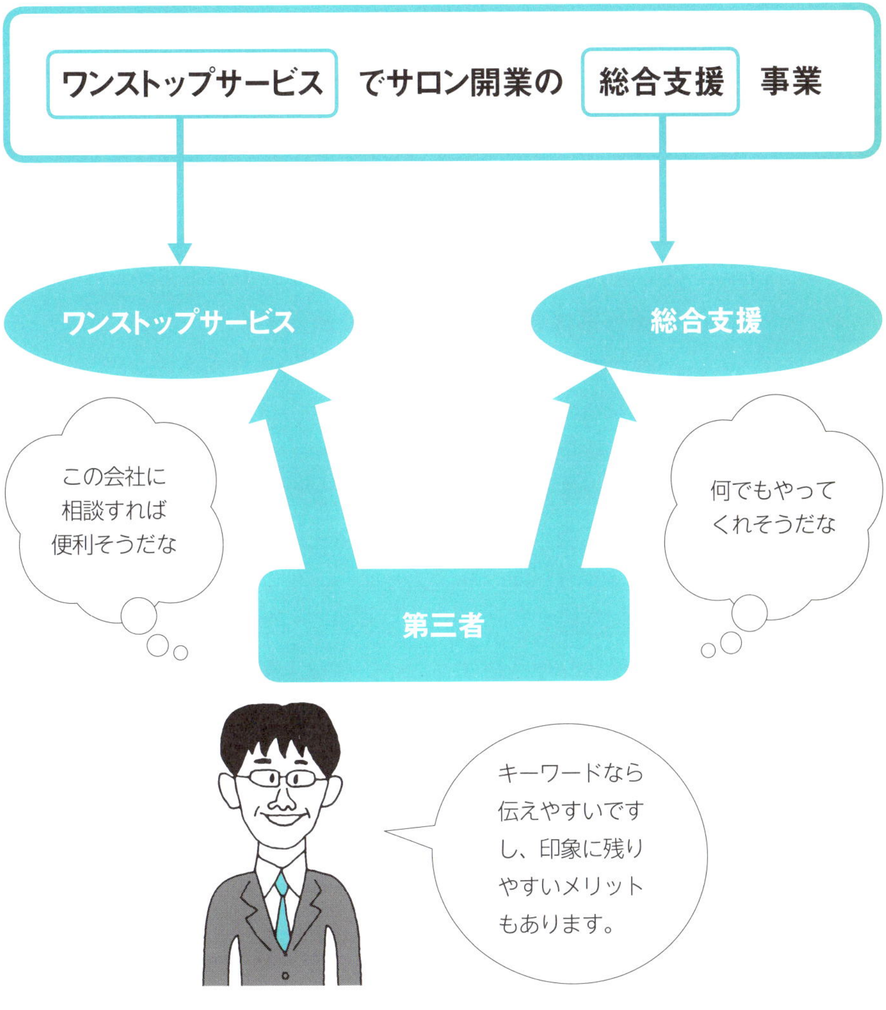
ワンストップサービス　でサロン開業の　総合支援　事業
ワンストップサービス
総合支援
この会社に相談すれば便利そうだな
何でもやってくれそうだな
第三者
キーワードなら伝えやすいですし、印象に残りやすいメリットもあります。

LEVEL レベル 3

整合性のとれたビジョンをつくる

数値情報には細心の注意を払う

整合性の重要さ
事業計画書における数値情報が整合していることは、融資・補助金申請の場合には計画的な経営能力と事務能力の視点から重要視されます。また、事業戦略を実行して数値目標を達成するまでの流れは、事業計画書全体の数値情報が整合してこそ説得力を持つためとても重要なポイントです。

売上計画・利益計画・資金計画までしっかり作り込む事業計画書では、数値目標との整合性が重要なポイントとなります。例えば、ビジョンの数値目標として3年後に年間の売上高3000万円達成を設定しているにも関わらず、売上計画では3年後に2000万円を見込んでいる場合は整合性が取れていないことになります。つまり、自ら作成した事業計画書の中で、数値目標は達成できませんと自分で言っていることになるため細心の注意を払わなければなりません。数値目標に限らず、事業計画書の中に出てくる数値情報は、全て整合している必要がありますので注意してください。

数値目標は事業計画の内容で調整する

数値目標を最初に設定した段階は、事業戦略・商品戦略・営業戦略・売上計画を作成する前の状態です。そのため、各戦略・計画を1つずつ決定していく過程で、最初にイメージしていた販売価格（客単価）や集客見込みの数を軌道修正して数値目標を変更することはよくあることです。最初は見えていなかった様々な課題が明らかになって調整する作業は、事業計画書をつくるメリットの1つであり、ビジネスが失敗するリスクを回避することになります。

基本的に数値目標の達成がビジネスのゴール地点であるため、最後に調整する項目が数値目標となります。販売価格（客単価）や集客見込みの数など、商品・ビジネスモデル・戦略・戦術を見直すことで、数値目標を達成できないか検討していきます。それでも数値情報の達成が現実的に難しい場合、最後に数値目標を修正します。

ざっくりと言うと

- □ 事業計画書の数値情報は、全て整合させる
- □ 作成する過程で数値目標を軌道修正する
- □ 数値目標は最後に修正する

事業計画書の数値情報は整合性していることが大事

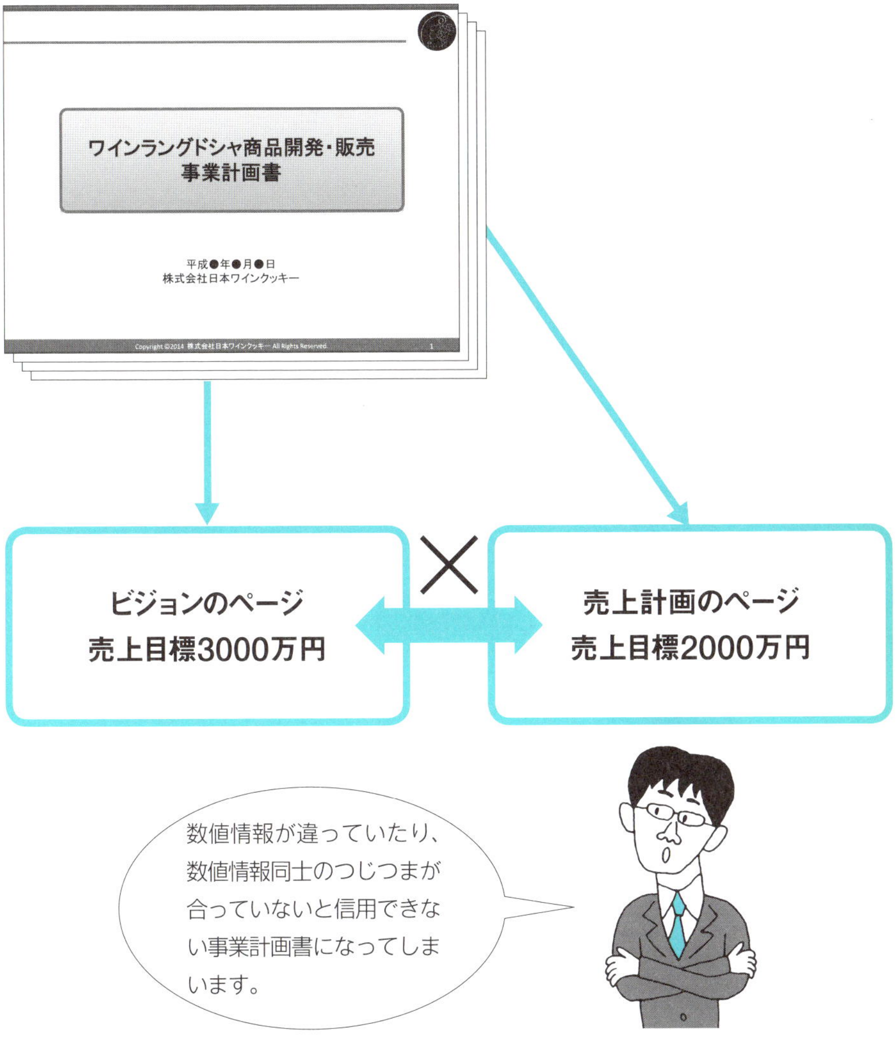

COLUMN
コラム

ビジョンを持てば経営者の〝覚悟〟が伝わる

業種・業界問わず、多くの経営者の方々と事業戦略・事業計画について相談をする機会に恵まれた仕事をしております。これら相談の場で感じることですが、経営判断が早い経営者に共通しているのは、どの方も明確なビジョンを持っていることです。

ビジョンを明確にしているため、自分のビジネスにとって必要なことと不必要なことの見極めがとても早いのです。必要なことだけに全力投球していることがヒシヒシと伝わってきて、経営者の覚悟を感じさせられます。そして、醸し出す雰囲気は穏やかな顔をしていても緊張感があるため、一緒に働く私は気の引き締まる思いになります。

このような経営者と一緒に働く人も同じように気の引き締まる思いで仕事に全力投球しているのではないかと思います。このような経営者がリーダーシップを取るビジネスは、事業規模が成長していくスピードがまるで違います。

時折、思いが従業員に伝わらないと言う経営者がいますが、ビジョンを明確に打ち出す経営者と一緒に働く人には“ビジネスに対する覚悟”が伝わっているように思います。ビジョンについて経営者と同じ理解はできないかもしれませんが、その覚悟が伝わるだけでも大いなる成果を期待できます。

ビジョンを明確に持てば、ビジネスに対する覚悟が社内外に伝染し、ビジネスが大きく動き出す瞬間を肌で感じる時が来るかもしれません。

第4章

事業コンセプトを決定する

本章のトピック	レベル1	レベル2	レベル3
スタート地点としての事業コンセプト	○	○	○
事業コンセプトと企業理念の違い			○
事業コンセプトのつくり方	○	○	○

LEVEL
レベル
1

事業コンセプトを理解する

なぜ事業コンセプトが必要なのか

事業コンセプトがない会社の問題点
「事業コンセプトがない」つまり、業界に対する存在意義がない会社は、様々なビジネスに手を出しているため、「何をしている会社なのかわからない」という状態になります。この状態は経営資源が分散して1つずつのビジネスが弱くなり、どれも上手くいかない「二兎追う者は一兎をも得ず」のリスクがあります。

　ビジョンがビジネスのゴール地点であるのに対して、事業コンセプトはスタート地点です。事業コンセプトとはビジネスの存在意義を意味しており、何のためにビジネスをはじめるのかを定義するからです。

　ビジネスの存在意義を示すとは、つまり“①何のために、②どんなビジネスをするのか”について明文化することです。例えば「②創作たこ焼きのフルコースメニューで、①たこ焼きファンに新たな美味しさと楽しさを届ける」という事業コンセプトなら、たこ焼き業界に今までにない新商品で市場拡大を目指すニュアンスが含まれています。

ビジネスの概要を伝えるキャッチコピー

　事業コンセプトは、ビジョン同様に短いキャッチコピーで表現します。事業計画書のプレゼンをする時、自己紹介でビジネスの説明をする時、会社パンフレットやホームページを作る時など、ビジネスの概要を簡潔に伝えなければならない場面は数多くあります。これらの場面でキャッチコピーでまとめた事業コンセプトを伝えることで、相手にビジネスの概要をすぐ理解してもらえて、さらに記憶に残りやすいというメリットがあります。

　事業計画書を説明する流れは、最初にスタート地点である事業コンセプトでビジネスの概要を伝えることからはじまります。いきなり戦略・戦術など各論から説明をはじめても、ビジネスの概要を理解していない相手側は頭の中で情報整理ができません。そのため、キャッチコピー化した事業コンセプトでビジネスの自己紹介をすることが重要なポイントになってきます。

ざっくりと言うと

- □ビジネスのスタート地点であり、業界に対する存在意義となる
- □概要が伝わりやすいキャッチコピーにする
- □事業コンセプトでビジネスの自己紹介をする

事業コンセプトとビジョンの関係

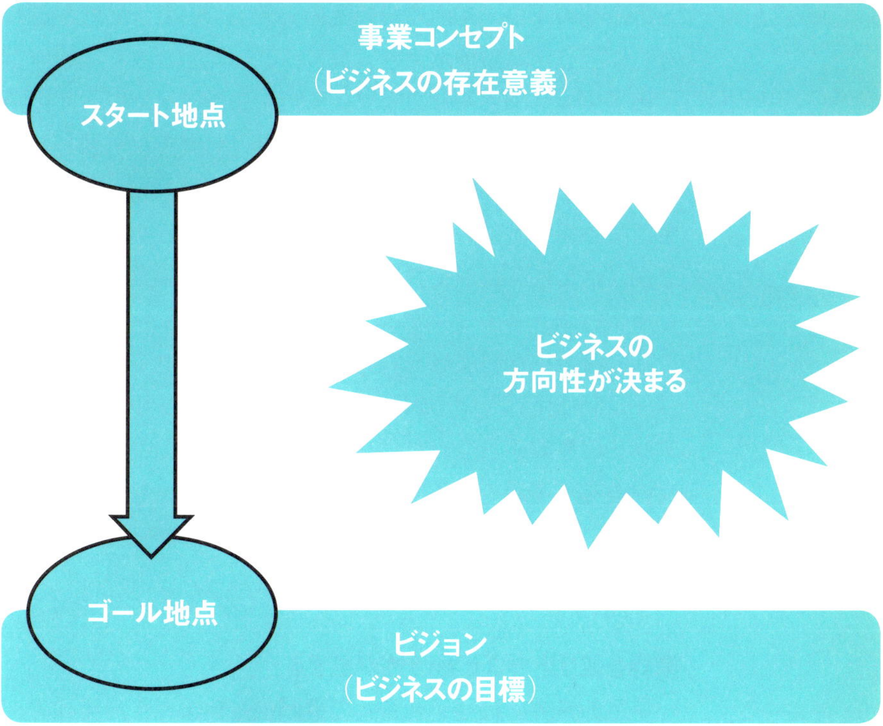

LEVEL
レベル
2

事業コンセプトで業界を特定する

ビジョンとズレないように注意する

「事業コンセプト」＝「業界に対する存在意義」、つまり、ビジネスを展開していく業界を特定することが事業コンセプトの役割の1つです。この特定の業界について、範囲が広くなれば狙う市場規模が大きくなり、逆に範囲が狭くなれば狙う市場規模は小さくなります。また、事業コンセプトで目指す業界は、ビジョンのありたい姿で掲げた業界と一致しなければなりません。事業コンセプトとビジョンがズレていると、全ての戦略・戦術の方向性を揃えることができなくなります。

例えば、ビジョンでサロン開業の総合支援事業を目指している場合は、事業コンセプトでもサロン業界に特化した内容にしなければなりません。万が一、事業コンセプトでホームページ制作業界を狙う内容だとしたら、サロン以外のクライアントにも対応しなければならないため、サロン開業の総合支援事業を実現できる日はかなり遠のくことになります。このように、事業コンセプトとビジョンの業界が一致していないと、ムリ・ムラ・ムダが発生して経営資源を浪費してしまいます。

業界を絞り込むほど専門性が高まる

特定の業界に絞り込むことで専門性が高まり、お客様の視点からも「何を売っているお店・会社なのか?」がわかりやすくなって訴求力がアップします。例えば、ビール・日本酒・焼酎・ワインなどあらゆる種類を取り扱う酒屋とワイン専門店であれば、ワインを買いたい人はワイン専門店へ行きます。1つの分野に特化しているため、お客様は専門性が高いプロの店だと認識してくれるのです。特に新規事業・起業独立では、一点突破型のビジネスとして有効です。

業界を幅広く狙うビジネスは?

大企業も含めて、ほとんど全てのビジネスが何らかの視点で狙う業界を絞り込んでいます。これは販売ターゲットを絞り込まなければ売れないからです。もし、特定の業界で事業規模を大きくしたい場合は、一点突破型で成功した後、徐々に商品のラインナップを増やしたり、新たな販売ターゲットを見つけて展開するべきです。

ざっくりと言うと

- □事業コンセプトは業界に対する存在意義
- □事業コンセプトはビジョンと一致した業界で特定する
- □狙う業界の範囲を絞り込めば、専門性と競争力が高まる

事業コンセプトとビジョンは必ず一致させる！

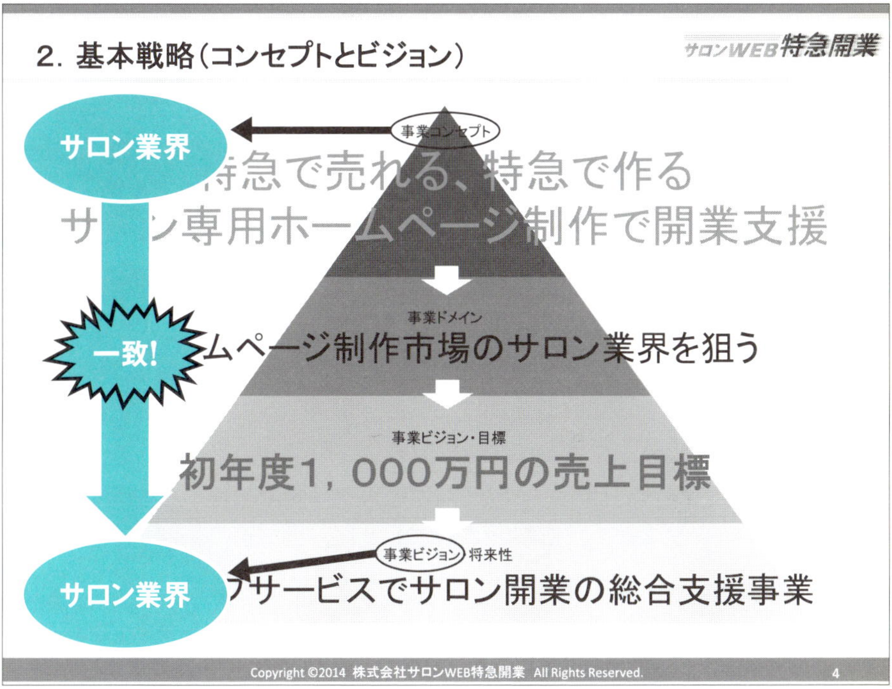

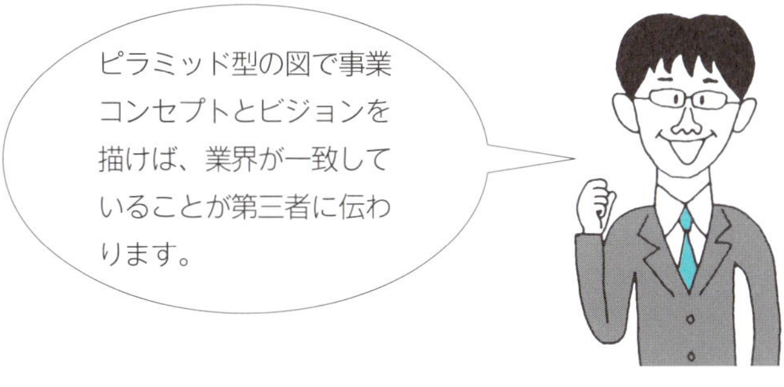

LEVEL
レベル
3

事業コンセプトとビジョンの規模感を一致させる

ビジョンの規模感に合わせて考える

地域活性化ビジネス
地域活性化とは、その地域のヒト・モノ・カネ・情報を活用したビジネスで、経済的なプラスの影響をもたらすことが目的となります。その地域が活性化すると仕事が増えるため、人口も増えて栄えていくことになります。

事業コンセプトとビジョンの業界を一致させることは絶対条件ですが、事業コンセプトとビジョンの規模感を一致させることも大切なポイントになります。

例えば、「各都道府県に事業展開し、日本ワインで地域活性化 」というビジョンは、日本全国各都道府県の地域活性化への貢献を目指す大きな目標です。それなりに経済効果を期待できる事業コンセプトで規模感を合わせるため、「30代女性のワイン愛好家に満足して頂けるワインラングドシャという新しいジャンルを生み出す」という感じで存在意義の高さを表現しています。

ビジョンで地域・業界・消費者に影響力を及ぼすありたい姿や数値目標を掲げた場合、事業コンセプトの存在意義の規模感が小さいとギャップが生まれます。このギャップが、スタート地点からゴール地点までの距離を遠くさせる可能性もあるため、事業コンセプトとビジョンの規模感を一致させておくことが重要です。

存在意義の高さが従業員のモチベーションになる

魅力的に聞こえる事業コンセプトの共通点は、その存在意義の高さにあります。存在意義が高ければ、ビジネスが業界に大きな影響を与える可能性があるため、会社を取り巻く環境からの見る目も変わってきます。また、ビジネスに対するやりがいも大きくなるため、働く従業員のモチベ―ションが高まる効果もあります。

ざっくりと言うと

- □ 規模感を一致させることは大切なポイント
- □ 規模感が違うとゴールが遠のく
- □ 存在意義の高さがビジネスの魅力になる

事業コンセプトとビジョンの規模感の一致は重要

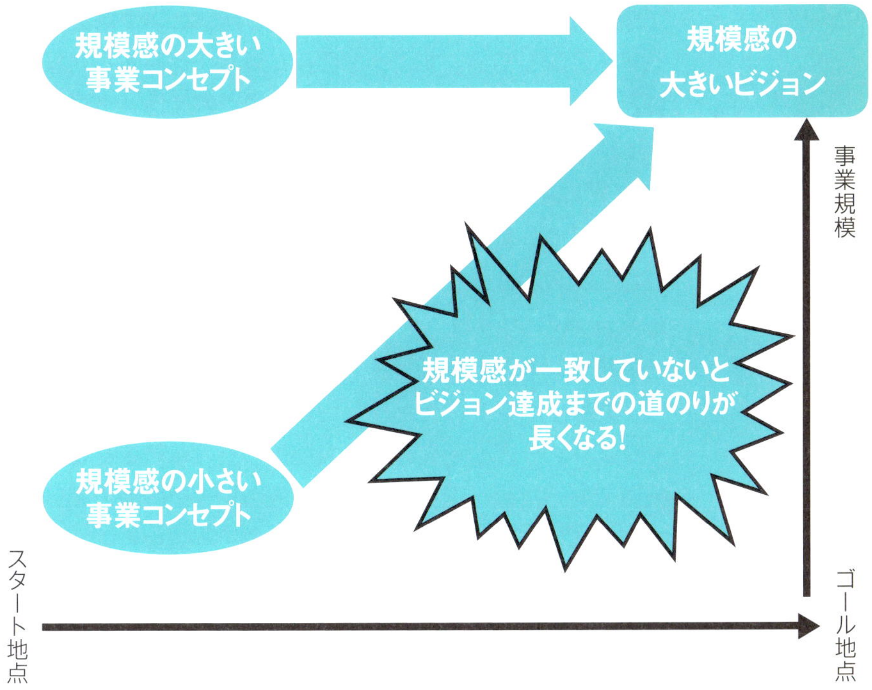
規模感の大きい事業コンセプト
規模感の大きいビジョン
事業規模
規模感が一致していないとビジョン達成までの道のりが長くなる!
規模感の小さい事業コンセプト
スタート地点
ゴール地点

事業コンセプトの規模感の方が大きい場合は、大げさな雰囲気のビジネスになってしまい逆効果です。

LEVEL
レベル
3

社内外へのメッセージとなる企業理念をつくる

企業理念は目指す会社のあり方

企業理念の事例
インターネットで「企業理念」のキーワードで検索すると、色々な会社の企業理念を参照することができます。業界問わず、色々な企業理念を学ぶことで、自社の企業理念づくりの参考になります。

事業コンセプトは、堅い表現をすると事業理念という言葉になります。この事業理念とよく似たビジネス用語として、"**企業理念**"があります。共通している理念という言葉は存在意義を意味していますが、その存在意義を定義する対象が事業と企業で異なっているのです。簡単に言えば、事業コンセプトは"どのようなビジネスをしたいのか?"であり、企業理念は"どのような会社にしたいのか?"という違いがあります。しっかりとした組織体制を会社でつくりたい経営者は、企業理念を決めて社風を作り上げることも大事な仕事となります。

企業理念のつくり方

事業コンセプトはビジネスを対象にした存在意義であるため、商品・ビジネスモデルを対象にしたキャッチコピーをつくります。一方、企業理念は会社そのものを対象とした存在意義であるため、従業員・会社・取引先・その他の関係者に視点を向けたキャッチコピーをつくることになります。その会社で働くことで従業員はどのように成長してほしいのか、そして組織全体でどのような会社に成長させていきたいのか、さらに、取引先・関係者に対してどのような貢献をしていきたいのか?など、会社そのもののありたい姿を決定します。例えば、「知恵と努力と経験で成長し続ける環境をつくり、"食を通じた地域活性化"という社会貢献を追求する」という企業理念は、「知恵と努力と経験で成長し続ける」が従業員に対するメッセージであり、「環境」は会社を意味します。そして、事業展開することで関わってくる地域社会に利益貢献したい会社の姿勢を後半に入れています。

ざっくりと言うと

- □企業理念は“どのような会社にしたいのか？”を決める
- □企業理念は、従業員・会社・取引先・関係者に対するキャッチコピー
- □しっかりとした組織体制には企業理念が不可欠

企業理念と事業コンセプトの位置付け

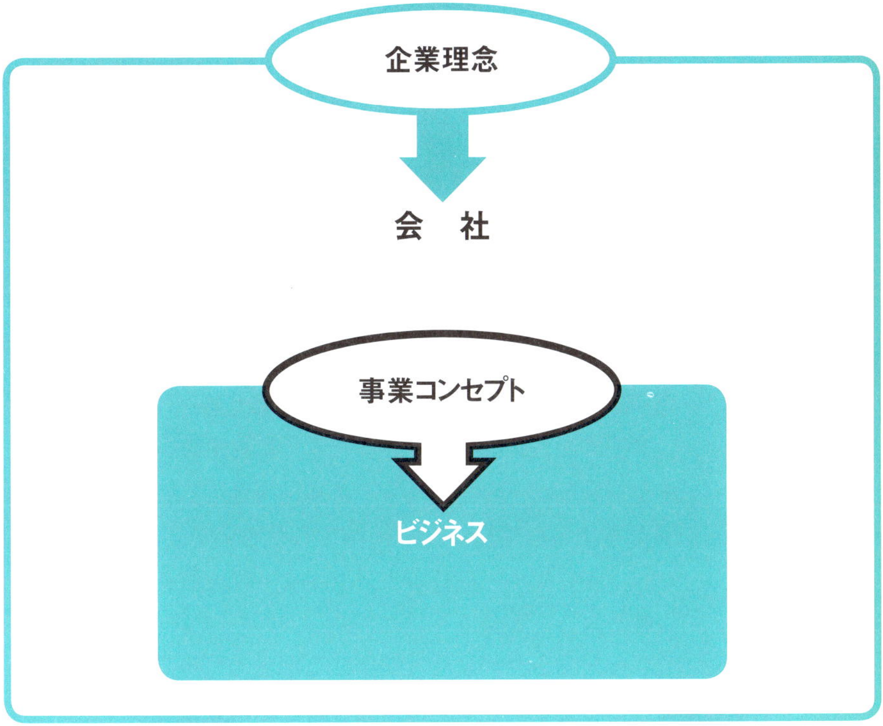
企業理念
会　社
事業コンセプト
ビジネス

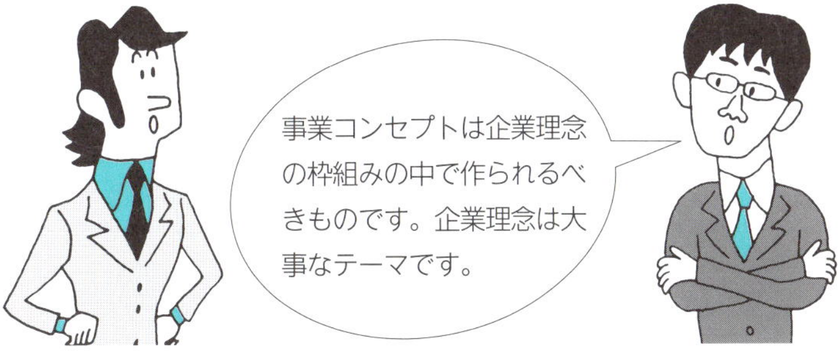
事業コンセプトは企業理念の枠組みの中で作られるべきものです。企業理念は大事なテーマです。

LEVEL
レベル
1

ビジネスの概要が伝わる事業コンセプトをつくる

キャッチコピーで表現する

ビジョン同様に事業コンセプトもキャッチコピー化する
事業コンセプトは事業計画書だけでなく名刺・ホームページに掲載するなど、ビジョン以上に人目に触れる機会が沢山あります。そのため、ビジョン同様に簡潔なキャッチコピーにしておきます。

　事業コンセプトをキャッチコピーとして明文化する前に、確認しておくべき情報が3つあります。その3つは、①商品アイデアが決まっていること、②参入する業界（または販売ターゲット）が決まっていること、③業界（または販売ターゲット）に対する存在意義が具体的に決まっていることです。

　キャッチコピーでビジネスの概要を伝えなければならないため、“売り物・売る相手・存在意義”の3つを組み合わせて簡潔にまとめる作業が事業コンセプトをつくる基本です。これら3つの言葉をキャッチコピーに必ず組み込むわけではありませんが、これらが3つのニュアンスが含まれるものにしなければなりません。

売り物・売る相手・存在意義を組み合わせる

　まずは単純に売り物・売る相手・存在意義を組み合わせてキャッチコピーをつくってみます。高級たこ焼き店開業の事例で考えると「売り物：創作たこ焼きのフルコースメニュー」、「売る相手：たこ焼きファン」、「存在意義：新たな美味しさと楽しさを届ける」という3つのキーワードをつくって、これらを組み合わせた「創作たこ焼きのフルコースメニューでたこ焼きファンに新たな美味しさと楽しさを届ける」を事業コンセプトとして使います。

　この方法で作る事業コンセプトは、あくまでビジネスの概要を伝えるために誰でもつくれる方法として紹介しています。事業コンセプトをカッコよいキャッチコピーにしたい方は、この3つのニュアンスが含まれることに注意して考えるようにしてください。カッコよいキャッチコピーができても、相手にビジネスの概要が伝わらなければ意味がありません。

ざっくりと言うと

□ 売り物・売る相手・存在意義の3つのニュアンスが必要
□ 3つのニュアンスをキーワードにして組み合わせる
□ カッコ良さよりも伝わることが重要

事業コンセプトをつくるために必要な3つのポイント

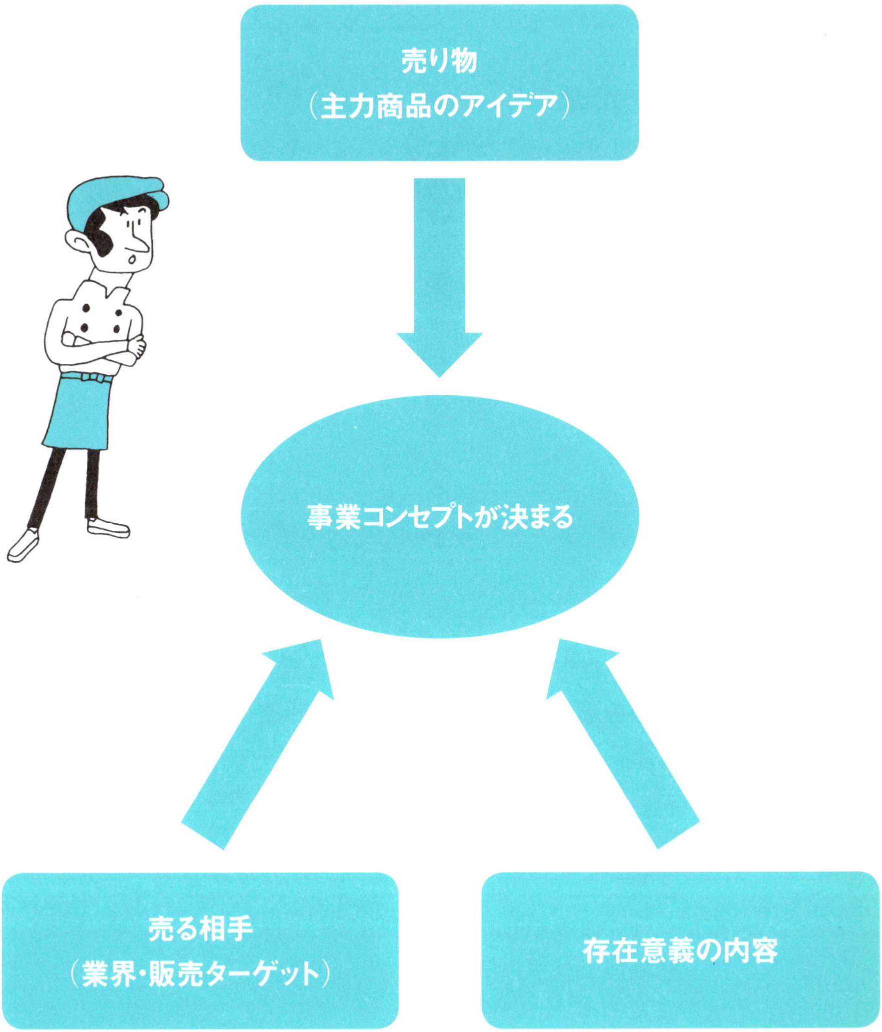

LEVEL
レベル
2

自社の強みを含んだ事業コンセプトをつくる

強みの視点からキーワード化する

事業コンセプトに存在意義を示す言葉は必要か?
事業コンセプトが意味する存在意義とは、業界におけるビジネスの立ち位置です。そのため、どのようなビジネスをやるのか?を明確にできれば、存在意義を表現したことになります。

ビジネスモデルが複雑な場合、キャッチコピー化された事業コンセプトに商品の強みを表すキーワードを含めてつくるパターンが有効です。シンプルなビジネスモデルの場合は、"売り物・売る相手・存在意義"の３つをキーワード化して単純に組み合わせれば良いですが、ビジネスモデルが複雑だと３つの項目を組み合わせることが難しくなります。そこで、ビジネスモデル全体でお客様に提供できるメリットを考え、強みの視点からキーワード化した「売り物・売る相手・強み」を組み合わせてキャッチコピーをつくります。

例えば、テンプレートを活用して短期間・低価格のホームページ制作サービスを提供し、なおかつ自社運営サイトで宣伝集客を手伝う特典がついてくるビジネスモデルは複雑です。お客様に満足を提供できるポイントが複数ありますが、これら満足のポイントを全てキャッチコピーに組み込むとアピールしたいことがピンボケして逆効果です。そこで、ビジネス全体の強みである「すぐに集客ができること・短期間でホームページ制作できること」を「特急で売れる、特急で作る」といったキャッチコピーにしてわかりやすくします。

強みの理由は事業計画書全体で説明

事業計画書の説明は事業コンセプトからはじまるため、事業コンセプトで強みのキーワードが含まれていても「何が強いのか、なぜ強いのか?」までは理解できません。そのため、事業計画書を読み進めると、強みの理由が理解・納得できるように作成することになります。つまり、事業計画書では、事業コンセプトが問題定義の位置付けとなります。

ざっくりと言うと

- ビジネスモデルが複雑な場合、強みをアピールする
- お客様に提供できるメリットをキーワード化する
- 事業計画書の中で、強みの理由を伝える

ビジネスモデルの強みが事業コンセプトのキーワードになる

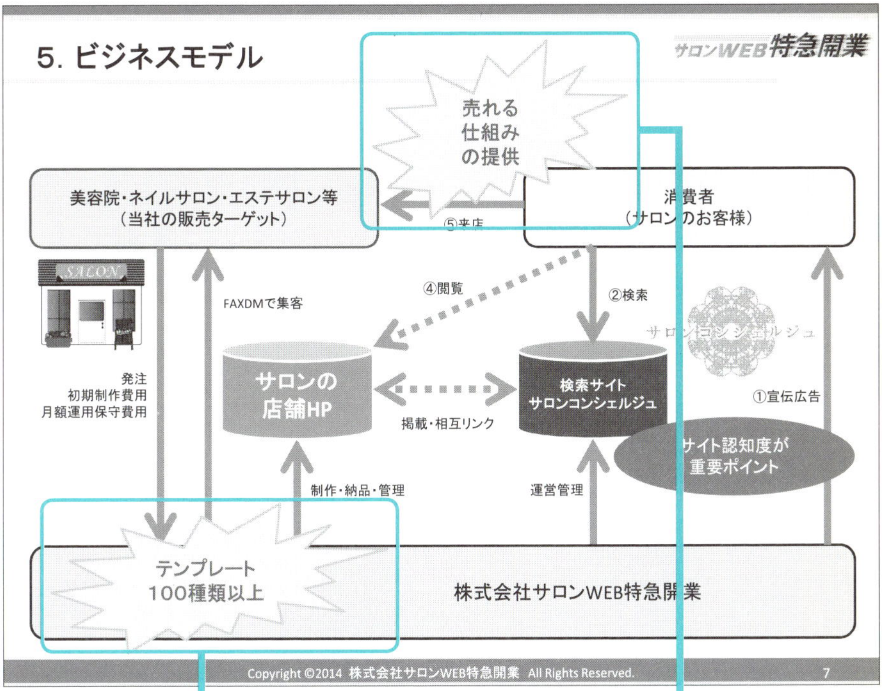

テンプレートがあるからすぐにホームページを開設

自社検索サイトへの掲載ですぐに売れる仕組みを提供

特急で売れる、特急で作る
サロン専用ホームページ制作で開業支援

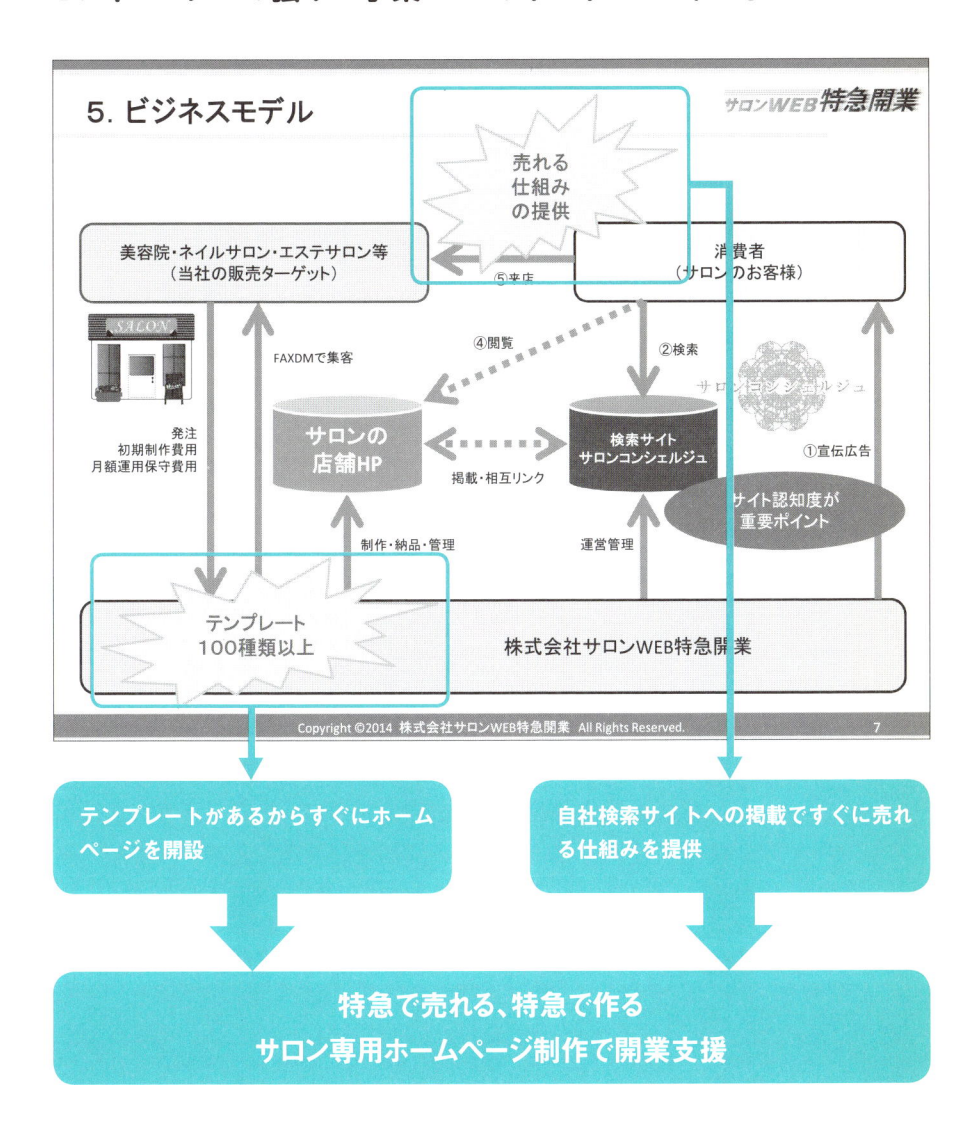

LEVEL
レベル
3

存在意義を表現する事業コンセプトをつくる

ストレートな方が伝わりやすい

ベンチャー企業
一般的に、独自の技術・商品で革新的なビジネスを生み出して急成長を遂げていく創業したばかりの企業を意味します。
ベンチャー企業を創業する場合、その目標に株式公開（IPO）を掲げる経営者が多いのも特徴です。

ベンチャー企業型の新規事業では、今まで誰もやっていなかった技術・商品を生み出してビジネスを作り上げるケースがあります。このような新規事業では商品・ビジネスモデルが特殊になることが多く、キーワード化してもビジネスの概要が伝わりづらいことがあります。そのため、事業コンセプトで存在意義をストレートに表現し、どのようなビジネスをやるのか?をわかりやすくする必要があります。

また、商品・ビジネスモデルそのものは理解しやすくても、地域・業界・消費者に対する影響度の高いビジネスを目指すケースも同様に存在意義をストレートに表現した方が事業規模のニュアンスを的確に表現することができます。例えば、「ワインラングドシャという新しいジャンルを生み出す」という事業コンセプトは、実際は京都でワインラングドシャというクッキー商品を開発して販売するビジネスモデルのためわかりやすいです。しかし、各都道府県の地域活性化に貢献できる大きなビジョンを持っている場合には、クッキー販売するお店のことだけを事業コンセプトで表現しても目指しているビジネスと比較した時に規模感が全く違います。

地域・業界・消費者に対するメッセージを意識

存在意義を表現する場合の注意点は、地域・業界・消費者に対するメッセージとなる文言をつくることです。地域・業界・消費者を対象にすることで規模感を間違うことなく、キャッチコピーをつくることができます。また、幅広く事業展開していける可能性を持たせた事業コンセプトに仕上がります。

ざっくりと言うと

- □ベンチャー企業はストレートに存在意義を表現する
- □事業規模が大きい場合、地域・業界・消費者に対するメッセージを意識
- □存在意義を表現した事業コンセプトは幅広い事業展開に向く

事業コンセプトはメッセージを向ける相手によって規模感が変わる

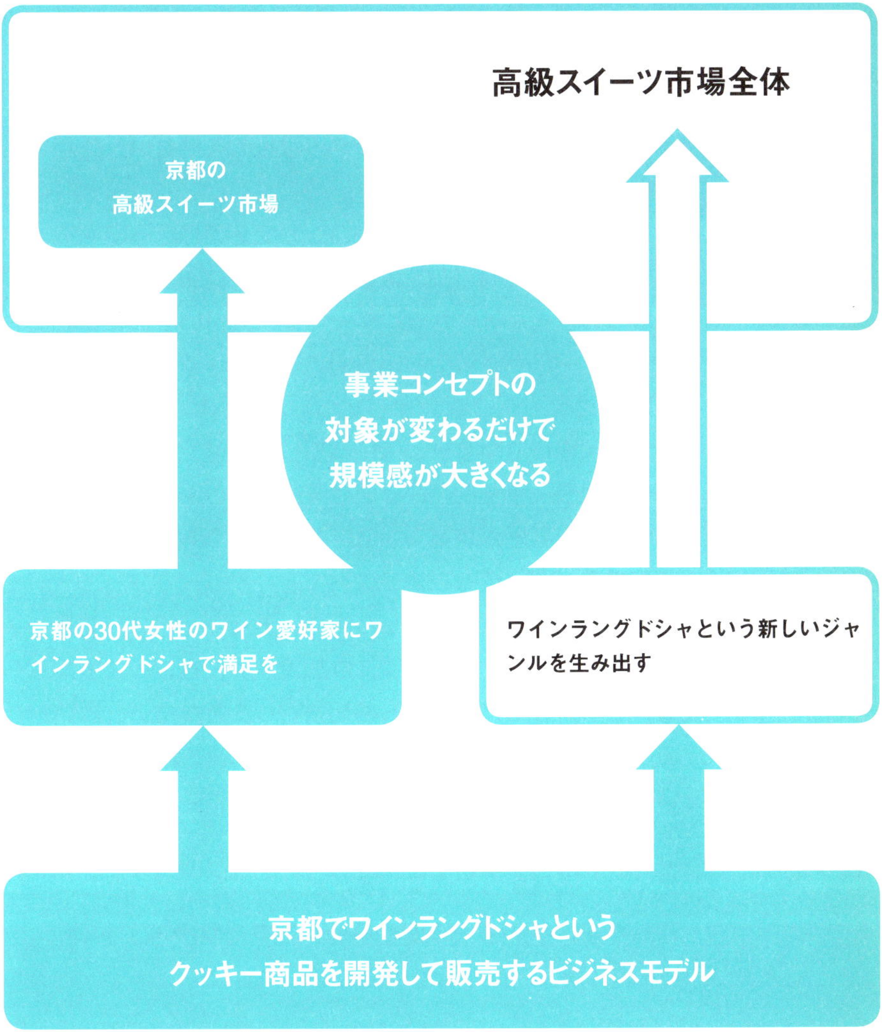

COLUMN
コラム

焦りが事業コンセプトを崩壊させる

１つの事業コンセプトに基づいた素晴らしいビジネスをつくり上げたにも関わらず、開業した後から事業コンセプトが崩壊していくパターンがあります。

これは、なかなか売上・利益が生み出せなくて経営が苦しくなり、“今すぐに売上をつくるためにやれること”に手を出したために起こることが多いです。もちろん、資金繰りがショートしてしまえば、そこでビジネスが終了してしまうので経営の視点からは止むを得ない起死回生の一手です。

この起死回生の一手が事業コンセプトの枠組みに当てはまるものなら何ら問題はありませんが、当てはまらなくても経営者が気付かないケースや、気付いていても断行するケースが意外に多いものです。そして、この一手で経営難を回避できたとしたら「これはビジネスになる」と判断して新サービスに追加し、回避できなければさらに違う一手を探すことなります。このようにして、ビジネスの実態が事業コンセプトとは違う方向に展開していくことがよくあります。

起死回生の一手が成功した時は、潔く一時的な打開策として商品のラインナップには加えない、もしくは事業コンセプトのあり方そのものを見直した方が良いと思います。臨機応変な戦略変更で成長していく“創業時のビジネスと現在のビジネスが違う”会社はたくさんあります。一方、失敗した時は商品・ビジネスモデルをマーケティング調査から見直すべきだと思います。そもそも、売れる仕組みがない状態では何をやっても“焼け石に水”の状態です。

第5章

「何を誰に何円で売るのか？」を企画しよう

本章のトピック	レベル1	レベル2	レベル3
主力商品の明確化	○	○	○
販売ターゲットの決定	○	○	○
プロファイリングの基本			○
商品名・商品品質・販売価格の設定	○	○	○
体験モニターの実施			○
ブランディング戦略の実施			○
店舗の立地条件			○

LEVEL
レベル
1

主力商品を企画する

ビジネスの成否を左右するので慎重に決める

主力商品と目玉商品の違い
主力商品は、集客・売上・利益の３つ全てに貢献でき、そのビジネスを代表する商品です。一方、目玉商品は集客することを最優先にした商品です。目玉商品で集客して、他の利益商材で儲ける戦略が一般的です。

１つのビジネスに対して、商品が１つしかないビジネスモデルはほとんどありません。複数の商品を品揃えして、消費者ニーズに対応できるように準備する会社が大半です。しかし、商品数を増やせば増やすほど、比例して売上が大きくなるわけでもありません。むしろ、むやみに品揃えだけを増やしても、売上が全然上がらない可能性の方が高いと言えます。

このような売れないビジネスになってしまう一番の原因は、事業コンセプトに基づいた主力商品がないことです。主力商品の役割は、お客様を集客することと売上・利益に貢献できることであるため、お客様が買いたいと思う魅力的な商品を企画しなければなりません。

事業コンセプトを実現するための商品

主力商品が魅力的であり売れることは大切ですが、事業コンセプトを実現するための商品でなければ、そのビジネスで売る意味がありません。事業コンセプトはビジネスの存在意義を示しており、その存在意義をカタチにしたモノが主力商品なのです。

例えば「創作たこ焼きのフルコースメニューでたこ焼きファンに新たな美味しさと楽しさを届ける」という事業コンセプトに対する主力商品は、たこ焼きでフルコースメニューを企画することになります。そして、たこ焼きのフルコースメニューが集客・売上・利益に貢献できるように企画・設計することが商品戦略です。特に新規事業・起業独立の場合は、主力商品によってビジネスの成功・失敗が決まると言っても過言ではないため慎重に決めなければなりません。

ざっくりと言うと

- □事業コンセプトに基づいて企画する
- □集客・売上・利益に貢献できるようにする
- □事業コンセプトの存在意義をカタチにする

事業コンセプトに基づいた主力商品は魅力的に見える

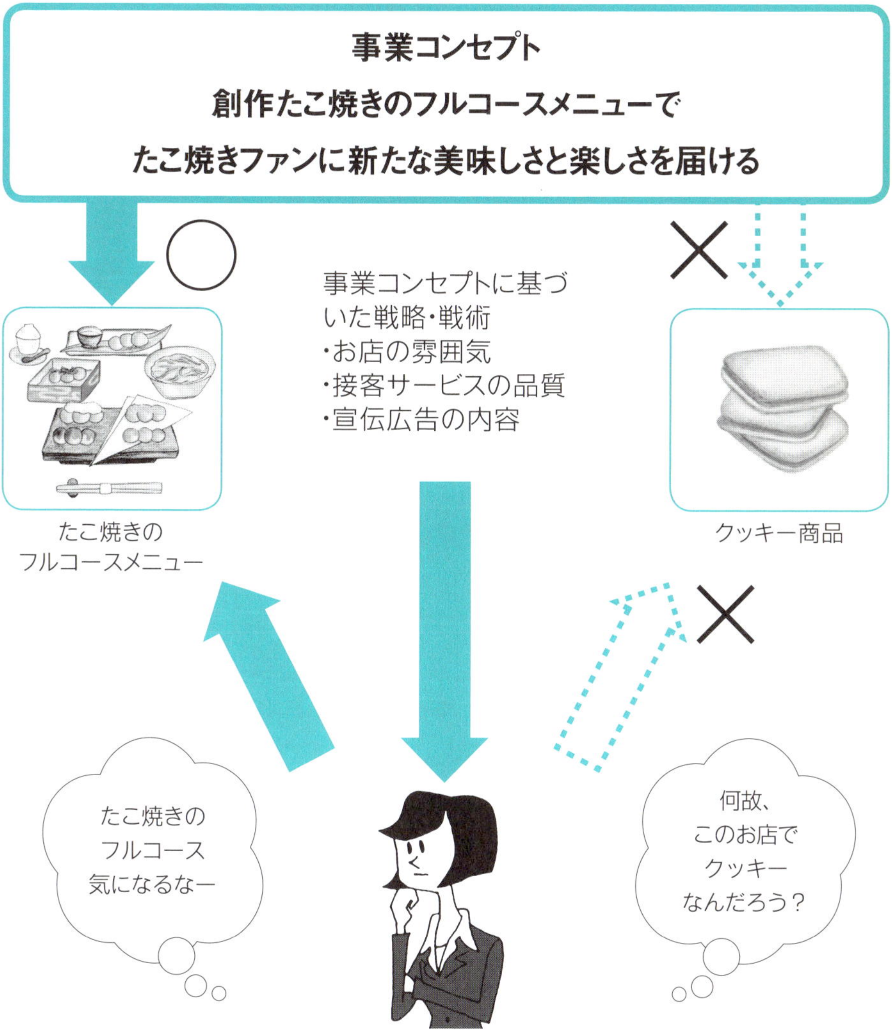
事業コンセプト
創作たこ焼きのフルコースメニューで
たこ焼きファンに新たな美味しさと楽しさを届ける
○
×
事業コンセプトに基づいた戦略・戦術
・お店の雰囲気
・接客サービスの品質
・宣伝広告の内容
たこ焼きの
フルコースメニュー
クッキー商品
×
たこ焼きの
フルコース
気になるなー
何故、
このお店で
クッキー
なんだろう？

LEVEL
レベル
2

主力商品のキャッシュポイントを明確にする

「何を売って稼ぐのか？」を熟慮する

　カタチある商品の売買がビジネスモデルの場合は、モノを売って購入代金を支払ってもらうというシンプルな取引のため**キャッシュポイント**は必然的に決定します。しかし、サービス業の場合、「何を売ってお金を稼ぐのか?」というキャッシュポイントを明確にしづらいことも多く、主力商品がありません。お客様に喜んでもらえるコトが把握できているのに、そのコトをどのような方法でサービス化するかが決まらずにキャッシュポイントをつくれないのです。この状態は商品アイデアができていない段階であるため、売上をつくれる商品のアイデアを先につくる必要があります。

キャッシュポイント
収入源のことです。利益に繋がるポイント、つまり儲かる商品・サービスのことを意味しています。

商売と事業の違い
商売がオーナー1人の裁量で経営する形態、事業は複数の人間が集まって仕組みで経営する形態です。

技術をわかりやすく買いやすい商品にする

　IT・デザイン・コンサルティングといったサービス業で、カタチがない属人的な技術提供型の商品は、キャッシュポイントが弱くなりがちです。その理由は、案件を持ち込まれた段階でお客様に提供する技術・サービスや金額が決定できる職人技の商売だからです。職人技の商売は、その会社に対する安心感がないと、技術・金額に対する不安があるため新規顧客を取りづらいデメリットがあります。このような業種・業界で商売ではなく事業を起こしたい場合は、技術・サービスをわかりやすい商品にすることです。例えば、ホームページ制作サービスは基本的に職人技の商売ですが、これをテンプレート100種類から好きなデザインを選べるようにすれば、わかりやすい商品になります。さらにテンプレート化したことで販売金額を提示しやすく、お客様にとっては買いやすい商品となります。この工夫によって主力商品が明確となり、キャッシュポイントをつくることができます。

ざっくりと言うと

- □ サービス業はキャッシュポイントが分かりにくい
- □ 職人技の商売は、キャッシュポイントが弱くなる
- □ 技術を売る場合は、分かりやすい商品にする

サービス業の主力商品はわかりやすさが大事

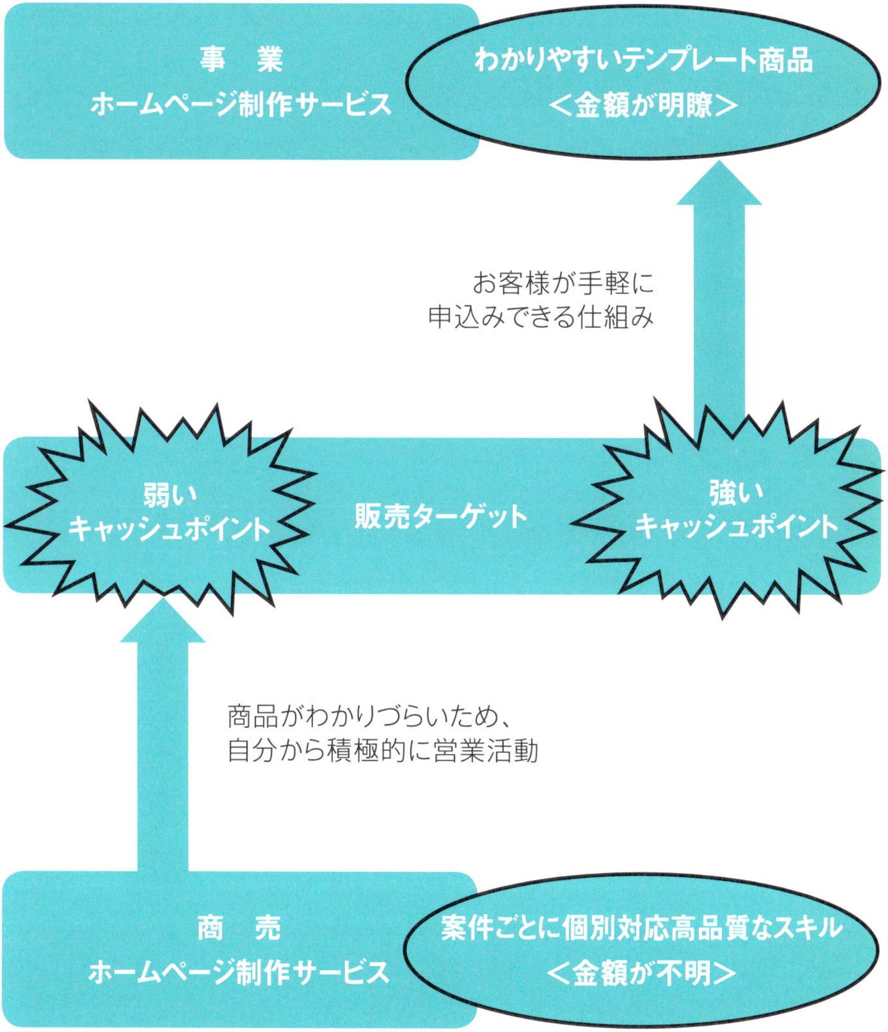

LEVEL
レベル
3

主力商品のイメージを共有できるカタチにする

手間暇を惜しまず確認作業を繰り返す

商品イメージをカタチにできない場合
商品イメージを完成形に近いカタチにするためには、デザインソフト活用スキル・WEBページ制作スキルなど特殊技術が必要なためハードルが高いです。しかし下手でも手書きのイラストを描いて雰囲気が伝わるモノを準備するだけで大きな違いが出てきます。

自分自身の中で、主力商品を明確にイメージできていたとしても、そのイメージを文字だけで第三者に伝えるのは大変難しいことです。そしてイメージが伝わっていない状態のまま、主力商品の素晴らしさをどれだけアピールしても第三者の心に響かない可能性があります。このような状態を避けるため、商品イメージのイラストを描き起こしたり、仮デザインを考えてパッケージ案をつくったり、WEBサイトならTOPページのデモ画面をつくるという作業を行います。

商品イメージを目に見えるカタチにする作業は手間暇がかかりますが、実際に商品開発をする段階で絶大な効果を発揮します。文字だけで商品イメージを伝える場合は関係者各自の価値観・感じ方によって方向性がブレることが多いため、開発段階でのすり合わせや確認作業を何度も繰り返すことになるのに対して、主力商品に対するイメージが統一されるため開発作業がかなりスムーズに進行します。

絵に描けないイメージは商品化できない

商品に限らずモノをつくる時は、そのイメージを絵に描く工程からはじまります。完成形を関係者で共有する目的もありますが、頭の中にあるイメージはぼんやりしているため絵に描いて具体的にするのです。もし主力商品を絵に描けないとしたら、まだ商品イメージが固まっていない証拠です。このような場合は、次頁以降の販売ターゲット・商品名・販売価格など商品戦略を決定した後、主力商品のイメージを描いてください。本来は商品イメージのイラストを準備しなければ、思い通りの商品をつくることができないと覚えておいてください。

ざっくりと言うと

- □ 文字だけで伝えるのは大変難しい
- □ イメージを統一するためにイラスト等を活用する
- □ イラストがなければ、思い通りの商品をつくれない

商品イメージをイラストで描いたり、デザインしてみる

6. 主力商品

主力商品として、赤ワインのクリームを挟んだラングドシャタイプのクッキー“ワインラングドシャ” を開発いたします。ワイン好きの30代女性に満足して頂ける味わいを実現するため、有名ソムリエに監修していただき、デザインもターゲットが目を引く高級感を追求します。さらに京都産の日本ワインを使用することで観光客向けお土産商材として展開し、将来的には各都道府県産の日本ワインを使用した“ワインラングドシャ”で事業拡大を目指していきます。なお、一箱10個入り・1000円（税別）で販売する1アイテムに絞り込んで展開いたします。

日本ワインを使用したラングドシャ

ワインが好きな30代女性に高級感を感じて頂ける味わいとデザインを追求！

商品名	ワインラングドシャ
販売形態	箱 （10個入り）
販売価格	1，000円／箱 （税抜）
原材料	＜生地＞ 砂糖・卵白・薄力粉・アーモンドパウダー・無塩バター ＜クリーム＞ 日本ワイン・卵黄・砂糖・無塩バター
サイズ	40mm×70mm×8mm （一個あたり）
製造・販売	株式会社日本ワインクッキー
JANコード	49×××××××××××××
賞味期限	製造日から5日間

↓商品イメージ

↓パッケージデザイン

ワインラングドシャ

ワインバイヤー経験を活かして地域・ブドウ品種別の味を開発。有名ソムリエの監修で差別化！

 8

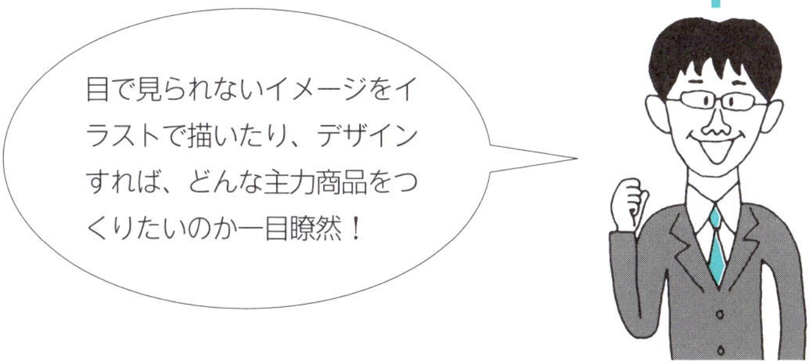
目で見られないイメージをイラストで描いたり、デザインすれば、どんな主力商品をつくりたいのか一目瞭然！

LEVEL
レベル
1

販売ターゲットを絞り込む

商品戦略のキーポイント

優れた品質の商品も売れなければ価値がない
素晴らしい技術で優れた品質の商品を開発できても、売れてこそ価値を評価してもらえます。つまり、売れない商品は存在していないのと同じで価値がないのです。

商品戦略とは、販売ターゲット・商品名・販売価格・販売チャネル・品質・ブランディングなど各種戦術について検討することで商品の方向性を決めることです。その中でも販売ターゲットの決定は、商品戦略のキーポイントとなるテーマです。「販売ターゲット」＝「お客様」が商品を買ってくれなければ、売上はつくれません。そのため、最初に販売ターゲットを決定し、その販売ターゲットが買いやすい商品名・販売価格・販売チャネル等を事業コンセプトに基づいて考えていくのです。全ての戦術が販売ターゲットに向けた設計をしていなければ商品の訴求力が発揮できないため、必ず販売ターゲットを明確にしなければなりません。

年代・地域・性別・職業・年収で絞り込む

一番簡単な販売ターゲットの決め方は、年代・地域・性別・職業・年収など大きな特徴がつかめる項目で絞り込むことです。これらの項目で絞り込むだけでも、商品名・販売価格・販売チャネル・品質を決定する方向性が定まってきます。例えば、“創作たこ焼きのフルコースメニュー”を提供するお店で販売ターゲットを30～40代の男女と設定した場合、フルコースの販売価格を3000円の設定をしても十分に払える金額です。また精神的な落ち着きが出てくる年代のため、和の個室空間で着物を着た女性が丁寧な接客をするサービス品質にも違和感がありません。

ここでご紹介した以外にも、販売ターゲットを絞り込める項目が商品に応じてあります。ライバル企業と差別化に繋がる絞り込みの項目を考えてみてください。

ざっくりと言うと

- □最初に販売ターゲットを決める
- □全ての戦術を販売ターゲットに向けた設計をする
- □ライバル企業と差別化を意識してターゲットを絞り込む

主力商品を売る相手を決めることからはじめる！

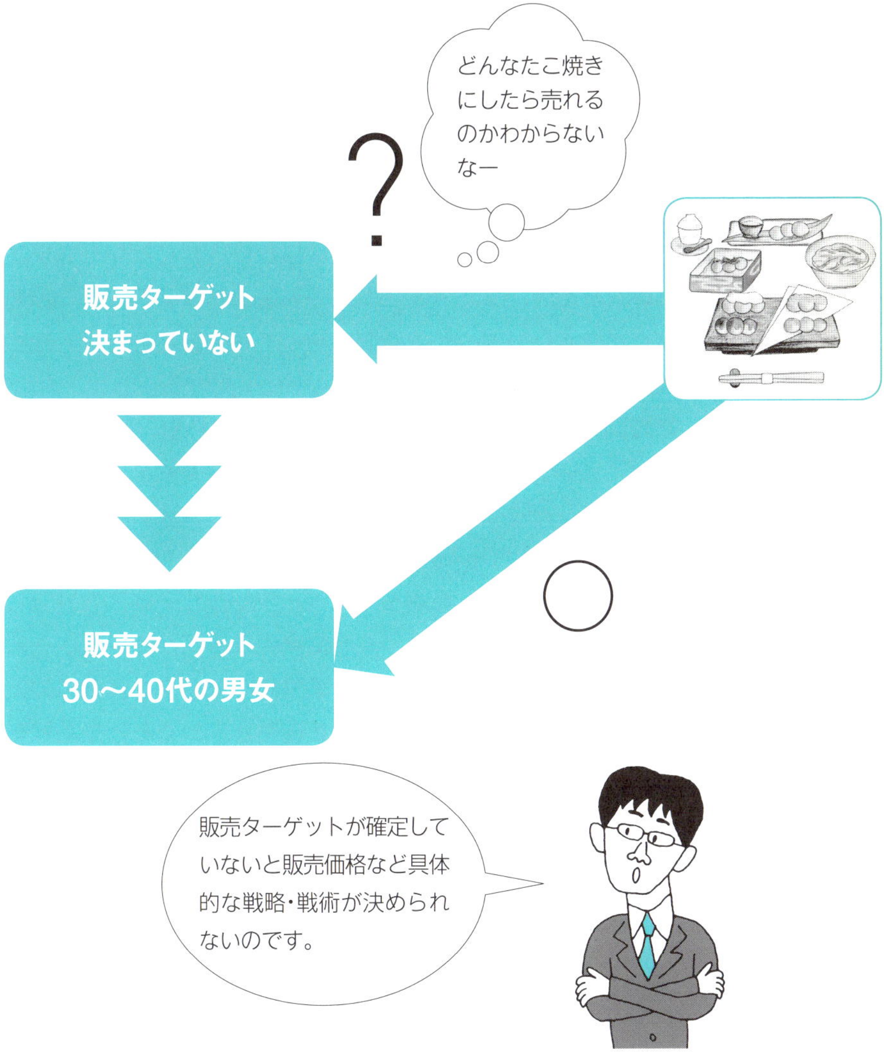
どんなたこ焼きにしたら売れるのかわからないなー
?
販売ターゲット決まっていない
○
販売ターゲット30〜40代の男女
販売ターゲットが確定していないと販売価格など具体的な戦略・戦術が決められないのです。

LEVEL
レベル
2

販売ターゲットが経験するイベントを狙う

人や企業の人生を時系列の“線”で捉える

緊急時は成約率が高い
イベント同様の考え方で販売ターゲットの緊急時を狙うと、相手は早急な解決を望んでいるため成約率がかなり高いと言えます。水回りのトラブルを解決するビジネスなどが当てはまります。

販売ターゲットをさらに絞り込みたい時、その販売ターゲットが経験するイベントを狙う方法があります。ターゲットは人・企業という“点”ですが、その人・企業の人生を時系列の“線”で捉え、そこで経験するイベントに絞り込みます。例えば、京都在住の20代女性は点で捉えた販売ターゲットですが、京都で成人式・結婚・出産等を経験する女性は線で捉えていることになります。この点と線の捉え方を組み合わせることで、販売ターゲットはかなり絞り込むことができます。簡単に言えば、販売ターゲットの人生に起こるイベントの前後で売れる商品は、その瞬間を狙って商品戦略を考えた方が良いということです。

主力商品×販売ターゲット×イベントで絞り込む

販売ターゲットに起こるイベントは、瞬間的に特定のニーズが高まる特殊な状況です。その特定のニーズに対して主力商品がマッチしている場合は、売上を見込みやすいと言えます。例えば、サロン専用ホームページ制作サービスを展開している場合、サロンという業態に発生するイベントとホームページ制作サービスがマッチする瞬間を考えます。既に開業しているサロンはホームページを運営していることもありますが、“サロンを開業する瞬間（イベント）”はホームページ制作サービスに対する大きなニーズがあるとわかります。この結果、これから開業するサロンを対象にしたホームページ制作サービスを主力商品にすれば、かなり販売ターゲットを絞り込んだビジネスモデルに仕上がります。

ざっくりと言うと

- □販売ターゲット（人・企業）に起こるイベントを狙って絞り込む
- □イベント前後は、瞬間的に特定のニーズが高まる
- □イベントに絞り込めば売上を見込みやすくなる

イベントに限定した販売ターゲットの絞り込み方もある

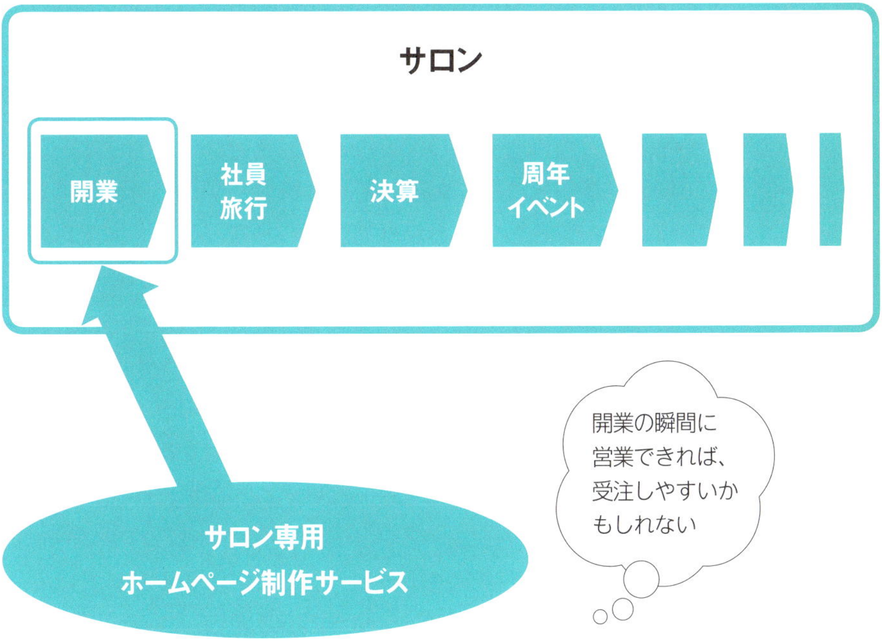
サロン
開業
社員旅行
決算
周年イベント
サロン専用ホームページ制作サービス
開業の瞬間に営業できれば、受注しやすいかもしれない

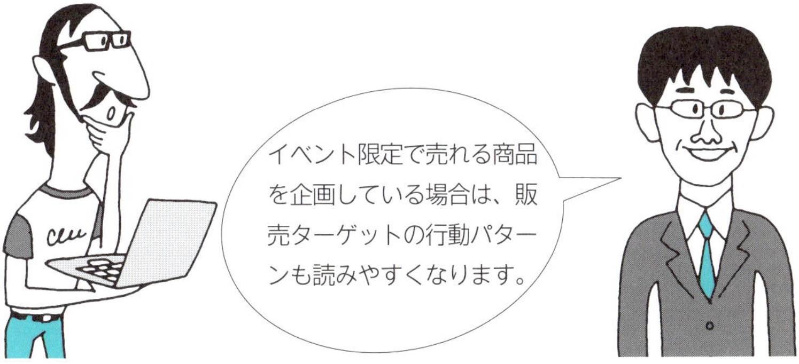
イベント限定で売れる商品を企画している場合は、販売ターゲットの行動パターンも読みやすくなります。

LEVEL
レベル
3

販売ターゲットを絞り込んだ合理性を説明する

市場が確実に存在することを証明する

販売ターゲットを決定した合理的な理由について、事業計画書で説明すれば「主力商品が売れる理由」に説得力が出てきます。売れる理由を伝えるためには、まず販売ターゲットが確実に存在して市場があることを説明することになります。販売ターゲット層の人数・消費量・消費金額など、市場規模を表す数値情報を見つけることができれば理想的です。これら数値情報をうまく活用して、販売ターゲット層の市場がしっかりと存在していることを証明します。なお、必ずしも市場規模が大きい販売ターゲット層の選択である必要はありません。あくまでも販売ターゲット層の存在と規模感が伝わることが大事なのです。例えば、**ニッチビジネス**の場合は市場規模が小さいですが、確実に市場があるので成立します。

ニッチビジネス
ライバル企業が気付いていない、又は進出していない業界の隙間を狙ったビジネスの意味。大手企業は業界全体を狙うことで市場をシェアしますが、全てのニーズに対応できないデメリットがあります。この対応し切れていないニーズを狙ってビジネス展開することを言います。

インターネット検索やアンケート調査を活用する

販売ターゲットを合理的に絞り込み、確実に存在することを説明するためには、グラフ・表を活用するとわかりやすくなります。例えば、高級志向のクッキー販売事業において高級スイーツの市場動向がわかっている場合、さらに販売ターゲットを絞り込むため、男女別・年代別の構成比を調査します。調査の際、一番大きい市場規模を占めるのが30代女性だと判明すれば、ビジネスチャンスを得やすい「高級スイーツを好む30代女性」に絞り込むことを検討します。

販売ターゲットの絞り込みを説明できる数値情報は、インターネットで検索して探したり、販売ターゲット層にアンケート調査をするなど工夫が必要になりますが、これら数値情報に基づいて販売ターゲットを絞り込んだ商品は、高い訴求力・競争力が期待できます。

ざっくりと言うと

- □ 販売ターゲットが確実に存在することを示す
- □ 人数・消費量・消費金額など数値情報を見つける
- □ グラフ・表を活用して説明する

販売ターゲットを絞り込んだ理由が明確だと説得力がある

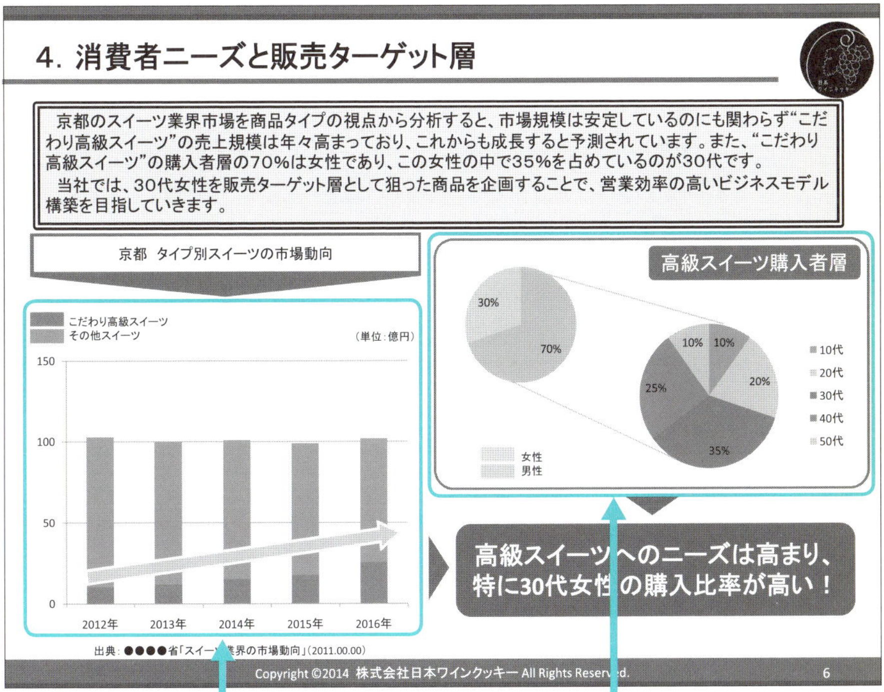
4. 消費者ニーズと販売ターゲット層
京都のスイーツ業界市場を商品タイプの視点から分析すると、市場規模は安定しているのにも関わらず“こだわり高級スイーツ”の売上規模は年々高まっており、これからも成長すると予測されています。また、“こだわり高級スイーツ”の購入者層の70%は女性であり、この女性の中で35%を占めているのが30代です。
当社では、30代女性を販売ターゲット層として狙った商品を企画することで、営業効率の高いビジネスモデル構築を目指していきます。
京都　タイプ別スイーツの市場動向
こだわり高級スイーツ
その他スイーツ
（単位：億円）
150
100
50
0
2012年
2013年
2014年
2015年
2016年
出典：●●●●省「スイー 業界の市場動向」（2011.00.00）
高級スイーツ購入者層
30%
70%
女性
男性
10%
10%
20%
25%
35%
10代
20代
30代
40代
50代
高級スイーツへのニーズは高まり、
特に30代女性の購入比率が高い！
Copyright ©2014 株式会社日本ワインクッキー All Rights Reserv ed.
6

京都のタイプ別スイーツ業界の市場動向と
高級スイーツ購入者層のグラフを使って
販売ターゲットが確実に存在していることを証明している

LEVEL
レベル
3

販売ターゲットをプロファイリングする

販売ターゲットを具体的にイメージする

売れる商品を開発するポイントの1つとして、販売ターゲットを絞り込み、その販売ターゲットの人物像レベルまで具体的にイメージすることが挙げられます。人物像レベルまでイメージすることで、ライフスタイル・所有物・趣味嗜好まで推測することができるため、売れるためのポイント・売るために最適な営業方法を考えることができます。

プロファイリングを商品戦略・営業戦略に活かす

販売ターゲットを人物像レベルまで落とし込むお薦めの方法として**プロファイリング**があります。簡単なプロファイリングのやり方は、頭の中でぼんやりしている販売ターゲットについて、年代・地域・性別・職業・年収・ライフスタイル・所有物・趣味嗜好等について、それぞれ具体的に書いていきます。多くの項目について書き出すことで、販売ターゲットの人物像が明確になっていることに気づくと思います。

プロファイリングの項目
年代・地域・性別・職業・年収・ライフスタイル・所有物・趣味嗜好が基本的な項目ですが、必要に応じた項目があればどんどん増やしてください。項目が多ければ多いほど、販売ターゲットの人物像がより明確に浮かび上がってきます。

例えば、日本ワインを材料にしたクッキー商品を開発するため、ワイン好きの30代女性を販売ターゲットに見据えてプロファイリングした時、「ワインを好む30代女性が上品なイメージのファッションが好きで、ワインを飲めるお洒落な飲食店へよく行く」ことが分析できたとします。この結果からクッキー商品のデザイン性は、これらファッション・飲食店のデザイン性・雰囲気に近づけることで販売ターゲットの興味を惹きやすいように企画していきます。また、「カフェ・ファッション系の雑誌を月1冊以上購入する」ことが分析できれば、営業戦略では関連雑誌への広告掲載を検討していくことになります。

ざっくりと言うと

- □販売ターゲットを人物像レベルまで落とし込む
- □売れるためのポイントや最適な営業方法が見つかる
- □ライフスタイル・所有物・趣味嗜好まで推測する

プロファイリングの例

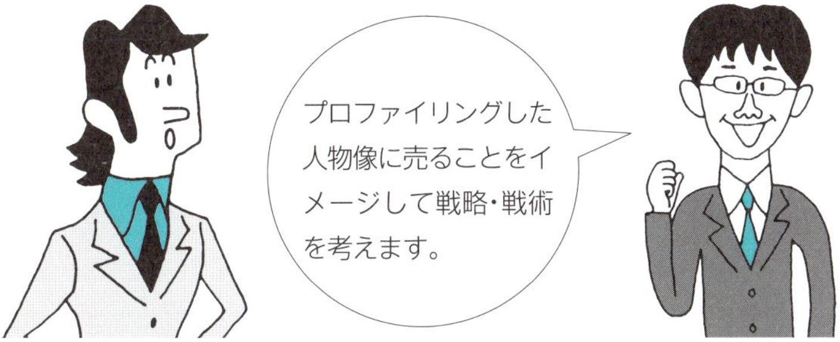
プロファイリングした人物像に売ることをイメージして戦略・戦術を考えます。

5. 販売ターゲットのプロファイリング

30代女性を販売ターゲット層とした効果的な販売促進を実践するため、さらに顧客像を具体的にイメージすることで販売ターゲットを絞り込んでおります。当社商品をお買い上げいただけるお客様の理想的な条件には、「高級ブランドでも購入できる収入があること」、「お洒落なスイーツが似合う女性であること」、「当社商品をクチコミする仲間がいること」の3点があります。これら条件を満たす"ワイン好きの30代女性"に販売ターゲットを絞り込み、プロファイリングしたライフスタイルを考慮して商品開発・営業戦略を策定いたします。

京都が活動エリアで高級スイーツを購入する30代女性

絞り込み

ワイン好きの30代女性

理想的な条件

- ○高級ブランドでも購入できる収入
- ○お洒落なスイーツが似合う
- ○クチコミする仲間がいる

販売ターゲットの特徴	
年代	30代
性別	女性
既婚・未婚	独身
居住エリア	京都を中心とした関西圏
家	都心部のアパート、マンション暮らし
仕事	OL
年収	300万円　～　600万円
携帯・スマホ	1台以上所有
パソコン	インターネットを日常的に利用
雑誌	月1～2冊購入（ファッション、カフェ雑誌）
車の所有	0台、又は1台
ファッション	上品なイメージのブランドが中心
外食	ワインが飲めるお洒落な店が中心
社交性	ワイン好きの友達が多い

 7

LEVEL
レベル
1

商品の名前を決める

分かりやすく覚えやすい商品名にする

商品名を決めるためのルールは特になく、開発者の自由です。しかし、少しでも売れる商品を生み出すためには商品名をわかりやすく、覚えやすくしておくことが基本です。そのためには商品分類が明確に伝わること、そして商品の特徴が伝わるように工夫します。商品名を見て（聞いて）、商品分類をイメージできなければ、お客様はその商品が自分にとって「必要なものか・欲しいものか?」がわからないため興味を惹くことができません。また、商品の特徴が商品名で伝わるネーミングができれば、お客様が他の類似商品との違いがわかるメリットが出てきます。

商品コンセプト
“商品に対する思い”は、言い換えれば商品コンセプトです。商品の存在意義を決め、その実現のために商品を企画します。
新規事業の場合、事業コンセプトと商品コンセプトがほぼ似通ることが多いため割愛しています。

商品に対する思いを込めた商品名を考える

商品を企画・開発することは大変な苦労が伴いますが、その苦労を超えて販売できる体制を構築できるのは“商品に対する思い”があるからです。この商品に対する思いを商品名に込めてネーミングする時は、商品開発にまつわるストーリーとリンクしてくることがポイントです。ホームページなど販促ツールでストーリーを紹介することで商品へのこだわりや特徴をアピールでき、しかも事業コンセプトやビジョンの方向性を含んだ営業活動を展開できるようになります。

社名·屋号=商品名にすることもある

これから新規事業・起業独立によって事業を起こす場合、この社名・屋号を主力商品の名称と一致させることで、強力な営業効果・ブランディング効果を発揮することがあります。事業内容がわかりやすく、主力商品に特化した専門性もアピールでき、事業に対する熱意・思いも伝わるなど意外に多くのメリットがあります。

ざっくりと言うと

- □ わかりやすく、覚えやすくするのが基本
- □ 商品分類と商品の特徴が伝わる工夫が大事
- □ “商品に対する思い”を込めた商品名にはストーリー性が生まれる

商品名はわかりやすさと覚えやすさが一番!

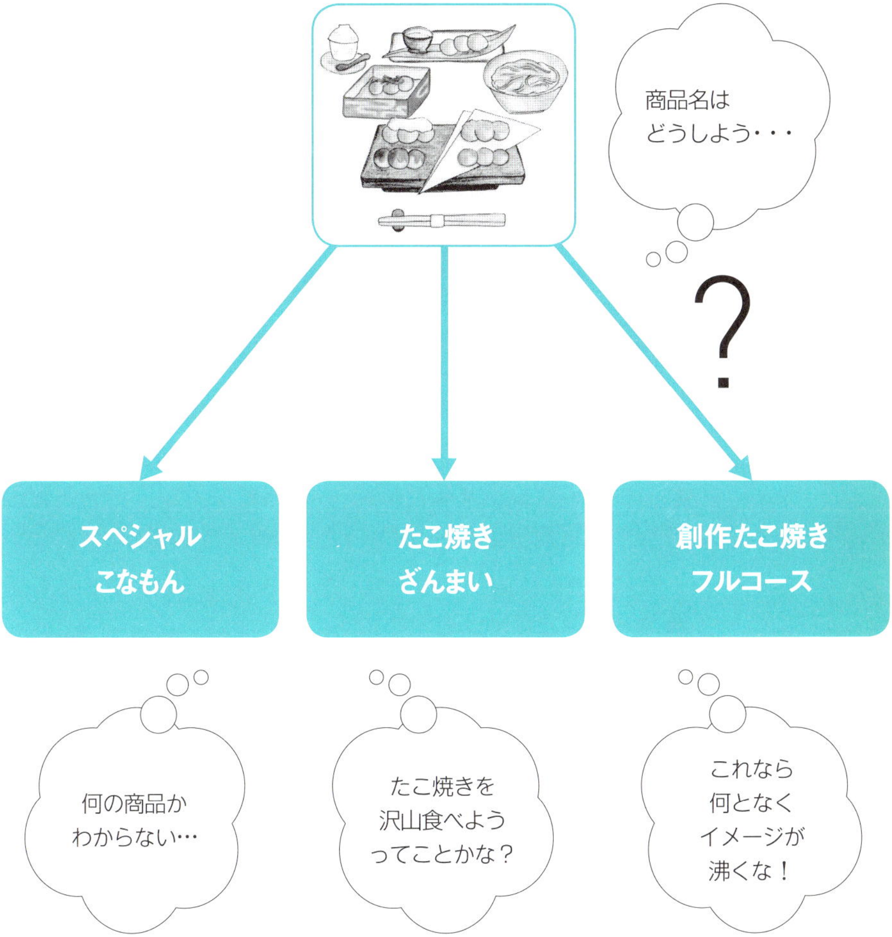
商品名は
どうしよう・・・
?
スペシャル
こなもん
たこ焼き
ざんまい
創作たこ焼き
フルコース
何の商品か
わからない…
たこ焼きを
沢山食べよう
ってことかな？
これなら
何となく
イメージが
沸くな！

LEVEL
レベル
2

商品の品質を決める

商品企画の段階で着地点を決めておく

品質基準を満たす商品を開発できない場合
品質基準を決めて、商品開発に取り組んだ場合、その基準をクリアできない事も当然あります。この時、品質基準を下げることはお薦めできません。
品質基準をクリアできる技術力を習得、発見して事業化できれば、ライバル企業に差をつけるチャンスになります。

商品企画の段階で、商品の品質について着地点を決めておかなければなりません。この着地点が決まっていないと開発した商品の良し悪しを判断する基準がなくなります。

この品質の着地点は、事業コンセプト（又は商品コンセプト）を実現させるために必要な商品の条件と販売ターゲットが満足する条件の2点から考えます。この2点の条件を両方ともクリアできれば、事業コンセプトの方向性にも合致した売れる主力商品を開発できます。

事業コンセプトを実現する品質を目指す

事業コンセプト（または商品コンセプト）に含まれる強み・特徴を実現するための商品のあり方を検討していくと、原材料・仕様・設計など開発方針が見えてきます。例えば、「特急で売れる、特急で作るサロン専用ホームページ制作」という強みを実現するために、「お客様がテンプレートを選択してから何日でホームページが開設できるのか?」について考え、「5日以内には納品できるサービスにする」など品質基準となる着地点を決めます。

販売ターゲットが満足する条件を考える

販売ターゲットが満足するためには、商品の品質をどこまで高めておくべきか?を考えます。「特急で売れる、特急で作るサロン専用ホームページ制作」の事例では、テンプレートの数が少なければ、好みのデザインが見つからないうえに他のサロン店と同じようなホームページになってしまう可能性があります。これでは満足してもらえないため、100種類のテンプレートを作り上げ、好きなデザインを選べる満足感を提供できることを商品開発の条件にするのです。

ざっくりと言うと

- □目指す基準がないと、商品の良し悪しを判断できない
- □事業コンセプトから原材料・仕様・設計を具体的に考える
- □販売ターゲットが満足できる品質基準を目指す

商品品質の基準を決めるのは販売ターゲット

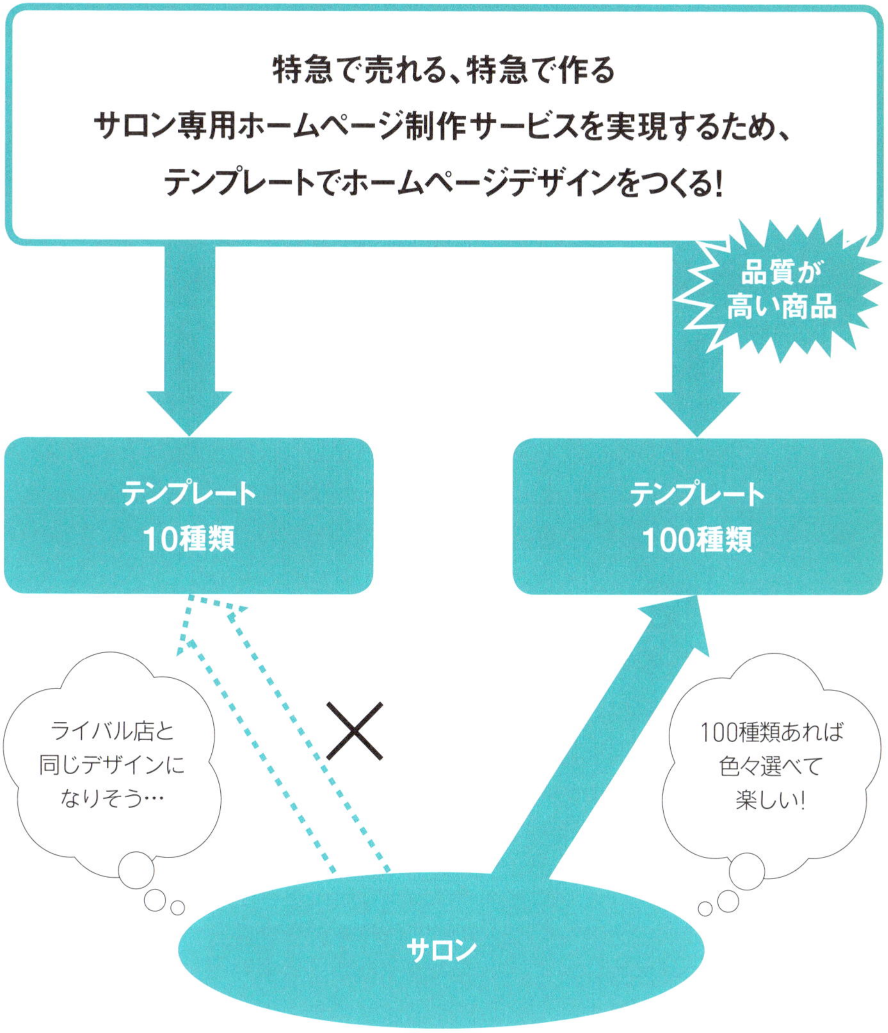
特急で売れる、特急で作る
サロン専用ホームページ制作サービスを実現するため、
テンプレートでホームページデザインをつくる!
品質が
高い商品
テンプレート
10種類
テンプレート
100種類
ライバル店と
同じデザインに
なりそう…
100種類あれば
色々選べて
楽しい!
サロン

LEVEL
レベル
3

商品の販売価格を決める

売れる・儲かる価格設定を意識する

同じ商品でも販売価格を変えるだけで売れる

安い価格設定で品質の良い商品を販売していた時は全然売れなかったのに、販売価格を高くした途端に売れ出すことがあります。これは販売ターゲットがその商品に対して感じている価値と販売価格のバランスが取れたからです。商品の企画段階で販売ターゲットの価値観を把握しておくことは重要です。

商品の販売価格は、3つの視点から考えます。1つ目は商品の利益率、2つ目は販売ターゲットが納得できる価格設定、そして3つ目はライバル商品の価格です。この3つのバランスを調整して、売れる・儲かる価格設定をします。

商品の利益率を考える

商品をつくるためには費用が発生しますので、販売価格がこの費用を下回ると売れば売るほど赤字になる商品になってしまいます。また、商品を売るためには家賃・人件費・広告宣伝費等の費用も必要なため、利益率が低すぎても同様です。

販売ターゲットが納得できる価格設定をする

販売価格を高く設定しても安く設定しても、販売ターゲットが商品価格に対して納得しなければ買ってもらえません。販売ターゲットが価値がありそうだと感じれば高くても買ってもらえ、価値がないと感じれば安くても買いません。この価値観は、販売ターゲットによって異なるためプロファイリング等によって分析をしなければなりません。

ライバル商品の価格と比較する

一般的に類似するライバル商品の販売価格と比較して、高く価格設定をすると商品が売れなくなり、安く価格設定をすればお客様に買ってもらいやすくなります。また、販売価格を高く設定した場合はライバル商品が存在しているおかげで“品質の良い高級品”であると演出することができ、大幅に価格設定を下げると“お買い得品・目玉商品”として集客効果を期待することもできます。ライバル商品が存在することで商品分類に対する一定の価値観ができあがっているため、この価値観を利用した価格戦略を狙うことができます。

ざっくりと言うと

- □原価や経費から儲かる利益率を設定する
- □販売ターゲットの価値観に合わせた価格にする
- □ライバル商品の販売価格を調査して、価格戦略を考える

3つのバランスを調整して販売価格を決める

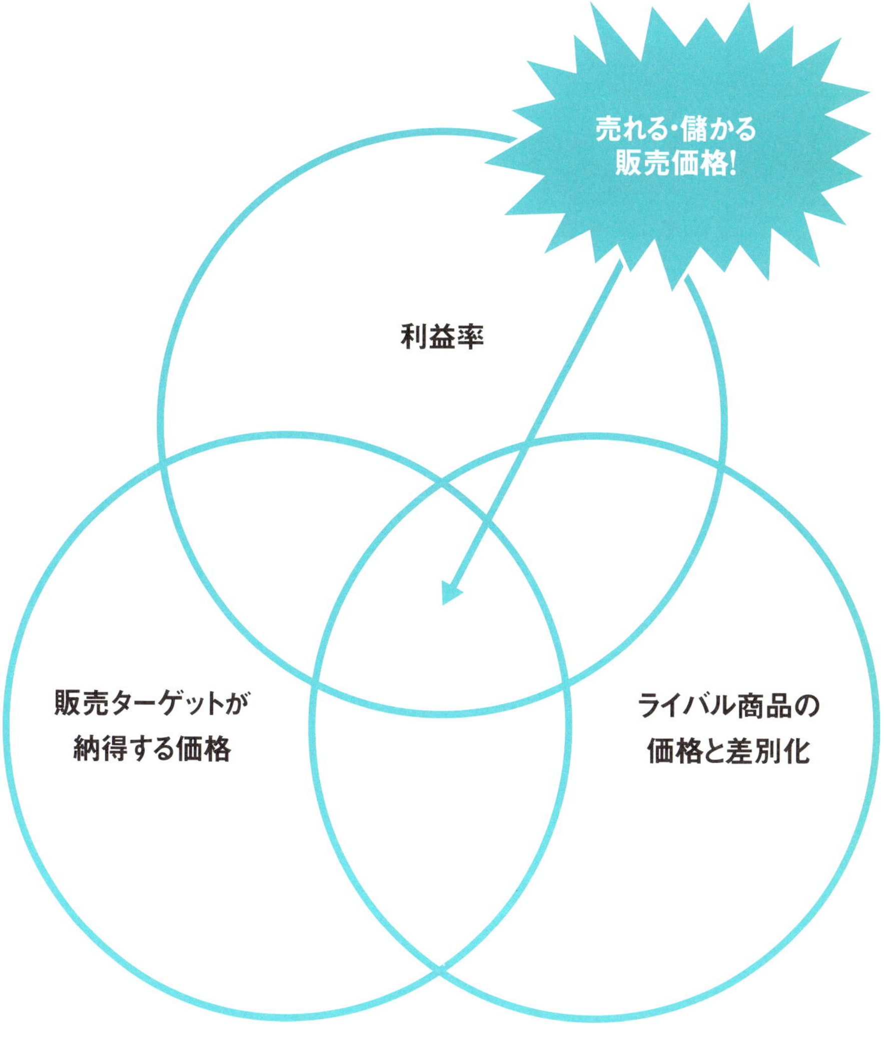

LEVEL
レベル
3

試作品の体験モニターでニーズをつかむ

体験モニターによって客観的評価を得る

低価格で体験モニターを実施するためには
本格的に体験モニターを開催できない場合は、身近にいる販売ターゲットに属する友人・知人にアンケートをしてください。人数は少なくても、意図を伝えてアンケートに回答してもらえば価値ある情報を得られます。

商品分類によって実施することが難しいケースはありますが、可能であれば体験モニターを実施して商品に対する客観的評価を得ておくべきです。体験モニターとは、商品の試作品を実際に体験していただいてアンケート調査を取ることです。アンケート調査の結果に基づいて、商品の販売価格・デザイン・品質等を見直し、消費者ニーズに対して満足度の高い商品に仕上げます。

モニター参加者は販売ターゲットに限定する

体験モニターを実施するときは、参加者の人数よりも参加者が狙っている販売ターゲットに当てはまることが重要です。販売ターゲットの客観的評価と消費者ニーズを得るために実施しているので、当てはまらない参加者ばかりでは実施する意味がほとんどありません。

アンケート結果は点数表示できるようにする

体験モニターで得たアンケート結果は、販促ツールに上手く利用すれば販売ターゲットに響きやすい営業効果があります。モニターを体験した人と販売ターゲットが同じ属性であるため、アンケート結果の言葉が響きやすいのです。また、アンケートでは自由に記入できる感想欄以外に５段階評価、３段階評価など採点をしてもらえるようにしておくと、商品に対する評価を数値で表現できるメリットがあります。

試作品を作って体験モニターを開催すれば、当然それなりの費用が発生しますが、満足度の高い商品に仕上げることができ、さらに売りやすくなるネタまで獲得できるため、可能な範囲で実施したいところです。

ざっくりと言うと

- □ 客観的評価と消費者ニーズが把握できる
- □ 必ず販売ターゲットに属する人を参加者にする
- □ アンケート結果に基づいて、試作品を満足度の高い商品に仕上げる

販売ターゲットの本当のニーズがわかる!

7. モニター調査

平成○年○月○日　京都のワインBARの30代女性客100名に試食会を開き、5段階アンケートを実施しました。

ワインラングドシャに関する調査

項目	評価	コメント
味	4．3	○ワインの風味が上品で美味しい ○クッキー焼き具合が絶妙
食感	3．8	○クッキーがサクサクしていて良い ○クリームが程よい硬さで食べ応え有
見た目	3．2	○薄紫のクリームが可愛い ○大き過ぎないサイズで高級感を感じる

デザイン、価格に関する調査

項目	評価	コメント
デザイン	4．2	○ワインボトル風のイラストが目に引く ○高級感があってギフトに使えそう
箱・袋	3．2	○持ち運びやすくて丁度良い ○箱、袋の手触りが上品
価格	3．5	○安くはないが買いやすい価格 ○入数を増やしたお得サイズも欲しい

　9

体験モニターの実施は、
売れる根拠に説得力がある
ためお薦めの方法です。

LEVEL
レベル
3

ブランディング戦略で商品価値を高める

販売ターゲットに安心感と付加価値を印象付ける

ブランドとは、企業・商品に対する消費者視点の印象のことです。そしてブランディングとは、消費者に一定の印象を浸透させるための働きかけであり、「●●（商品分類）を買うなら、■■（商品）が良い」という印象を浸透させて、消費者の安心感を高めていくことが目的です。

このブランド価値が高まると安定した業績を期待できるようになりますが、消費者視点の印象・評価であるため簡単にはいきません。しかし、戦略的にブランディングを仕掛けることで、販売ターゲットに対して安心感を提供することができ、さらに付加価値をつけることもできます。

ブランド価値の高い商品や人物と提携する

戦略的にブランディングを仕掛ける最も手っ取り早い方法は、既にブランド価値が高まっている商品や人物と主力商品が提携することです。特定の販売ターゲットから安心感を得ている商品・人物と提携できれば、その安心感を主力商品が共有できるようなり、品質の高い商品という印象を与えることができます。さらに、その販売ターゲットに対して宣伝できるという効果もあります。

例えば、日本ワインを使ったクッキー商品のブランディング戦略を仕掛ける場合、有名なソムリエに監修してもらう方法があります。有名なソムリエに対する安心感は、そのままクッキー商品に対する安心感として共有でき、そして有名なソムリエのファンに対する宣伝効果が見込めます。

提携は、商品×商品、商品×人物、商品×企業、企業×企業という４パターンがありますので、その効果を見据えて戦略的に選択してください。

スポンサー（協賛企業）獲得もブランディング

企業・商品について、スポンサー（協賛企業）と提携する場合もブランディング効果があります。
※本文における商品×企業、企業×企業のパターンになります

提携によるリスク

ブランディング目的で提携しても商品に何らかの不具合があるとブランド価値を貸した側は、自身の信用がなくなります。ブランド価値を借りた側は提携を解消されると信用がなくなります。

ざっくりと言うと

- ブランドとは、企業・商品に対する消費者視点の印象
- ブランディング戦略で安心感・付加価値・宣伝効果を得る
- ブランド価値が高い商品や人物と提携する

販売ターゲットに対する安心感・付加価値・宣伝効果が大事

有名なソムリエに商品の監修をしてもらえば、
ワイン愛好家が安心して興味を持ってくれる！

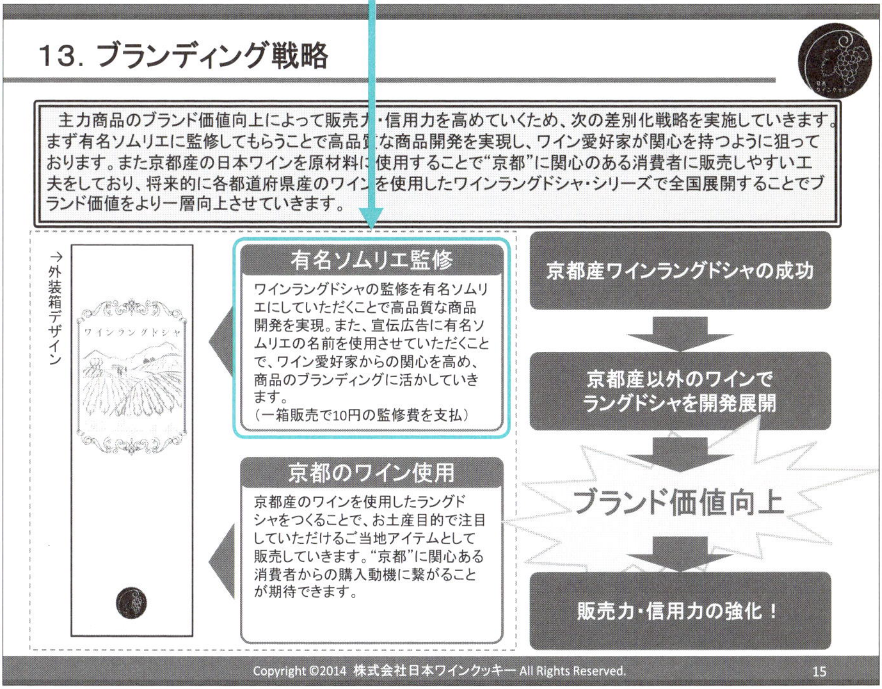
13. ブランディング戦略
主力商品のブランド価値向上によって販売力・信用力を高めていくため、次の差別化戦略を実施していきます。まず有名ソムリエに監修してもらうことで高品質な商品開発を実現し、ワイン愛好家が関心を持つように狙っております。また京都産の日本ワインを原材料に使用することで“京都”に関心のある消費者に販売しやすい工夫をしており、将来的に各都道府県産のワインを使用したワインラングドシャ・シリーズで全国展開することでブランド価値をより一層向上させていきます。
→外装箱デザイン
ワインラングドシャ
有名ソムリエ監修
ワインラングドシャの監修を有名ソムリエにしていただくことで高品質な商品開発を実現。また、宣伝広告に有名ソムリエの名前を使用させていただくことで、ワイン愛好家からの関心を高め、商品のブランディングに活かしていきます。
（一箱販売で10円の監修費を支払）
京都のワイン使用
京都産のワインを使用したラングドシャをつくることで、お土産目的で注目していただけるご当地アイテムとして販売していきます。“京都”に関心ある消費者からの購入動機に繋がることが期待できます。
京都産ワインラングドシャの成功
京都産以外のワインでラングドシャを開発展開
ブランド価値向上
販売力・信用力の強化！
Copyright ©2014 株式会社日本ワインクッキー All Rights Reserved.
15

LEVEL
レベル
3

店舗の立地条件を説明する

集客できる立地かどうか見極める

主力商品と関係の深いテーマのお店とは
日本ワインのクッキー商品を販売する店舗を出店する場合、そのエリアにあるワインBARやイタリアン・フレンチのお店などが該当します。
ワインが好きな人達が来る場所だと判断することができ、来店してもらえる可能性が高まります。

飲食店・小売店など店舗で商品販売をするビジネスモデルの場合、その店舗の立地条件は業績に大きな影響を及ぼします。つまり、集客できる立地条件の物件・エリアに出店しなければ、売上をつくることができないのです。

立地条件を考える一番のポイントは、販売ターゲットがそのエリアに住んでいる、もしくは販売ターゲットがそのエリアに頻繁に来ることです。もう1つ大事なポイントは家賃など出店に伴う費用面の負担です。

出店エリアで販売ターゲットの存在を調査する

出店を検討しているエリアに販売ターゲットが存在することを調べる方法は、「売れているライバル店が出店しているエリアを見つける」、「主力商品と関係の深いテーマのお店が出店している」の2つが代表的です。そのエリアに販売ターゲットが存在していることは確実であり、1つのエリアに同じようなお店が集まる理由はこれです。お客様の取り合いになりますが、同じようなお店が集まることで販売ターゲットがさらに集まって市場が活性化していくメリットもあります。

販売ターゲットの存在が確かめづらい場合は、シンプルに人口や交通量・通行量など人が多いエリアを狙います。人が多いエリアは、ショッピング街・住宅街・ビジネス街や、駅・バス停などがある活動拠点を探します。そして、プロファイリングした販売ターゲットのライフスタイルから目星をつけていきます。また、実際にその場所に行って、行き来する人を観察すれば、出店エリアとして適切か否かを判断することができます。

ざっくりと言うと

- □ 販売ターゲットの存在と家賃で立地条件を考える
- □ ライバル店や関連ビジネスの店があるエリアは要注目
- □ 人が多いエリアはプロファイリングを活用する

店舗販売するビジネスは立地条件は大事なポイント

9. 立地条件
京都市内の四条烏丸交差点を中心としたエリアは、ショッピング・ビジネス・観光拠点として多くの人が行き来しております。また、昨今大人向けのお洒落なお店も増えてきており、路地に入ればワインBAR等も沢山あるエリアです。そのため、ワインラングドシャ販売に最適であると判断して出店を検討しております。なお家賃は月額10万円程度で予算組みしているため、メイン通りではなく、路地にある安い物件且つ一階の空き物件を条件としております。
大宮通り
二条城前駅
堀川通り
烏丸通り
京都市役所前駅
河原町通り
鴨川
御池通り
烏丸御池駅
烏丸駅
四条通り
大宮駅
四条駅
河原町駅
五条通り
五条駅
出店検討エリア　半径500m範囲
商圏エリア　半径1000m範囲
ショッピングエリアとして賑わう
ワイン関連ショップが多い
ビジネス街であり働く女性も多い
交通の便が良く、観光拠点である
Copyright ©2014 株式会社日本ワインクッキー All Rights Reserved.
11

現地まで行って販売ターゲットがそこにいるか確認するのがベスト

COLUMN
コラム

自信を持って販売価格は決定しよう

サービス業で特に多いように思いますが、販売価格をお客様に自信を持って伝えられない日本人が多いように思います。サービス業の場合、目に見えるモノが売り物ではないため値付けが難しいのです。また、手に取って触れるモノが売り物の場合でも相場よりも販売価格がずっと高い場合も不安になるかもしれません。

全国的に流通している、とあるご当地商品の新ブランドを企画した時に相場価格よりも1.5倍～2.0倍の値付けをしたことがあります。企画段階では、その地域の団体・企業の一部からは難色を示されたのは言うまでもありません。しかし、新ブランドを販売する社長と私には、入念なマーケティング調査の結果、必ず売れるという自信があったため、その販売価格で商品化を決行しました。その結果、多くの関係者の不安を払拭するだけの数量が売れたため、今では地域の方々からも事業拡大に積極的なご協力をいただける状況になっています。

商品と販売価格が見合っているか否かを判断するのはお客様です。お客様に満足してもらえると確信できる十分なマーケティング調査をしているなら、決定した販売価格が相場よりも高くても安くても問題はありません。むしろ、その分野に新しいジャンルを切り開くキッカケになるかもしれません。

第6章

自社の強みを理解して事業戦略を決定する

本章のトピック	レベル1	レベル2	レベル3
マーケティング調査による市場の見極め	○	○	○
競合調査によるライバルの分析		○	○
強みと弱みの分析	○	○	○
機会と脅威の分析		○	○
SWOT分析による事業戦略の決定		○	○

LEVEL
レベル
1

マーケティング調査で市場動向を把握する

市場動向の把握は事業戦略の要

事業展開する業界の市場動向は、事業戦略を考える時に必ず参考にしなければならない情報です。事業展開していく業界の市場は、「これから成長していく傾向なのか（成長市場）」、「商品が溢れるほどに成長しているのか（成熟市場）」、「縮小していく傾向なのか（衰退市場）」、その市場動向によって選択するべき事業戦略が大きく変わります。

成長市場は、参入企業が少なく消費者の購買意欲が高いため事業拡大をしていくチャンスがあります。成熟市場では既に参入している企業が多く、需要と供給のバランスがある程度取れていためライバル企業との差別化がポイントとなります。衰退市場は、消費者の購買意欲が低下傾向にあるため、強みを活かした工夫で顧客開拓できる方法を考えます。

ライバル企業の動きから推察する

本格的なマーケティング調査を行うには、高額な費用が必要になります。しかし、現在はインターネットが普及したことで様々な情報を取得できるため、簡単なマーケティング調査なら自分で実施することも可能です。

その方法の１つとして、ライバル企業数社の動きを統計的にまとめる方法があります。例えば、たこ焼き店のフランチャイズ展開を目指している場合、フランチャイズ展開しているライバル企業数社の出店店舗数を調べてまとめてみます。その結果、出店店舗数が急激に増加していると判明すれば、たこ焼き店のフランチャイズ業界は成長市場であると判断できるのです。インターネット以外にも業界紙や統計情報が掲載された書籍等もマーケティング調査に有効活用できます。

マーケティング調査の注意点

マーケティング調査をする時は、必要な結果を明確にし、その結果を導くためにはどのような情報が必要なのかを考えておきます。むやみに情報だけを集めても、使えなければ価値がなく、時間の浪費になってしまいます。

ざっくりと言うと

- □市場動向によって事業戦略の方向性が決まる
- □成長市場・成熟市場・衰退市場の3つがある
- □インターネット等を活用すれば有効なマーケティング調査ができる

ライバル企業の動きを調べると市場動向が見えてくる

たこ焼きFC店舗数推移

（単位：店）

	2011年	2012年	2013年
A社	89	104	122
B社	66	74	82
C社	48	61	76

A社：老舗のたこ焼きFCチェーン
B社：予約システムの利便性が特徴
C社：お酒も楽しめるたこ焼きサービスが特徴

たこ焼きFC店が増えているから、新規参入のチャンスかも？ 特にお酒も楽しめるC社の成長は見逃せない！

LEVEL
レベル
2

マーケティング調査で市場規模を把握する

工夫すれば個人でも推測はできる

情報の出所を明確にする
インターネット・書籍等で情報を得て事業計画書に掲載する場合は、必ずその出所を明確にしなければなりません。「出典：○○○○」と表記します。
また出所が社会的信用が高い場合は、情報の信頼性も高いと評価され説得力が高まります。

市場規模を金額で把握できれば、どのくらいの規模まで事業拡大を目指せるのか分かります。その結果、売上目標・売上計画が実現できる可能性を判断することもできます。

新たな市場を創出する場合以外は、インターネットや書籍等で入手できる統計情報で市場規模の金額を調べることができます。しかし、成長市場などの場合は、「将来どこまで市場規模が成長していくのか？」が重要なポイントですが、その潜在的な市場規模を推測することは困難です。本来ならば大手シンクタンクの調査結果を使用したいところですが、潜在的な市場規模を工夫して自分で算出し、現在の市場規模と組み合わせて成長性を説明することができます。

潜在的な市場規模を推測する

サロン専用ホームページ制作サービスで事業化する場合、ホームページを保有していないサロンは全て販売ターゲットと成り得ます。このサロンを顧客にすることができれば、市場は今よりも大きくなるため潜在的な市場があると言えます。そこで日本全国にあるサロンの店舗数を調べて１年間にサロンがWEB制作・運用で使う平均的な金額を乗ずれば、市場規模の最大値を算出できます。この最大値から現在の市場規模を差し引くことで潜在的な市場規模を推測することができます。

もちろん厳密に将来的な市場規模は試算できないため、推測の域を超えない数値ですが、市場が成長していくことをアピールできることが大事なのです。マーケティング調査で入手できる資料から論理的に潜在的な市場規模を推測して事業計画書に活用してください。

ざっくりと言うと

- □ 市場規模から、売上目標や売上計画を作成する
- □ 潜在的な市場規模と、現在の市場規模から成長性を説明できる
- □ マーケティング調査で潜在的な市場規模を推測できる

論理的に市場規模を推測することが大事

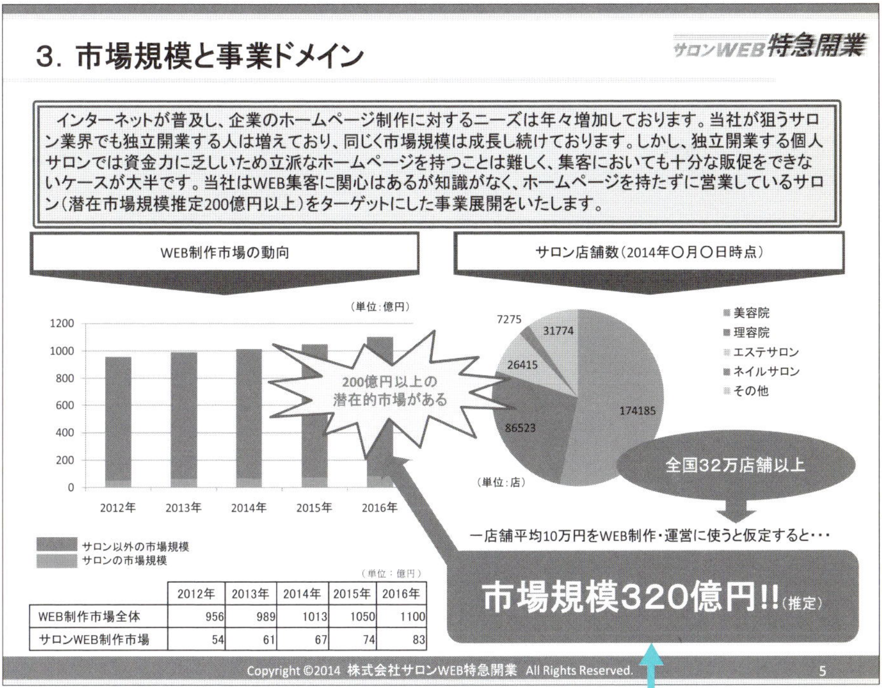
3. 市場規模と事業ドメイン
サロンWEB特急開業
インターネットが普及し、企業のホームページ制作に対するニーズは年々増加しております。当社が狙うサロン業界でも独立開業する人は増えており、同じく市場規模は成長し続けております。しかし、独立開業する個人サロンでは資金力に乏しいため立派なホームページを持つことは難しく、集客においても十分な販促をできないケースが大半です。当社はWEB集客に関心はあるが知識がなく、ホームページを持たずに営業しているサロン（潜在市場規模推定200億円以上）をターゲットにした事業展開をいたします。
WEB制作市場の動向
サロン店舗数（2014年〇月〇日時点）
（単位：億円）
1200
1000
800
600
400
200
0
2012年
2013年
2014年
2015年
2016年
200億円以上の
潜在的市場がある
サロン以外の市場規模
サロンの市場規模
7275
31774
26415
86523
174185
美容院
理容院
エステサロン
ネイルサロン
その他
（単位：店）
全国32万店舗以上
一店舗平均10万円をWEB制作・運営に使うと仮定すると・・・
市場規模320億円!!（推定）
Copyright ©2014 株式会社サロンWEB特急開業 All Rights Reserved.
5

（単位：億円）

	2012年	2013年	2014年	2015年	2016年
WEB制作市場全体	956	989	1013	1050	1100
サロンWEB制作市場	54	61	67	74	83

根拠がきちんとした統計数値だと納得されやすくなります。ライバル企業がいない業界の隙間を狙う場合、潜在市場の規模を推測してビジネスチャンスを表現します。

LEVEL
レベル
3

マーケティング調査で事業ドメインを決定する

どの業界でビジネスをするか考える

事業計画書では、事業ドメインごとに事業戦略が必要か？
事業ドメインごとに事業戦略を考えておくことは大事ですが、事業計画書では重点をおく事業ドメインに絞って事業戦略を説明してわかりやすくします。

事業ドメインとは、ビジネスを展開する事業領域の意味です。この領域は、特定の業界を基盤にして考えます。つまり、日本ワインを使用したクッキー商品のビジネスであれば、スイーツ業界が事業ドメインとなります。しかし、様々な業界でビジネスが多角化している現代では、業界そのものが細分化されていため、事業ドメインも合わせて細分化して決定していくことになります。日本ワインを使用したクッキー商品が高級品という位置づけの場合、参入する市場として高級スイーツ市場が存在していることが判明すれば事業ドメインは高級スイーツ市場となります。

つまり、事業コンセプトで決定したビジネスの対象となる業界が、そのまま事業ドメインということになります。このビジネスの対象となる業界が本当に存在しているか否かをマーケティング調査で明らかにしていきます。

事業ごとにマーケティング調査をする

１つのビジネスを事業化していくつもりが、マーケティング調査で事業ドメインを特定すると実は２つ以上の事業を立案してるケースがあります。例えば、日本ワインのクッキー商品を京都中心部に出店して販売し、さらにインターネット通販で日本全国へ販売する場合は、京都のスイーツ市場とネット通販のスイーツ市場の２つを狙うことになります。どちらもスイーツ市場のため、ひとまとめにして考えることも可能ですが、店舗販売とインターネット通販ではビジネスのやり方が違うため、それぞれの市場に適した事業戦略を考えられるよう事業ドメインを分けておくのが理想的です。

ざっくりと言うと

- □「事業ドメイン」=「ビジネスを展開する事業領域」
- □マーケティング調査で業界の存在を確かめる
- □同じ業界でもビジネスのやり方が変われば、違う事業ドメインになる

事業開始当初は事業ドメインを絞り込む

事業ドメインはできるだけ絞り込む！インターネット事業の事例でいうと、将来的な全国展開への準備（ビジョン）です。

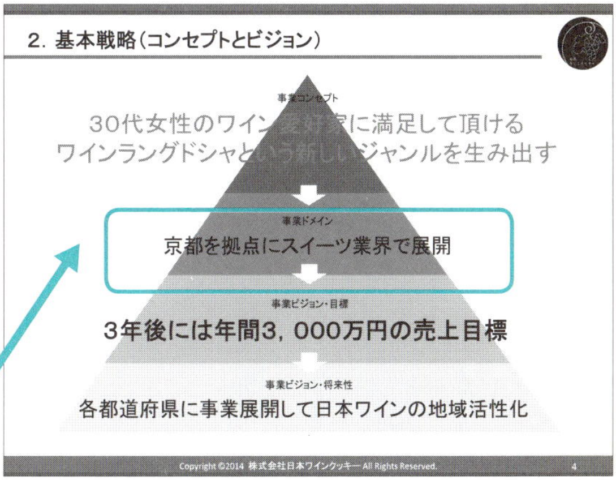
2. 基本戦略（コンセプトとビジョン）
事業コンセプト
30代女性のワイン愛好家に満足して頂ける
ワインラングドシャという新しいジャンルを生み出す
事業ドメイン
京都を拠点にスイーツ業界で展開
事業ビジョン・目標
3年後には年間3，000万円の売上目標
事業ビジョン・将来性
各都道府県に事業展開して日本ワインの地域活性化
Copyright ©2014 株式会社日本ワインクッキー All Rights Reserved.
4

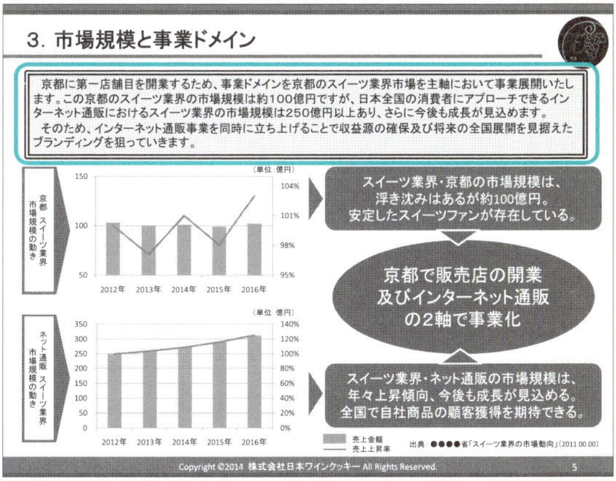
3. 市場規模と事業ドメイン
京都に第一店舗目を開業するため、事業ドメインを京都のスイーツ業界市場を主軸において事業展開いたします。この京都のスイーツ業界の市場規模は約100億円ですが、日本全国の消費者にアプローチできるインターネット通販におけるスイーツ業界の市場規模は250億円以上あり、さらに今後も成長が見込めます。
そのため、インターネット通販事業を同時に立ち上げることで収益源の確保及び将来の全国展開を見据えたブランディングを狙っていきます。
京都 スイーツ業界 市場規模の動き
（単位：億円）
150
100
50
104%
101%
98%
95%
2012年
2013年
2014年
2015年
2016年
スイーツ業界・京都の市場規模は、
浮き沈みはあるが約100億円。
安定したスイーツファンが存在している。
京都で販売店の開業
及びインターネット通販
の2軸で事業化
ネット通販 スイーツ業界 市場規模の動き
（単位：億円）
350
300
250
200
150
100
50
0
140%
120%
100%
80%
60%
40%
20%
0%
2012年
2013年
2014年
2015年
2016年
スイーツ業界・ネット通販の市場規模は、
年々上昇傾向、今後も成長が見込める。
全国で自社商品の顧客獲得を期待できる。
売上金額
売上上昇率
出典：●●●●省「スイーツ業界の市場動向」（2011.00.00）
Copyright ©2014 株式会社日本ワインクッキー All Rights Reserved.
5

LEVEL
レベル
2

ライバル企業との差別化を考える

商品や事業戦略を参考にして自社の戦略を決める

市場観察はビジネスチャンスをつかむための鉄則

政治・経済・企業・世論等で何か１つアクションがあれば、それに関連してビジネスが動く可能性があります。事業家を目指すなら、この１つのアクションを適時に掴み、その後に起こるチャンスを想像する習慣が大切です。

事業戦略を考える上で、ライバル企業の商品や事業戦略は欠かせない情報です。特にライバル企業の商品は、自社の主力商品が少なからず影響を受けるため、戦略の方向性を見定めておかなければなりません。

市場で次に売れるものが推測できる

爆発的に売れた商品が１つ登場して市場の源が生まれると、類似商品が数多く登場して市場の基礎が形成されます。次に価格破壊によって競争が激化しますが、その競争が落ち着けば品質の高い付加価値商品が売れるようになります。最後は利便性の高い付加価値が売れる市場に変化していきます。

市場の成長は、実は商品に対して消費者が成長していることの裏返しです。つまり、ライバル企業の現在の事業戦略を把握すれば、次に成功する戦略を見つけるヒントになります。

競合比較で優位性を説明する

競合比較とはライバル企業の商品と自社の主力商品を同じ項目で比較分析することで、優位性をアピールする手法です。比較分析をする項目は、「①どんな商品を②何円で③誰に向けて④どうやって販売しているのか?」の４つで実施するのが一般的です。

全ての項目でライバル企業に勝てるケースはほぼありません。そのため、この中から主力商品の優位性が説明しやすい項目について分析結果を事業計画書に掲載します。①商品の品質と②販売価格でライバル企業に勝てる場合は、この２つに絞って商品力の優位性をアピールします。

ざっくりと言うと

- □市場が成長すると消費者も成長する
- □ライバル企業の動きから、次に成功する事業戦略が見える
- □商品の比較分析は、勝てるテーマで優位性をアピールする

競合比較が主力商品の優位性を伝えやすい!

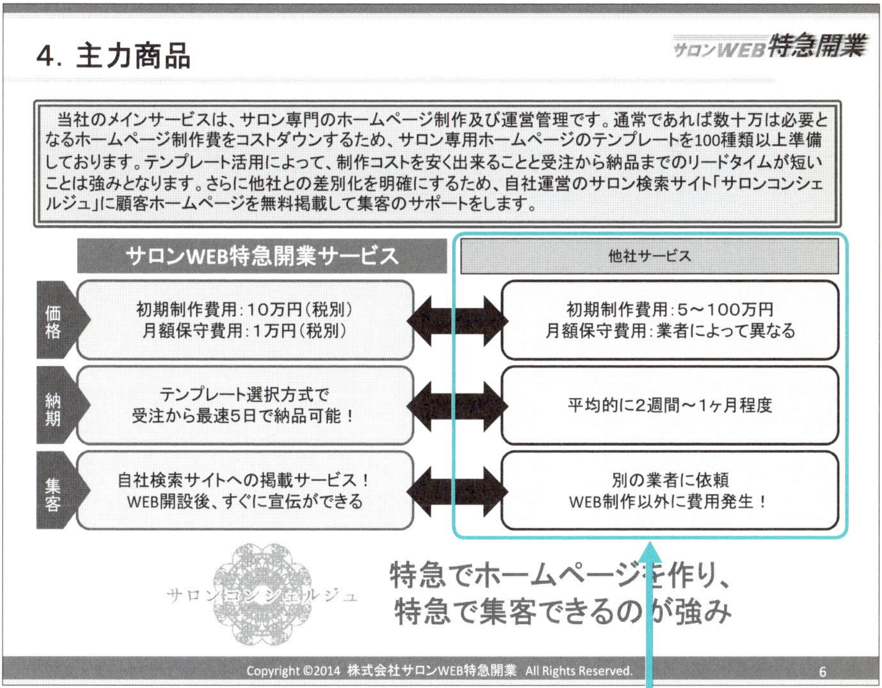
4. 主力商品
サロンWEB特急開業
当社のメインサービスは、サロン専門のホームページ制作及び運営管理です。通常であれば数十万は必要となるホームページ制作費をコストダウンするため、サロン専用ホームページのテンプレートを100種類以上準備しております。テンプレート活用によって、制作コストを安く出来ることと受注から納品までのリードタイムが短いことは強みとなります。さらに他社との差別化を明確にするため、自社運営のサロン検索サイト「サロンコンシェルジュ」に顧客ホームページを無料掲載して集客のサポートをします。
サロンWEB特急開業サービス
他社サービス
価格
初期制作費用:10万円(税別)
月額保守費用:1万円(税別)
初期制作費用:5～100万円
月額保守費用:業者によって異なる
納期
テンプレート選択方式で
受注から最速5日で納品可能！
平均的に2週間～1ヶ月程度
集客
自社検索サイトへの掲載サービス！
WEB開設後、すぐに宣伝ができる
別の業者に依頼
WEB制作以外に費用発生！
サロンコンシェルジュ
特急でホームページを作り、
特急で集客できるのが強み
Copyright ©2014 株式会社サロンWEB特急開業 All Rights Reserved.
6

ライバル企業数社のホームページを閲覧して、
商品の特徴をメモして統計的な傾向を出してください

LEVEL
レベル
3

ライバル企業に対する優位性を考える

2つの軸で自社の立ち位置が明確になる

事業戦略を決定するために必要な要素は、その市場に対する商品・企業のポジション（立ち位置）です。このポジションによって事業戦略の方向性が大きく異なるます。

ポジションマップをつくる

商品のポジションをマッピングすれば、主力商品とライバル商品の位置関係が明確になります。この位置関係を把握すると、目指すべき事業戦略が見えてきます。

ポジションマップは、２つのテーマで縦軸・横軸を設定して、その商品が属するエリアに配置していきます。全く異なる２つのテーマを軸にしなければ上手くマッピングできないため注意してください。特に“価格”を軸に入れるとポジションが分散しない傾向があるため、価格以外で商品の特徴に合ったテーマを探します。例えば、日本ワインを使用したクッキー商品であれば、“全国展開型・地域密着型”原材料こだわり派と原材料正統派”という２つのテーマを設定すれば、主力商品の優位性を的確にアピールできます。

ポジションマップの注意点
ポジションマップの２軸を見つけるのは意外に難しい作業です。ライバル商品と差別化できるポイントから導くとわかりやすくなるため、競合調査でライバルの特徴を客観的に把握することから着手してください。

ブルー・オーシャンを狙う

ビジネス用語で、市場を**ブルー・オーシャン**やレッド・オーシャンと表現することがあります。レッド・オーシャンは参入企業が多く、競争激化で血で染まっている意味です。逆にブルー・オーシャンは、競争相手がいない市場の意味です。ブルー・オーシャンを見つければ、成長市場でリーダー的存在になれる可能性があるためビジネスチャンスは大きいと言えます。ポジションマップをつくるとライバル企業が存在していない空白の場所が出てきます。競争相手がいない市場なのでブルー・オーシャンとして成長市場に成り得ます。

ブルー・オーシャン戦略
世界トップクラスのビジネススクール“インシアード”の教授W・チャン・キムとレネ・モボルニュが執筆した『ブルー・オーシャン戦略』（ダイヤモンド社 2013年）に掲載されている経営戦略論。

ざっくりと言うと

- □市場でのポジションが決まれば、戦略の方向性が見える
- □異なる2つの軸を設定してポジションマップを作成する
- □ポジションマップで競争相手のいない市場を発見できる

ポジションマップをつくると戦略を決めやすい

ブルー・オーシャン戦略が上手くいけば急成長も見込める！

10. 競合分析

『全国展開ワインラングドシャ・チェーン店』を目指す！
<ブルー・オーシャンを狙った事業展開>

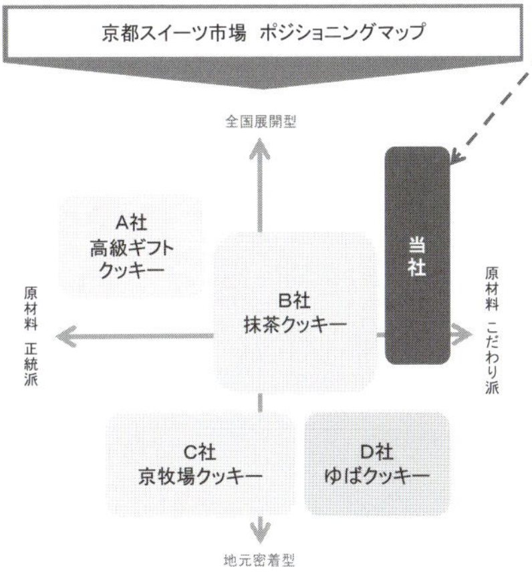

	商品特徴	客層	店舗展開	市場の優位性
当社	各地日本ワインのブドウを使用、ご当地クッキーとして販売	30代女性のワイン好き	京都を拠点とし、将来的に各都道府県に展開	地域活性化として全国展開しやすい
A社	全国で認知されて高級ギフトとして愛用	40代～50代富裕層	全国主要都市に直営店	確立されたブランド価値
B社	京都の抹茶を使用、全国へ流通展開。	20代～30代女性、観光客	京都を拠点とし、全国お土産店で販売	京都＝抹茶のイメージが売上に貢献
C社	京都の牧場で新鮮なミルククッキー販売	京都観光のファミリー層	牧場のみで販売	施設だけで販売する希少性
D社	商店街の豆腐店がロス削減のために販売	商店街周辺の地元家庭	豆腐店のみで販売	地域で安定したリピート

Copyright ©2014 株式会社日本ワインクッキー All Rights Reserved.　12

ライバル商品を調査するとそれぞれの特徴から縦軸・横軸のヒントが出てきます。

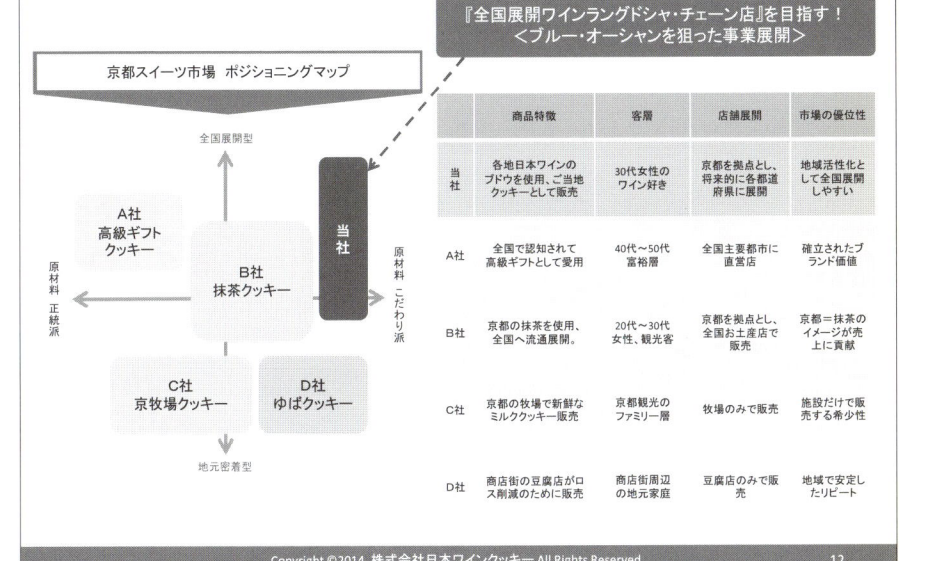

LEVEL
レベル
1

強みと弱みの基本的な考え方を知る

商品の強みがそのまま事業戦略になる場合も

1枚程度の事業計画書では弱みを省略する

事業規模が小さい段階のビジネスでも弱みを分析はしておくことは重要です。しかし、売れることに特化した事業計画書を作成する場合は、弱みの説明を入れると強みが強調しづらくなります。弱みの説明をする場合は、弱みに対する戦略が説明できなければマイナスイメージになってしまいます。

ビジネスの強み・弱みと言えば、商品自体の強み・弱みをイメージする人が多いですが、事業戦略を考える場合は商品だけではなく、会社（組織）に関する強み・弱みを分析することも重要な要素となります。しかし、事業をはじめたばかりの段階は、会社（組織）よりも商品に焦点をあてて“売れる”ことに特化して事業計画書を書きます。この理由は、事業規模が小さい段階では組織もごく少人数であることが多く、商品が売れない＝会社の倒産・撤退に直結するためです。

しかし、商品に特化するから、会社の強み・弱みを分析しなくてよいわけではありません。商品が売れたら次の事業展開に進んでいくため、最初から主力商品・会社（組織）の弱点を克服する方法を見据えた戦略を展開していくべきです。

商品の強みに特化した戦略を考える

事業規模が小さい段階で売れることに特化する場合は、商品の強みを最大限に活かす事業戦略に全ての経営資源を注ぎ込みます。そのため、商品の強みによって発揮できる競争力・訴求力のポイントがわかれば、そのポイントに集中することが事業戦略となります。結果的に事業コンセプトで表現している強みと同じニュアンスになりますが、これは事業コンセプトの実現に集中した一点突破型のビジネスの特徴です。たこ焼き店の事例では、「リーズナブルなたこ焼きを高級志向転換で差別化」という文言が事業戦略を示しています。この戦略に従って、普通のたこ焼きと違う高級たこ焼きをウリにした商品戦略、差別化をアピールする営業戦略に説明を繋げていきます。

ざっくりと言うと

- 商品・企業の強みと弱みから事業戦略を考える
- 事業規模が小さい段階では、商品の強みに特化した事業戦略が多い
- 商品の強みで発揮できる競争力・訴求力が事業戦略になる

商品の強みに特化した事業戦略を考える事例

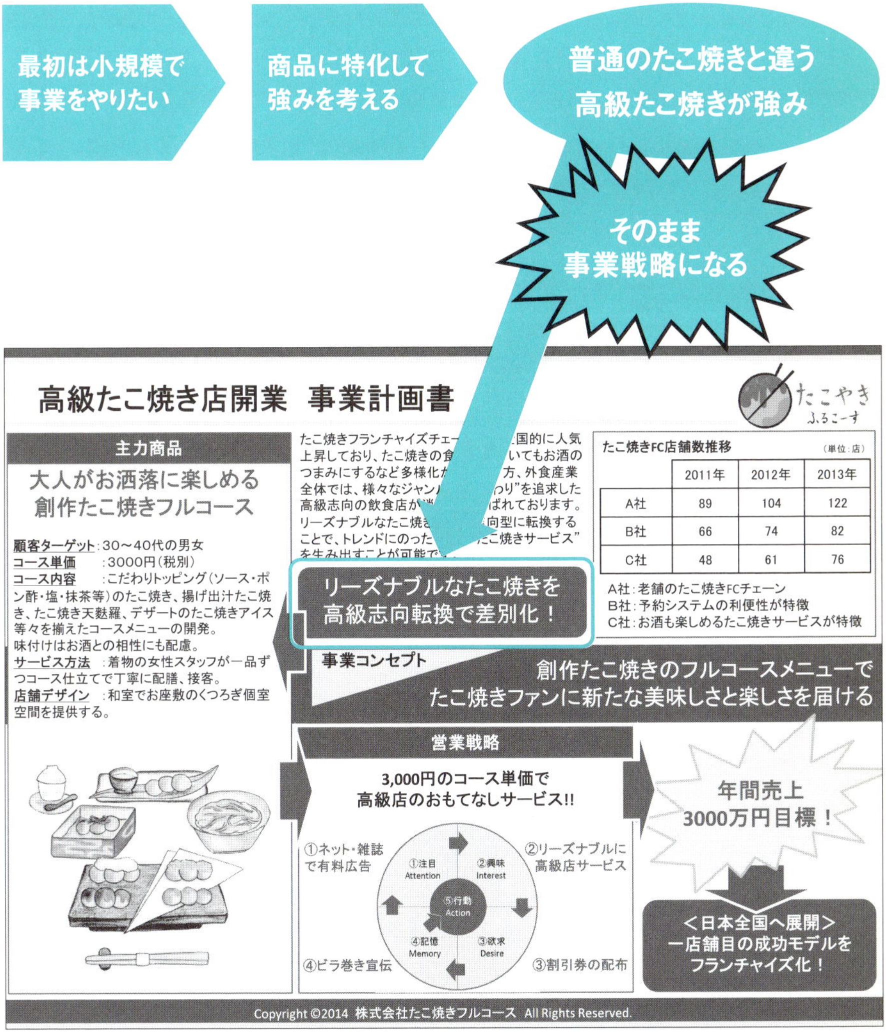
最初は小規模で
事業をやりたい
商品に特化して
強みを考える
普通のたこ焼きと違う
高級たこ焼きが強み
そのまま
事業戦略になる
高級たこ焼き店開業　事業計画書
たこやき
ふるこーす
主力商品
大人がお洒落に楽しめる
創作たこ焼きフルコース
顧客ターゲット：30～40代の男女
コース単価　：3000円（税別）
コース内容　：こだわりトッピング（ソース・ポン酢・塩・抹茶等）のたこ焼き、揚げ出汁たこ焼き、たこ焼き天麩羅、デザートのたこ焼きアイス等々を揃えたコースメニューの開発。
味付けはお酒との相性にも配慮。
サービス方法　：着物の女性スタッフが一品ずつコース仕立てで丁寧に配膳、接客。
店舗デザイン　：和室でお座敷のくつろぎ個室空間を提供する。
たこ焼きフランチャイズチェー　　全国的に人気
上昇しており、たこ焼きの食　　いてもお酒の
つまみにするなど多様化　　方、外食産業
全体では、様々なジャン　　わり”を追求した
高級志向の飲食店が　　ばれております。
リーズナブルなたこ焼き　　向型に転換する
ことで、トレンドにのった　　たこ焼きサービス”
を生み出すことが可能で
リーズナブルなたこ焼きを
高級志向転換で差別化！
たこ焼きFC店舗数推移
（単位：店）
2011年
2012年
2013年
A社 89 104 122
B社 66 74 82
C社 48 61 76
A社：老舗のたこ焼きFCチェーン
B社：予約システムの利便性が特徴
C社：お酒も楽しめるたこ焼きサービスが特徴
事業コンセプト
創作たこ焼きのフルコースメニューで
たこ焼きファンに新たな美味しさと楽しさを届ける
営業戦略
3,000円のコース単価で
高級店のおもてなしサービス!!
①ネット・雑誌で有料広告
②リーズナブルに高級店サービス
③割引券の配布
④ビラ巻き宣伝
①注目 Attention
②興味 Interest
③欲求 Desire
④記憶 Memory
⑤行動 Action
年間売上
3000万円目標！
＜日本全国へ展開＞
一店舗目の成功モデルを
フランチャイズ化！
Copyright ©2014 株式会社たこ焼きフルコース All Rights Reserved.

LEVEL
レベル
2

経営資源の組み合わせで強みと弱みを分析する

経営者として弱みを認識することも重要

強み・弱みの見直し
ビジネスは、事業をはじめた段階、軌道に乗った段階、基盤ができた段階でそれぞれ強み・弱みが変化することが一般的です。そのため強み・弱みの見直しが必要ですが、見直しのタイミングは順調な場合は数値目標を達成する前後、計画通りに展開していない場合は今すぐとなります。

経営者の中には「ウチの会社には弱みなんてない！」と考えている人もいます。しかし、どんな会社でも事業規模の大小に関わらず必ず弱点が存在しています。この弱点から目を背ける行為は、経営者の資質という社会的評価が下がるデメリットがあります。だからと言って、「弱みがあるから大変だ」と悩んでしまい、積極的にビジネスに取り組めなくなればビジネスが失敗に終わりがちです。

経営者の仕事として、商品・会社（組織）の弱みを認識した上で、それを克服するために何をするべきか?を考えて前進していくべきです。このように考えることができる経営者の事業計画書は、弱みを克服するための戦略が含まれるため、戦略的・計画的な事業運営ができると評価されます。

「商品・会社」×「ヒト・モノ・カネ・情報」で分析する

商品・会社の強み・弱みは、経営資源であるヒト・モノ・カネ・情報の内容によって変化します。そのため、「商品×ヒト・モノ・カネ・情報」と「会社×ヒト・モノ・カネ・情報」という感じで掛け合わせると強み・弱みの部分が見えてきます。例えば、「会社×カネ」であれば資金力が乏しいという弱みが見えてきたり、「商品×ヒト」であれば技術力な限界によってサービスが提供できない弱みが見えてきます。

次頁で一般的な強み・弱みのパターンを紹介していますが、本書掲載のパターンに当てはまらない強み・弱みは、このような考え方で検討していくと見つかりやすくなります。そして最も大事なことは、強み・弱みは一度分析したら終わりではなく、事業展開の進展に合わせて見直すことです。

ざっくりと言うと

□どんな会社にも必ず弱点が存在している
□弱みを認識して事業運営ができる人は、経営者の資質が高い
□強み・弱みは事業展開の進展に合わせて見直す

強み・弱みを導き出すフォーマット

		ヒト	モノ	カネ	情報
商品	強み				
	弱み				
会社	強み				
	弱み				

全ての項目を埋める
必要はありません。

LEVEL
レベル
3

客観的な視点で強みと弱みを分析する

自分の認識を過信しすぎない

強み·弱みのアドバイスに適した人材
コンサル会社以外で、客観的な強み·弱みのアドバイスをもらえるのは経営者仲間がお薦めです。経営者の視点でなければ、なかなか的を射た意見を得られないので相談できる経営者を探してみてください。

事業の強みと弱みについて分析をする時、客観的な視点を持たなければなりません。主観的な視点で強み・弱みを書き出しても、その強みが本当は競争力を発揮できるレベルではなかったり、事業計画書に書いた弱み以上の弱点が存在していることに気付かないケースがあります。主観的な分析結果に基づいて事業戦略を考えても、その事業戦略は実際の市場ではあまり役に立たないことになります。

一般的な強み·弱みのパターンを参考にする

自分自身では客観的に強み・弱みを分析しているつもりでも、自己評価が高すぎたり、視点が狭かったり、見落としがあったりするケースはかなり多いと言えます。この客観的な分析結果を得るために、事業戦略系のコンサル会社に依頼にする人もいますが、コンサル会社が提供する情報の基本は様々な業種・業界のクライアントに実施したコンサルティング経験で学んだ強み・弱みをパターン化したものです。この強み・弱みのパターンを次頁で掲載しますので、まずはご自身で強みと弱みをチェックしてみてください。商品・ビジネスモデル・組織体制によって当てはまらない項目が出てくると思いますが、当てはまる項目から重要度の高い（金銭的影響度が高い）順で3個以内でピックアップすれば大丈夫です。

強み・弱みのパターンを網羅できれば、あとは客観的な視点をもつことに徹するべきです。しかし、よく考えると、コンサル会社＝外部の人間です。つまり、コンサルに依頼しなくても自分以外の誰かにアドバイスをしてもらえば客観的な視点を取り入れることができるというわけです。

ざっくりと言うと

- □ 主観的な視点で分析しても、勝てる事業戦略にならない
- □ 一般的に使われるパターンを知り、分析の参考にする
- □ 他人からアドバイスをもらって客観性を担保する

一般的な強み・弱みのパターン

強　み	弱　み
差別化された商品がある	ブランド認知度がない
商品を自社で生産できる	商品の生産能力が低い
誰でも売上をつくれる仕組みがある	特定の仕入先に依存している
安定した収益源がある	知的財産権を取得していない
簡単には真似できない品質・技術がある	属人的なビジネスになっている
顧客リストの件数が多い	商品の生産を外部の工場に委託している
知的財産権を取得する・している	商品の品質管理体制がない
多店舗展開しやすいビジネスモデル	システムに依存し過ぎたビジネスモデル
業界に対する権威がある	設備投資が失敗する可能性が高い
社会的な信用が高い何かがある	個人情報の件数が多い
優秀な人材がいる	資金力が乏しい
営業力がある	（優秀な）人材が不足している

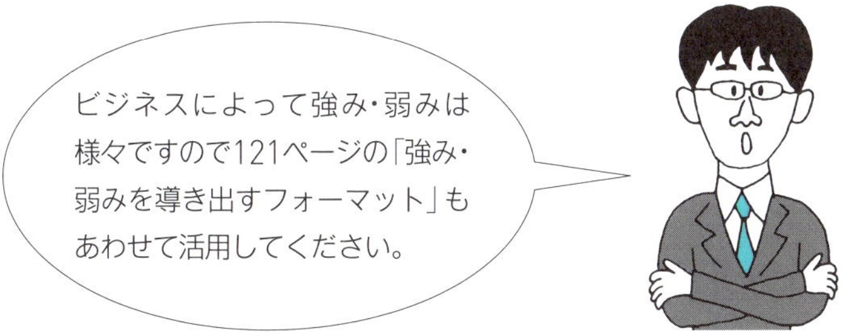
ビジネスによって強み・弱みは様々ですので121ページの「強み・弱みを導き出すフォーマット」もあわせて活用してください。

LEVEL
レベル
2

SWOT分析を理解する

客観的に分析できているかがカギ

経営者の資質とは
経営者の資質は、銀行・公庫における融資等の審査で評価される重要項目の言葉です。戦略・計画・人格・信用など様々な視点から経営者として相応しい人材か否かが判断されます。

SWOT分析
S:Strengths⇒強み
W:Weaknesses⇒弱み
O:Opportunities⇒機会
T:Threats⇒脅威
を組み合わせた、経営分析手法のビジネス用語。

SWOT分析とは、内部環境（強み・弱み）と外部環境（機会・脅威）の大きく２つの視点から調査を行い、事業戦略を決定していくための経営分析の手法です。

SWOT分析は事業計画書などで多用されている有名な手法ですが、多用されている一番の理由は、客観的な視点でビジネスを取り巻く環境を網羅した上で経営判断ができるからです。この「客観的な視点でビジネスを取り巻く環境を網羅」していることは、第三者の視点からも同様に評価しやすくなります。また、客観的な視点のSWOT分析ができる経営者は、経営者としての資質を高く評価されます。

事業計画書を読む人は、そのビジネスが「売れるのか」「儲かるのか」「実行できるのか」について判断していると同時に経営者としての資質が問われているのです。

表形式でまとめて事業戦略を打ち出す

強み・弱み・機会・脅威についてそれぞれ分析した情報は、事業計画書の中で表形式で一覧できるようにしておきます。SWOT分析の結果を一覧化することで、客観的な視点でビジネスを取り巻く環境を網羅した経営分析をしていることが相手に説明できます。

この結果に基づいて決定した事業戦略は、言葉で書き出して事業計画書に明記しておきます。注意しておきたいのは、SWOT分析の結果だけを事業計画書に掲載しても、そこからの経営判断が見えなければ分析の意味がないことです。次頁のように事業戦略を説明したページを１枚つくるか、言葉で事業戦略について明記しておくことが必要です。

ざっくりと言うと

- □客観的な視点でビジネスを取り巻く環境を網羅できる
- □経営者の資質が反映された資料になる
- □分析結果から導いた事業戦略は明文化しておく

事業計画書のSWOT分析で結果と対策（戦略）を説明

SWOT分析は各項目の
結果を書くだけではなく、
事業戦略について方針を
書くことが大事です

6. SWOT分析

サロンWEB特急開業

当社の強みは、検索サイト「サロンコンシェルジュ」を運営することで顧客サロンの集客サポートができること、そして100種類以上のテンプレートを保有しているため低価格でホームページを短期間で納品できることです。テンプレート活用サービスという高利益型ビジネスモデルに重点を置くことで資金力の乏しさをカバーし、また現在ホームページを保有していないサロンをメインターゲットにすることで技術的な不足もカバーできます。法的規制が厳しくなる等の障壁が発生するまでの間に顧客数を増やし、事業基盤の確立を目指します。

内部環境	強み	①	検索サイトへの掲載サービスで集客をサポート
		②	100種類以上のテンプレートで低価格、短期間で納品
	弱み	①	資金力が乏しい
		②	高度なデザイン制作、プログラム設置に対応できない
外部環境	機会	①	サロン業界のWEB制作市場が成長している
		②	潜在的な市場規模が200億円以上ある
	脅威	①	インターネット商用利用の法的規制が厳しくなる
		②	社会問題の深刻化で消費者のネット離れ発生

 8

LEVEL
レベル
3

クロスSWOT分析で事業戦略を決定する

4つの事業戦略が思いつかない場合
積極的攻勢戦略や差別化戦略は比較的考えやすいですが、弱点克服戦略や沈黙防衛戦略が簡単に思いつかないことは多いです。
このような場合は、強み・弱み・機会・脅威について適切な分析結果が出ていないケースがあります。また、経営資源（ヒト・モノ・カネ・情報）の活用に目を向けることで解決策が出ることもあります。

分析によって最適な対策を事前に検討できる

クロスSWOT分析（二次分析）は、「強み×機会、強み×脅威、弱み×機会、弱み×脅威」の４パターンで事業戦略を決定することができます。最大のメリットは、１つのビジネスについて起こりうる事態を４つの視点から想定して、それぞれ最適な対策を事前に検討できることです。

強み×機会:積極的攻勢戦略

ビジネスチャンスが到来した時に強みを最大限に活かし、経営資源（ヒト・モノ・カネ・情報）を集中させて、主力商品を重点販売して事業基盤の確立や事業拡大を目指す戦略です。

強み×脅威:差別化戦略

脅威が具現化することに備えて、強みを活かして差別化されたビジネスを展開する戦略です。差別化することで、脅威に影響されない売上・利益を確保していくことを目指します。

弱み×機会:弱点克服戦略

ビジネスチャンスが訪れている間に、弱みを補う方法を考える戦略です。一時的に弱みをカバーする戦略で考えても弱みは消えないため、中長期的に弱みを改善していくことまで検討しておくべきです。

弱み×脅威:沈黙防衛戦略

脅威が具現化して強みが活かせない状況になれば、弱みが重くのしかかって手も足も出なくなります。万が一、この状況が訪れた時にどうやって生き延びるのか?を考えておく戦略です。リスクマネジメントの視点から、この沈黙防衛戦略を市場から撤退する基準にしておくことも１つの戦略です。

ざっくりと言うと

- □クロスSWOT分析は4パターンで事業戦略を決定できる
- □「強み」「弱み」「機会」「脅威」の組み合わせて考える
- □起こりうる事態を想定して事前に対策を検討できる

あらゆる状況を想定した4つの事業戦略を決定できる!

事業戦略の名称を書くことで、あらゆる状況を想定した事業戦略があることが伝わる

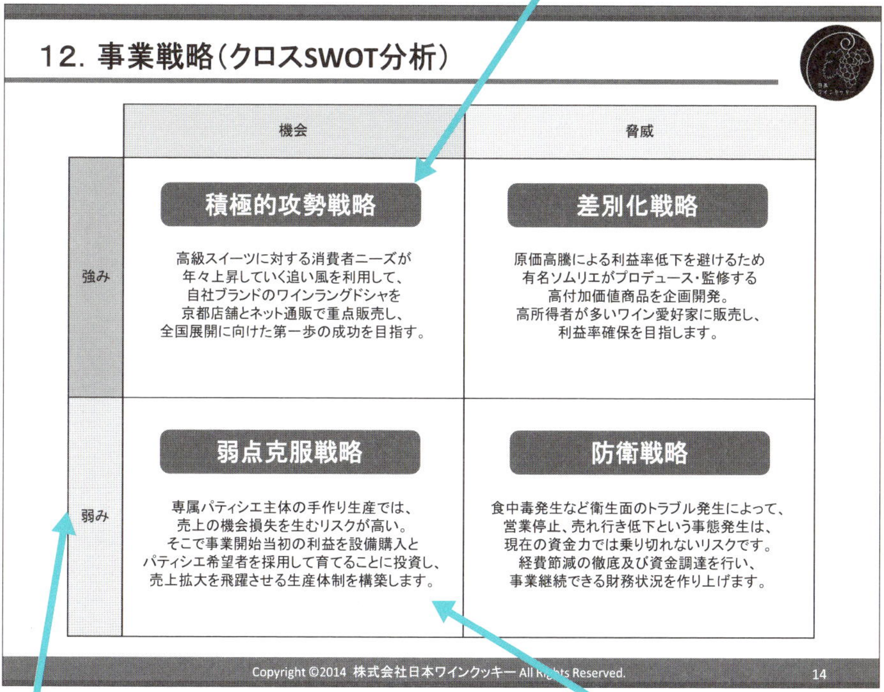

12. 事業戦略(クロスSWOT分析)
機会
脅威
強み
積極的攻勢戦略
高級スイーツに対する消費者ニーズが年々上昇していく追い風を利用して、自社ブランドのワインラングドシャを京都店舗とネット通販で重点販売し、全国展開に向けた第一歩の成功を目指す。
差別化戦略
原価高騰による利益率低下を避けるため有名ソムリエがプロデュース・監修する高付加価値商品を企画開発。高所得者が多いワイン愛好家に販売し、利益率確保を目指します。
弱み
弱点克服戦略
専属パティシエ主体の手作り生産では、売上の機会損失を生むリスクが高い。そこで事業開始当初の利益を設備購入とパティシエ希望者を採用して育てることに投資し、売上拡大を飛躍させる生産体制を構築します。
防衛戦略
食中毒発生など衛生面のトラブル発生によって、営業停止、売れ行き低下という事態発生は、現在の資金力では乗り切れないリスクです。経費節減の徹底及び資金調達を行い、事業継続できる財務状況を作り上げます。
Copyright ©2014 株式会社日本ワインクッキー All Rights Reserved.
14

SWOT分析のフォーマットを縦軸に内部環境、横軸に外部環境の形式にして組み替えます。

各事業戦略の具体的な内容を記述しておきます。この記述内容は他の戦略・計画と整合すること。

LEVEL
レベル
2

機会と脅威の考え方を知る

商品や会社に影響を与える要因を洗い出す

リスクとは?
健全な事業運営を妨げる可能性がある要因のことであり、弱み・脅威が該当してくる。このリスクが顕在化しないように予防策を考えたり、リスクが顕在化したときの対処に備える経営手法をリスクマネジメントという。

　機会と脅威を、別の言葉で表現すれば「機会＝商品・会社に対する追い風、脅威＝商品・会社に対する逆風」となります。強み・弱みの場合は、内部にあるヒト・モノ・カネ・情報という経営資源によるものでしたが、機会・脅威は、会社の外部から影響を受けるものです。そのためSWOT分析では、強み・弱みは内部環境と表現され、機会・脅威は外部環境と表現されます。

　“機会＝商品・会社に対する追い風”であるように、市場が成長していたり、主力商品のジャンルがトレンドになっていたりと売りやすい環境ができていることを分析します。一方、“脅威＝商品・会社に対する逆風”であるため、商品が売りづらくなったり、事業運営で大きなダメージを受ける環境を分析することです。

政治・経済・市場・メディアなど幅広く市場を読む

　会社に影響を及ぼす外部環境には、実に幅広い分野が存在しています。政治・経済・市場・メディア・世論・自然・法律・海外市場の動きなど、ビジネスの内容によって臨機応変に検討しなければなりません。例えば、サロン専用ホームページ制作サービスのビジネスを展開する場合、インターネット利用によるトラブルが多発して社会問題に発展すれば消費者のネット離れが起こるリスクがあります。このような事態になれば、サロンはホームページからお客様を集客できなくなるため、ホームページをつくるサロンが激減するという脅威があります。これは難しい作業ですが、マーケティング調査を行う時に自社のビジネスに当てはまりそうな情報をピックアップしておけば分析しやすくなります。

ざっくりと言うと

- □機会＝商品・会社に対する追い風、脅威＝商品・会社に対する逆風
- □機会は事業拡大のチャンス、脅威は危機的なダメージ
- □幅広い情報をマーケティング調査で収集しておく

商品・会社を取り巻く外部環境

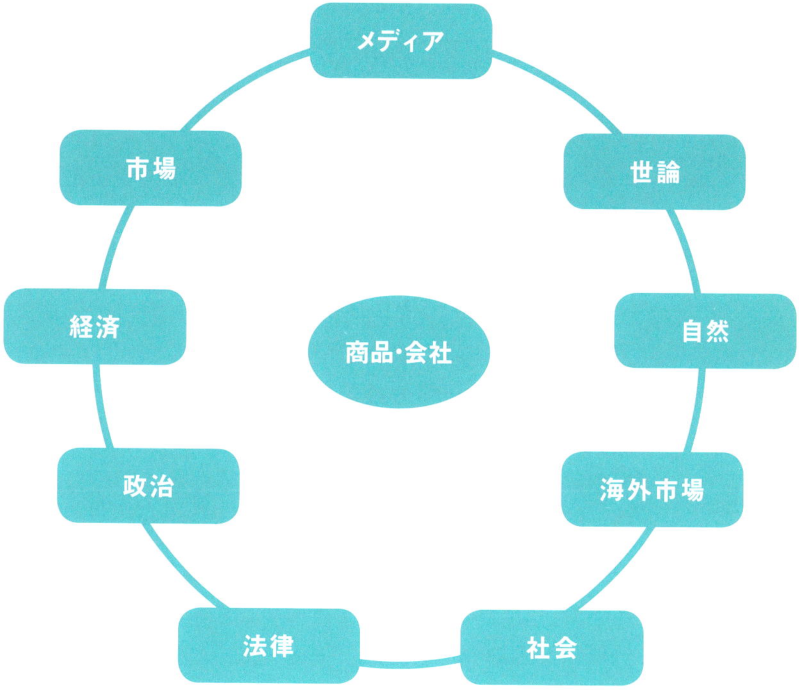

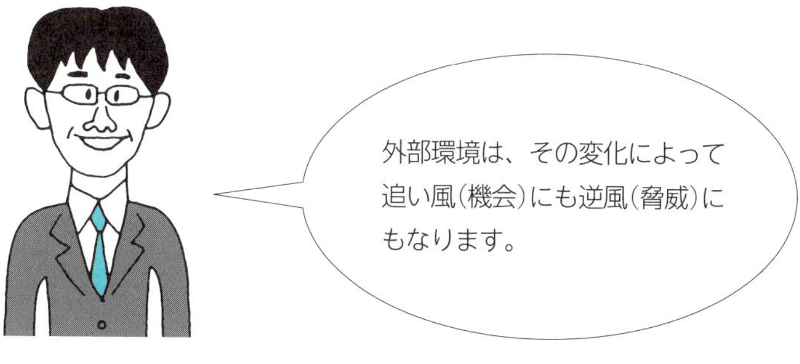

LEVEL レベル 3

機会と脅威を分析する

常にアンテナを張って変化に対応する

弱みと脅威の実例を調べる方法
弱みと脅威に限っては、分析結果の実例をインターネットで調べることができます。上場企業の有価証券報告書を閲覧するとリスク情報が開示されています。同じ業界・同じタイプのビジネスモデルの上場企業を見つけて閲覧すれば大変参考になります。

機会・脅威は、政治・経済・市場・メディア・世論・自然・法律・海外市場の動きなど幅広い外部環境から分析しなければなりません。そのため機会・脅威は、考え方次第でいくらでも洗い出すことができます。しかし、分析結果の数が問題なのではなく、分析結果がビジネスに与える影響力の大きさが問題なのです。

機会・脅威がビジネスに与える影響力が大きいと判断するポイントは、機会は「商品・ビジネスモデルを事業コンセプトの方向性に沿って売上増加が期待できる要因」、脅威は「商品・ビジネスモデルが事業コンセプトの方向性から外れる要因」を考えるとわかりやすくなります。

一般的な機会·脅威の項目を参照して分析する

機会・脅威の一般的な項目は、外部環境のそれぞれの項目を参照して、商品・会社を良い状況に導いてくれるか、商品・会社が厳しい状況に置かれてしまうのか?について分析していきます。次頁に一般的な外部環境の項目を整理しましたので、ぜひ機会・脅威を分析するために活用してください。分析結果の機会・脅威は、強み・弱み同様に影響力の大きい順に3個以内でピックアップしてください。

また、機会・脅威は見直しが必要となりますが、強み・弱みとはタイミングが異なります。機会・脅威は日々変化があるため、その変化に対するアンテナを常に張っておくことが重要です。機会・脅威となりえる変化が認められた時、適時に見直しを行い、必要に応じて事業戦略の軌道修正していける体制が重要となります。

ざっくりと言うと

- □ビジネスに与える影響力の大きさから分析結果を見直す
- □機会は売上増加が期待できる要因を重視する
- □脅威は事業コンセプトの方向性から外れる要因を重視する

一般的な機会・脅威の項目

機　会	脅　威
行政の動きに対応できる商品がある	行政問題の発生で事業継続が困難になる
法律の改正で商機が訪れる	法律改正で事業内容変更の可能性
経済の動きに対応できる商品がある	経済の動きで事業継続が困難になる
市場が成長、堅調に推移している	市場が低迷している
世論の流れが良い方向に動く	世論の流れが悪い方向に動く
メディアによるトレンド発生	メディアによる商品価値の消失
業界における競争がない	業界の中で競争が激化している
保有技術に対する需要が高まる	他社による技術革新で商品価値の消失
異なる業界の企業が参入しづらい	異なる業界の企業が参入しやすい
自然災害に対する予防対策の需要発生	自然災害に対応する策がない
海外市場の影響で商機が訪れる	海外市場の影響で商機が消える

これら項目を参考に
世の中の動きを観察
してみてください。

COLUMN
コラム

マーケティング調査をすれば素人でも売れる

京都祇園のワイン専門店オープンの新規事業責任者を任された当時、私はマーケティング調査という言葉すら知りませんでした。そしてワインを飲んだ経験も数えるほどしかなく、もちろんワインに関する知識も正真正銘の素人でした。ただ、ワイン専門店を京都祇園でオープンさせるという立地条件だけが決まっていた状態で、責任者のポジションを任されたのです。

ワイン専門店をオープンさせるために一番悩んだことは、商品の品揃えをどうすれば良いのか?でした。悩んだ挙句に私が取った行動は、京都祇園で2000店以上あった飲食店を一軒ずつ歩いて“あるモノ”を確認しにいくことでした。そのあるモノとは、ワインの空き瓶です。実際に京都祇園の飲食店が取扱いしているワインを知るためには、ワインの空き瓶を見るのが手っ取り早いと考えたのです。この調査のおかげで、品揃えを強化すべきワインの種類や販売価格帯など目星をつけることができ、ワイン専門店のオープンを成功させることができました。素人でもお客様が欲しいワインを知っていれば、ワインは売れるのです。

ビジネスをはじめる時、どうしても商品という売り物から考えがちです。しかし、「今どんな商品が売れているのか?」「その商品を誰が買うのか?」「なぜ売れているのか？」ということに視点を向けた調査をして遠回りする方が、結果的には売れる商品への近道になります。

第7章

販路と営業の方法・手順を具体的に考える

本章のトピック	レベル1	レベル2	レベル3
商品を届ける販売チャネル	○	○	○
AIDMAの法則	○	○	○
売上計画の試算		○	○

LEVEL
レベル
1

販売チャネルを決定する

販売チャネルの決定が営業戦略の第一歩

サプライチェーン・マネジメントを参考にする
商品を開発・生産してから顧客に届けるまでの一連の流れを設計し、その品質管理等の基準を明確にする考え方です。主に流通業で使われる考え方ですが、ビジネスの多角化が進んでいる現在では様々なビジネスモデルで応用できます。

商品を販売ターゲットに届ける（出荷・納品する）仕組みを販売チャネルと呼びます。販売チャネルがなければ、商品を開発しても買ってもらうことができず、ビジネスモデルが不完全な状態といえます。そのため、商品別に販売チャネルをつくることが営業戦略を考えていく第一歩となります。

販売チャネルの届ける仕組みは、商品の特性によって大きく異なります。有形の動かせるモノであれば、流通経路を利用して商品を届けます。不動産のように有形で動かせないモノであれば、所有等についての権利を契約で譲渡します。また、IT系サービスはインターネット上で納品という特殊な仕組みとなり、コンサルティングなど無形のサービスは報告書等によって提供したサービス内容をカタチにして納品します。このように販売ターゲットの手元に商品が届いて売上代金が回収できるまでの流れをイメージして、実際の仕組みがつくれるように企画・設計します。

このような販売チャネルの仕組みを最初に決定しておき、それから営業戦略について考えていきます。販売チャネルが決まっていない状態では、営業活動の着地点が決まりません。

店舗営業の販売チャネル

飲食店・小売店といった店舗営業では、販売ターゲットが直接お店に買いにくるビジネスモデルです。店舗販売では、売り手と買い手が同時に商品とお金を交換するので届けるという感覚がなくなりますが、店舗を通じてお客様に届ける立派な販売チャネルの仕組みです。

ざっくりと言うと

- □ 商品を販売ターゲットに届ける（出荷・納品する）仕組みが販売チャネル
- □ 販売チャネルが未定だと、営業活動の着地点が決まらない
- □ 店舗営業は販売チャネルである

商品を販売ターゲットに届ける方法が販売チャネル

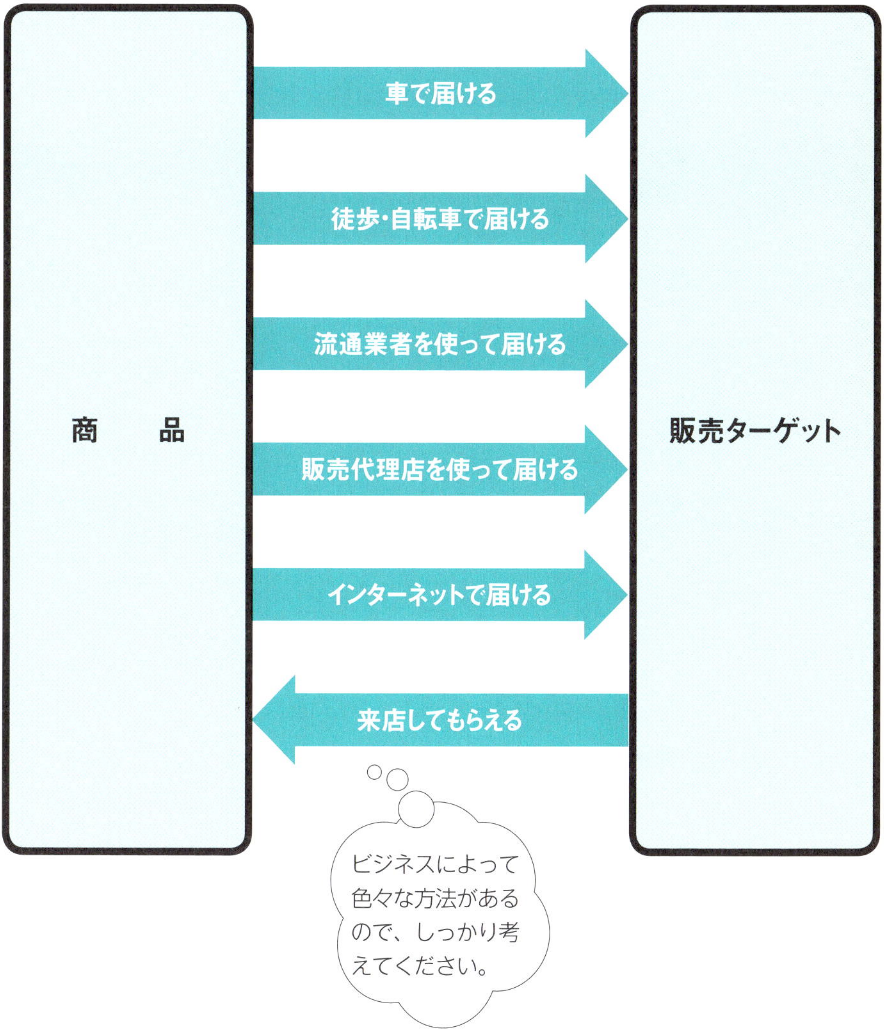

LEVEL
レベル
●●
2

ビジネスモデルで販売チャネルを確認する

相関図に描いて整理するのは重要

販売チャネルは、ビジネスモデルを描いた相関図で仕組みを確認できなければなりません。販売ターゲットと会社の間で商品とお金を交換する商流・物流・金流・情報流は、ビジネスモデルで最も重要となる部分です。また、ビジネスモデルで販売チャネルを確認しておくメリットは、販売ターゲットと主力商品を明確にできる点にもあります。

相関図をビジネスモデルで描く

→P●●「第２章①　相関図をビジネスモデルで描く」参照

ビジネスモデルの相関図を完成させる

ビジネスモデルを相関図で描く作業は、見落としているヒト・モノ・カネ・情報があると完成しない可能性があります。特にアイデア段階で描いたビジネスモデルは、事業コンセプトや商品戦略が決定する過程でブラッシュアップされていることもあります。そのため、販売チャネルの仕組みを確認する段階で、未完成の相関図を完成させておきます。

未完成のポイントを発見するため、「商品の生産　→　宣伝　→　集客　→　購入　→　納品　→　代金回収」の順番で、ヒト・モノ・カネ・情報の過不足を確認してみてください。

相関図を事業計画書に掲載するメリット

販売チャネルやビジネスモデルを言葉だけで説明すると、文字数が多くてややこしくなるため、的確に伝えることが困難になります。そのため、ビジネスモデル・販売チャネルを相関図に描いて事業計画書に掲載し、商流・物流・金流・情報流を伝えるようにします。相関図であれば、これらの情報を一目見て正しく理解してもらえるメリットがあります。

複雑なビジネスモデルは見直した方が良い

相関図を描いた結果、ビジネスモデルが複雑になるケースがあります。その理由は、ビジネスに関係する企業・人が多いからです。そして、複雑なビジネスモデルはお客様視点で見ると商品がわかりにくいため、訴求力に欠けているケースが多いです。

ざっくりと言うと

- □ 販売チャネルは、ビジネスモデルを描いた相関図で仕組みを確認
- □ ビジネスモデルにはヒト・モノ・カネ・情報の過不足がないようにする
- □ 販売チャネル(ビジネスモデル)は、相関図を描けば正しく伝わる

ビジネスモデルの相関図サンプル

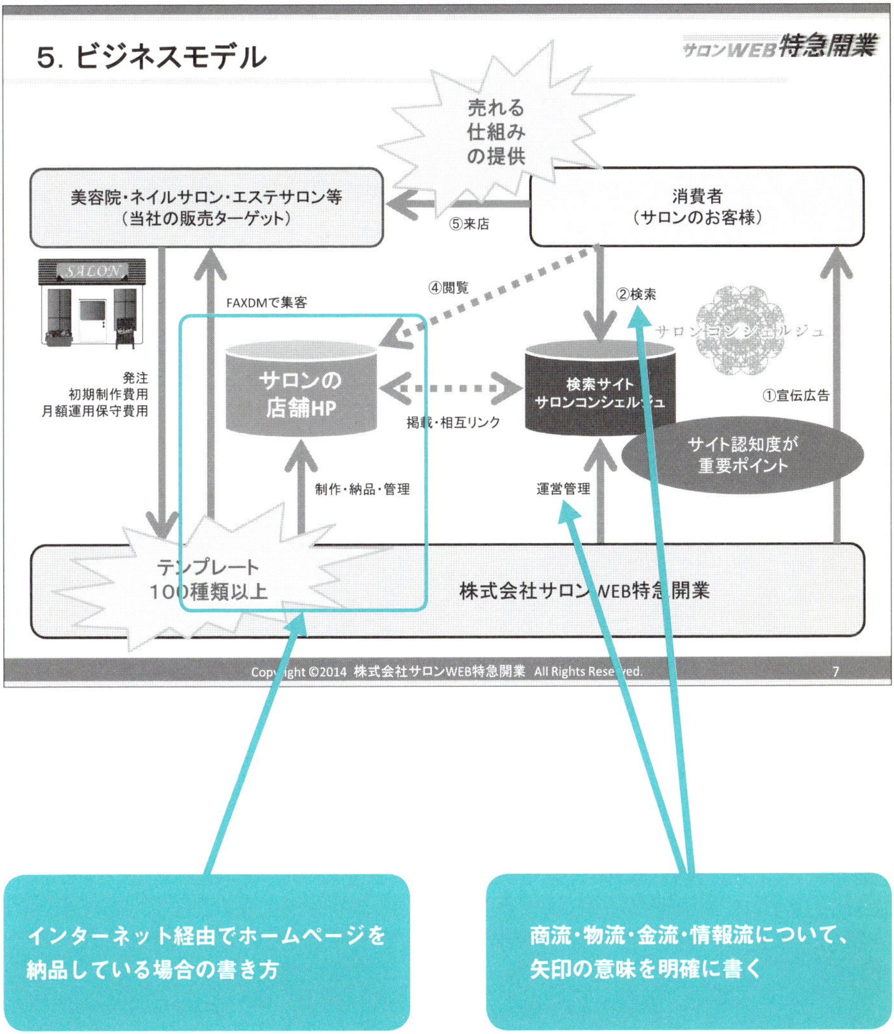

LEVEL
レベル
3

複数ある販売チャネルの重要度を決める

お金のもらい方ごとに区別する

販売チャネルの重要度を数値化するメリット
販売チャネルが複数ある場合、重要度を数値化しておくと売上計画・資金繰り計画をシミュレーションしやすくなります。
売上高を振り分ける割合を設定した重要度で計算できるため、売上目標から売上計画に落し込む場合にはかなり重宝します。

必ずしも1つの商品に対して販売チャネルが1つになるとは限りません。1つの商品しか開発していないのに、販売チャネルが2つ以上存在するビジネスモデルはあり得ます。わかりやすい事例としては、販売ターゲットに店舗まで買いに来てもらう売り方とインターネットで注文を受けて出荷・納品する売り方の2つがある場合は販売チャネルも2つです。さらに小売店への卸売りをする場合は、販売チャネルは3つあることになります。販売チャネルの数について見落としをなくすためには、キャッシュポイントの数を確認することです。お金のもらい方ごとに販売チャネルを区別して設定するべきか否かを判断してください。

重点する販売チャネルを決定する

販売チャネルの数が増えれば増えるほど、販売ターゲットに商品を届ける仕組みが増えるため、業務量は増えていきます。業務量が増えることが悪いわけではありませんが、業務が増えれば人手の問題が生じ、1つ1つの業務に対して習熟するスピードが落ちます。そのため、事業規模が小さい段階では販売チャネルが少ないビジネスモデルを目指した方が運営しやすくなります。また販売チャネルが増えるとキャッシュポイントが増えるため、財務・経理を管理する負担が大きくなります。いざ事業化したら管理業務が多すぎて対応できなくなる事態を避けるため、人材の数とのバランスも考慮して、重点化する販売チャネルと販売チャネルの数を決定します。AとBの販売チャネルがある場合、売上構成比を「A：B=80%：20%」と仮定するなど重要度を数値化しておくと何かと便利です。

ざっくりと言うと

- □1つの商品に対して販売チャネルが1つとは限らない
- □キャッシュポイントから必要な販売チャネル数を導き出す
- □重点化する販売チャネルは人材の数も考慮して決める

販売チャネルごとの重要度を明確にしておく

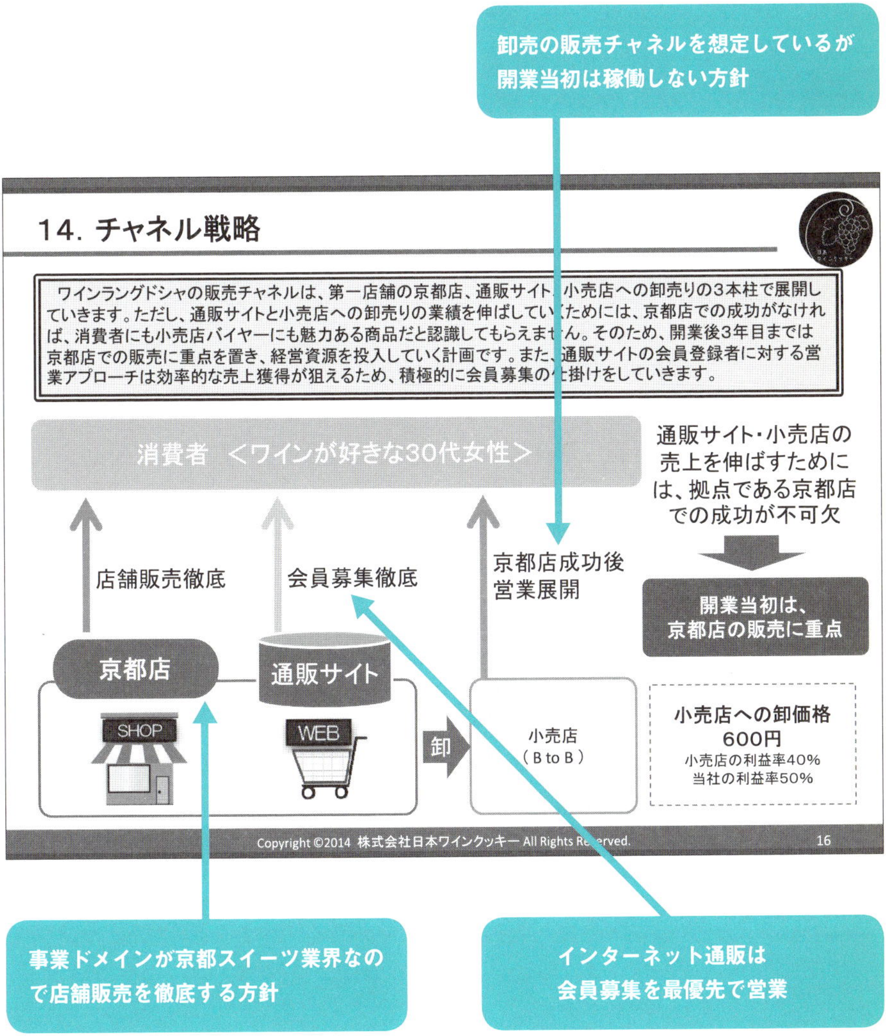
卸売の販売チャネルを想定しているが開業当初は稼働しない方針
14．チャネル戦略
ワインラングドシャの販売チャネルは、第一店舗の京都店、通販サイト、小売店への卸売りの3本柱で展開していきます。ただし、通販サイトと小売店への卸売りの業績を伸ばしていくためには、京都店での成功がなければ、消費者にも小売店バイヤーにも魅力ある商品だと認識してもらえません。そのため、開業後3年目までは京都店での販売に重点を置き、経営資源を投入していく計画です。また、通販サイトの会員登録者に対する営業アプローチは効率的な売上獲得が狙えるため、積極的に会員募集の仕掛けをしていきます。
消費者　＜ワインが好きな30代女性＞
店舗販売徹底
会員募集徹底
京都店成功後
営業展開
通販サイト・小売店の売上を伸ばすためには、拠点である京都店での成功が不可欠
開業当初は、
京都店の販売に重点
京都店
通販サイト
SHOP
WEB
卸
小売店
（B to B）
小売店への卸価格
600円
小売店の利益率40%
当社の利益率50%
Copyright ©2014 株式会社日本ワインクッキー All Rights Reserved.
16
事業ドメインが京都スイーツ業界なので店舗販売を徹底する方針
インターネット通販は
会員募集を最優先で営業

LEVEL
レベル
1

AIDMAの法則を理解する

販売ターゲットの心に響くコツ

AIDMAの法則とは、販売ターゲットの消費行動を心理的に分析したものです。この法則で想定されている消費行動の順番は、「①Attention（注意）→②Interest（関心）→③Desire（欲求）→④Memory（記憶）→⑤Action（行動）」であり、それぞれの頭文字を取ってAIDMA《アイドマ》となります。また、①は認知段階、②③④は感情段階、⑤は行動段階という分類がされています。

この消費行動と分類をわかりやすく説明すると、「①商品を知る機会があり、②商品に対する興味を持ち、③商品が欲しいかも?必要かも?と感じるが一度は諦めて、④記憶した商品を思い出す機会に、やっぱり欲しいと心に決めて、⑤実際に購入する」という流れになります。この消費行動の流れに合わせて、営業戦略を考えれば営業フローがつくれます。

AIDMAの法則の別パターンについて
実はAIDMAの法則にはMの意味が異なる別パターンがあります。M=Motive（動機）のケースであり、買う理由をお客様が探しているという感情段階を意味しています。

営業フローをつくる

AIDMAの法則に従うと、②関心は商品の強みに販売ターゲットの心が響くことが大事であるため商品戦略の領域です。営業戦略として仕掛けられるポイントは①注意、③欲求、④記憶の3つがあります。①注意では、商品を認知してもらうためになるべく多い販売ターゲットに宣伝告知等を行います。③欲求は商品品質を体験するなど販売ターゲットが価値を認識する機会をつくる。そして④記憶では、一度興味を持った商品でも時間が経過すれば忘れられてしまうため、思い出してもらえる宣伝活動を繰り返すのです。

これらを一連の流れで販売ターゲットを追いかけることができれば、**クロージング**に誘導する営業フローをつくることができます。

クロージング
営業活動において商品を購入してもらう契約を締結することです。営業フローにおいては、販売ターゲットが購入を決定するように営業する段階から契約締結までのプロセスが該当します。

ざっくりと言うと

- □ AIDMAの法則とは、消費行動を心理的に分析したもの
- □ 消費行動は、注意→関心→欲求→記憶→行動の流れ
- □ AIDMAの法則を活用した営業戦略で、クロージングまでの営業フローができる

AIDMA（アイドマ）の法則

LEVEL
レベル
2

AIDMAの法則で営業戦略を考える

第三者が納得する営業フローをつくる

事業計画書において営業戦略のページは、第三者に「この営業戦略なら売れる」と感じさせる説得力が重要です。単純に販促計画を書き並べても、その販促で販売ターゲットが本当に買ってくれるのか?を判断しづらいものです。そこで“売れる説得力”のある営業フローをサロン専用ホームページ制作サービスの事例で考えていきます。

①Attention(注意)

ホームページを持たないサロンオーナーがインターネットに詳しくない可能性は高いため、商品を認知してもらう宣伝告知の戦術として**FAXDM**を選択します。

②Interest(関心)

FAXDMを見たサロンオーナーが興味を持ってくれるポイントとして、サロンのインターネット集客を掲載するだけで簡単にできるポータルサイト（以下、自社検索サイト）のユーザー会員数を増やしておき（販売ターゲットが満足する品質)、その登録人数をアピールします。

③Desire(欲求)

自社検索サイトに興味を持ったサロンオーナーにアクセスした後の仕掛けとして、ホームページが欲しいという欲求を刺激する成功事例を紹介したコンテンツを準備します。欲求の高まったサロンオーナーを囲い込むため、ビジネスに使える情報を配信するSNSを案内して登録してもらう。

④Memory(記憶)

SNSの登録者に向けて、サロンビジネスで役立つ情報を配信してサービスを思い出す機会を作り、欲求を刺激する。

販売ターゲットを一連の営業フローに乗せる
営業フローは最初に宣伝をしてからクロージングするまで、一連の流れであることが重要です。一連の流れになっていない営業フローは販売ターゲットが違和感を感じたり、面倒を感じたりしてクロージングに至りません。クロージングまで自然に誘導できる営業フローを考えることが重要です。

FAXDM
FAXを利用して広告を配信するサービスを意味しています。配信する原稿を作成すれば、配信代行会社を利用して一斉にFAX送信できるため、営業コストも安価であり費用対効果が高いのが特徴です。

ざっくりと言うと

- □営業戦略は、第三者に売れると感じさせる説得力が重要
- □営業フローは消費者ニーズを捉えた一連の流れにする
- □一連の流れがない営業フローは最終的な成約に至らない

AIDMAの法則で営業戦略を説明する事例

AIDMAの法則の流れを書くと営業戦略がしっかり考えられているというイメージを与えます。

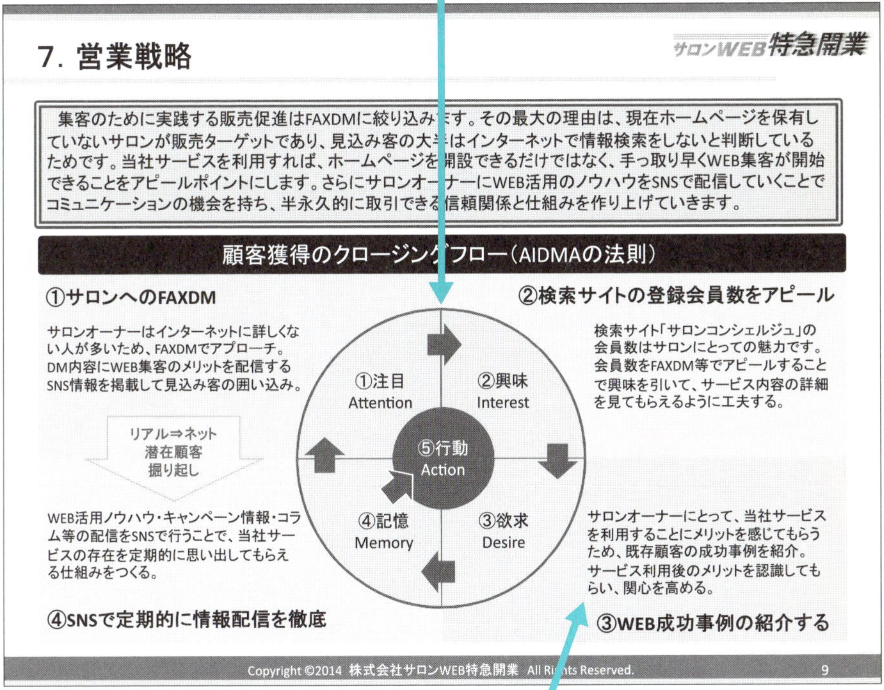
7. 営業戦略
サロンWEB特急開業
集客のために実践する販売促進はFAXDMに絞り込みます。その最大の理由は、現在ホームページを保有していないサロンが販売ターゲットであり、見込み客の大半はインターネットで情報検索をしないと判断しているためです。当社サービスを利用すれば、ホームページを開設できるだけではなく、手っ取り早くWEB集客が開始できることをアピールポイントにします。さらにサロンオーナーにWEB活用のノウハウをSNSで配信していくことでコミュニケーションの機会を持ち、半永久的に取引できる信頼関係と仕組みを作り上げていきます。
顧客獲得のクロージングフロー（AIDMAの法則）
①サロンへのFAXDM
サロンオーナーはインターネットに詳しくない人が多いため、FAXDMでアプローチ。DM内容にWEB集客のメリットを配信するSNS情報を掲載して見込み客の囲い込み。
リアル⇒ネット 潜在顧客 掘り起し
②検索サイトの登録会員数をアピール
検索サイト「サロンコンシェルジュ」の会員数はサロンにとっての魅力です。会員数をFAXDM等でアピールすることで興味を引いて、サービス内容の詳細を見てもらえるように工夫する。
①注目 Attention
②興味 Interest
⑤行動 Action
④記憶 Memory
③欲求 Desire
WEB活用ノウハウ・キャンペーン情報・コラム等の配信をSNSで行うことで、当社サービスの存在を定期的に思い出してもらえる仕組みをつくる。
サロンオーナーにとって、当社サービスを利用することにメリットを感じてもらうため、既存顧客の成功事例を紹介。サービス利用後のメリットを認識してもらい、関心を高める。
④SNSで定期的に情報配信を徹底
③WEB成功事例の紹介する
Copyright ©2014 株式会社サロンWEB特急開業 All Rights Reserved.
9

各消費行動について、どんな戦術を実行するのか記載しておきます。

LEVEL
レベル
3

AIDMAの法則で独自市場をつくる

売上安定化のために固定客は不可欠

独自市場づくりに役立つツール
メルマガ以外にも、独自市場づくりに役立つツールがあります。例えば、会員カード・ポイントカード・SNSサービスなどです。商品・ビジネスモデルに適したツールを活用してください。

安定した売上獲得を目指すためには、新規顧客がリピート購入して固定客化し、独自市場をつくることが必要です。AIDMAの法則の消費行動のうち、③Desire（欲求）と④Memory（記憶）が独自市場をつくるポイントになります。

③Desire（欲求）で顧客情報を得る

③欲求では、販売ターゲットに主力商品を欲しいと感じてもらうため、試食品など商品の品質を体験できる機会をつくります。この体験の機会を利用して、顧客情報を獲得します。顧客情報が集まれば、そのリストは自社だけの見込み客が集まった独自市場の基礎となります。例えば、会員登録を条件にして、毎月サンプル品30個を抽選で配布する案内をすれば、商品に興味を持った販売ターゲットの顧客情報を集めることができます。

④Memory（記憶）で看板効果をつくる

前述の事例で紹介したように、会員登録者に向けたメルマガを発行する都度、販売ターゲットは商品のことを思い出します。何度も商品を目にする機会をつくれば、商品が記憶に刷り込まれていきます。そして、購買意欲が生まれた時に売れるのです。看板のように商品を記憶に刷り込み、購買意欲の発生を待つ戦略です。一度商品を購入した販売ターゲットが、商品を気に入らなければ会員登録を解除しますが、商品を気に入れば会員登録し続けてもらえます。そのためリピート購入が期待でき、会員登録者数が増えれば増えるほど独自市場が成長して売上の安定に貢献してくれます。

ざっくりと言うと

- □安定した売上獲得には固定客が多い独自市場が必要となる
- □販売ターゲットの顧客情報を集めて独自市場をつくる
- □独自市場では、商品を記憶に刷り込みリピート客を増やす

AIDMAの法則で独自市場をつくるスキーム

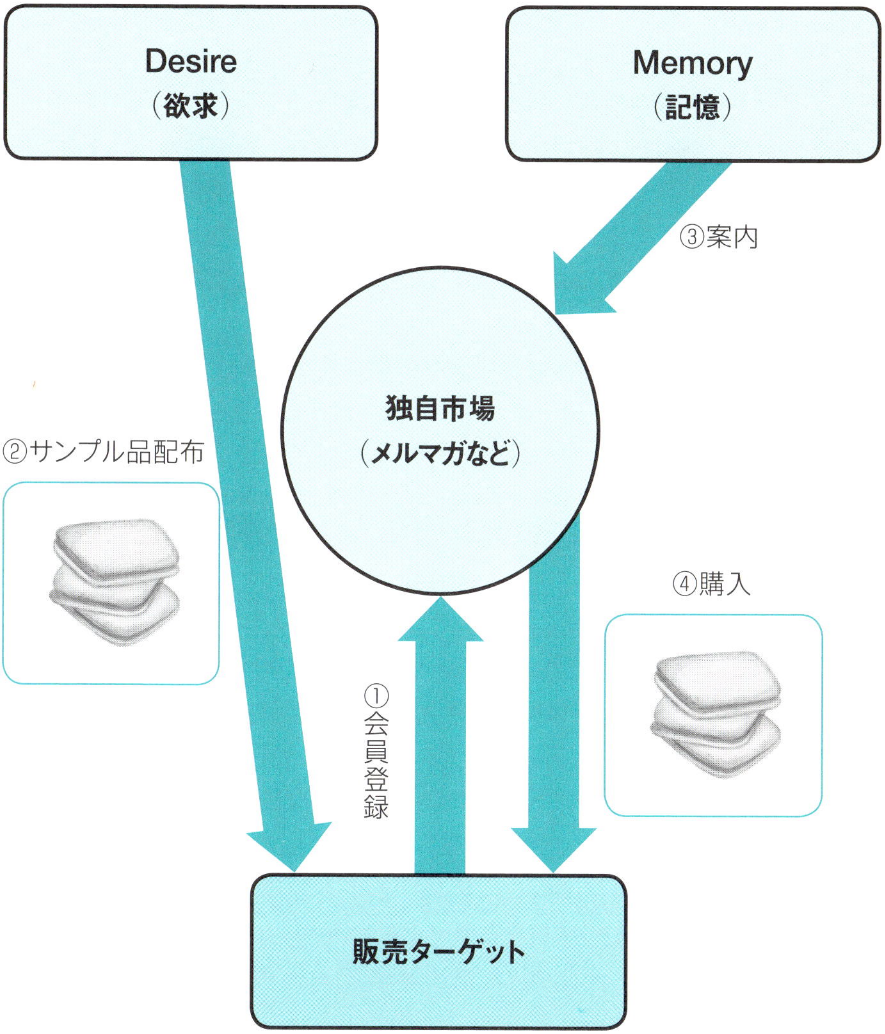

LEVEL レベル 2

売上計画を試算する

販売価格と営業フローで売上計画を試算する

販促の反応率の相場を調査しておく
FAXDMやメルマガなど販促手法について反応率を調査しておくと売上計画を試算しやすくなります。これらの情報はインターネットで専門業者のホームページを閲覧すれば出ていることが多いので参考にしてください。なお、業者が掲載している数値を鵜呑みにせず半分以下の反応率を想定しておいた方が無難です。

販売価格と営業フローが決定すれば、売上計画を考える根拠ができている状態になります。ビジョンで設定した数値目標が売上目標の場合は、販売価格と営業フローから導いた売上計画と売上目標が一致することも重要なポイントです。

販売価格×販売数量=売上高

売上計画を考える時、「販売価格×販売数量=売上高」という基本を守って試算していきます。販売数量とは、売れた商品の個数やお客様の人数です。毎月の販売数量を実現可能な数値で設定し、販売価格を乗じて売上高を試算すれば、積み上げ式の堅実な売上計画となります。

販売数量を実現可能な数値で設定する

第三者から売上高が実現可能な数値だと納得してもらうためには、販売数量が実現可能な数値だと理解してもらわなければなりません。例えば、サロン専用ホームページ制作サービスの場合は、毎月3万件のFAXDMを配信して新規顧客の獲得数は5件を目標にするといった感じです。“営業フローでFAXDMを選択している合理性”と“FAXDMで達成できそうな販売数量の見込み”の2点が説得力の鍵となります。

事業計画の期間と売上目標を決定する

「仕事は期日を持ってやる」とよく言われるように、ビジネス自体の期日を事業計画書で設定します。この期日がなければ事業計画書は有効ではありません。次に、この期間中の毎月の売上高を試算し、期間中の売上合計を導き出します。これが売上目標となります。例えば、1年間の事業計画であれば、12カ月分の月別売上高を試算して、合計すれば1年間の売上目標が出てきます。

ざっくりと言うと

- □試算の基本は「販売価格×販売数量＝売上高」
- □売上高の実現性のアピールは、販売数量が実現可能であること
- □事業計画の期間を決めて、積み上げ式で売上目標を決定する

1年程度の売上計画なら事業計画書に貼り付ける

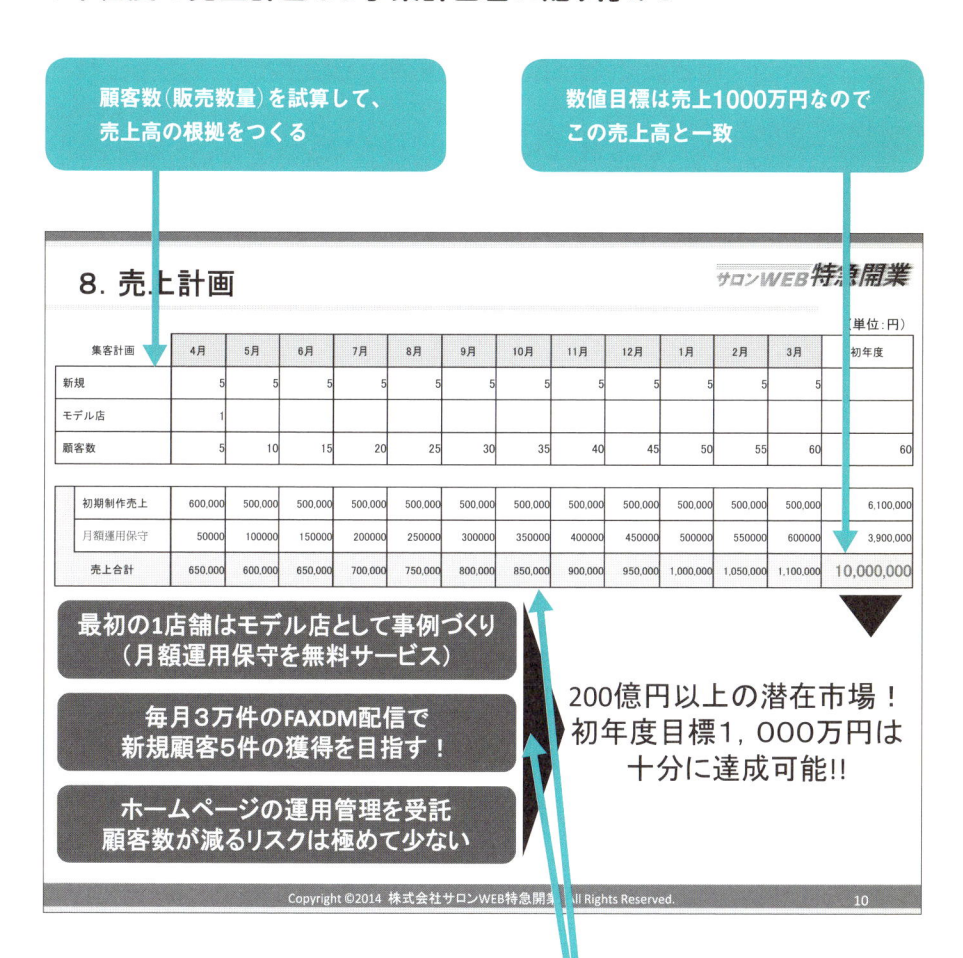

顧客数（販売数量）を試算して、売上高の根拠をつくる

数値目標は売上1000万円なのでこの売上高と一致

8. 売上計画

サロンWEB特急開業

（単位：円）

集客計画	4月	5月	6月	7月	8月	9月	10月	11月	12月	1月	2月	3月	初年度
新規	5	5	5	5	5	5	5	5	5	5	5	5	
モデル店	1												
顧客数	5	10	15	20	25	30	35	40	45	50	55	60	60

初期制作売上	600,000	500,000	500,000	500,000	500,000	500,000	500,000	500,000	500,000	500,000	500,000	500,000	6,100,000
月額運用保守	50000	100000	150000	200000	250000	300000	350000	400000	450000	500000	550000	600000	3,900,000
売上合計	650,000	600,000	650,000	700,000	750,000	800,000	850,000	900,000	950,000	1,000,000	1,050,000	1,100,000	10,000,000

最初の1店舗はモデル店として事例づくり
（月額運用保守を無料サービス）

毎月3万件のFAXDM配信で
新規顧客5件の獲得を目指す！

ホームページの運用管理を受託
顧客数が減るリスクは極めて少ない

200億円以上の潜在市場！
初年度目標1，000万円は
十分に達成可能!!

 10

主力商品の販売価格と顧客数、売上計画を試算した条件を考慮して毎月の売上高を出しています。

LEVEL
レベル
3

試算した売上計画の根拠を示す

確信できる根拠で堅実な計画を練る

期待値の売上計画は評価が低い
「これだけの売上が欲しい」という考え方だけでつくられた売上計画は、その経営者の主観的な期待値でしかありません。実現性の高い根拠を同時に説明することが説得力を生むポイントです。

販売価格と営業フローに基づいた売上計画を試算した後は、事業計画書の売上計画のページを作ります。

販売数量･売上目標･根拠数値を記載する

一番簡単な方法は、事業計画の期間における月別の販売数量と売上目標を時系列の表にして掲載しておくことです。しかし、事業計画の期間が長くなれば書類が見づらくなるため、別紙として期間中の月別売上計画の試算書類を準備しておき、事業計画書には年単位の数値を表やグラフで掲載すると分かりやすくなります。なお、売上高を根拠づける関連数値があれば、その情報も整理して掲載しておきます。例えば、メルマガ会員からの売上を見込む場合は、その会員数は関連する大事な数値だと言えます。

根拠を説明して堅実な売上計画をつくる

月別の売上計画を参照すれば読み取れる数値だとしても、売上目標の根拠となる重要な数値は必ず記載してください。売上目標だけを見ても、その目標が達成できる可能性を判断しづらいため根拠を添えておきます。この根拠の設定は、売上計画を試算する人の考え方や経験値によってアプローチが変わりますが、「この数値なら間違いなく達成できる」と確信できる根拠にしておくことが堅実な売上計画に繋がります。

なお、売上目標は根拠の数値を仮定して積み上げて作り上げています。そのため、実際にビジネスを動かした後で、この根拠数値が正しかったのか明らかになります。この根拠数値の精度を検証して見直すことで、営業戦略・売上計画を精度を高めて軌道修正することができます。

ざっくりと言うと

- □ 売上目標と販売数量は、時系列の図表にする
- □「達成できる」と確信できる根拠を示す
- □ 事業開始後、根拠数値を検証して軌道修正できる

売上計画の結果と根拠をわかりやすく見せる

グラフを使って、業績の推移をわかりやすくアピールする。ビジョンの売上目標3000万円を達成していことも強調する

売上計画を試算した根拠は必ず記載しておく。売上高の数値よりも根拠の数値で評価される

21. 売上計画

店舗の売上高は、1日の売上箱数を目標設定して店舗運営いたします。(売上目標の根拠は下記の囲い枠参照)また、通販サイトの売上高はメルマガ配信によって営業プローチし、会員登録者の30%以上が購入に繋がる見込みです。その結果、1年目は5,481,000円、2年目は17,155,000円、3年目は30,521,000円と試算しており、売上目標3000万円を達成する計画です。

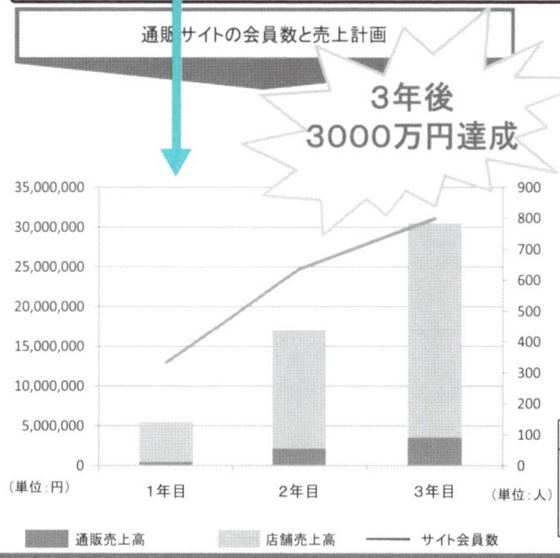

＜店舗売上高　根拠＞
店舗の営業日数は月25日で運営する。
1年目:8～11月20箱/1日、12～3月30箱／1日
2年目:4～7月40箱/1日、8～11月50箱/1日、12～3月60箱／1日
3年目:4～9月80箱/1日、10～3月100箱／1日

＜通販サイト売上高　根拠＞
・通販サイトの新規会員は毎月50名を獲得
・会員の退会者数は5%で試算
・会員登録者の商品購入は、1年目は登録者数の30%、2年目は35%、3年目は40%を目標とする。

(単位:円)

		1年目	2年目	3年目
会員数		333	636	799
	サイト	481,000	2,155,000	3,521,000
	店舗	5,000,000	15,000,000	27,000,000
売上高		5,481,000	17,155,000	30,521,000

23

目標数値を達成したので、ゴールに到着したということです。

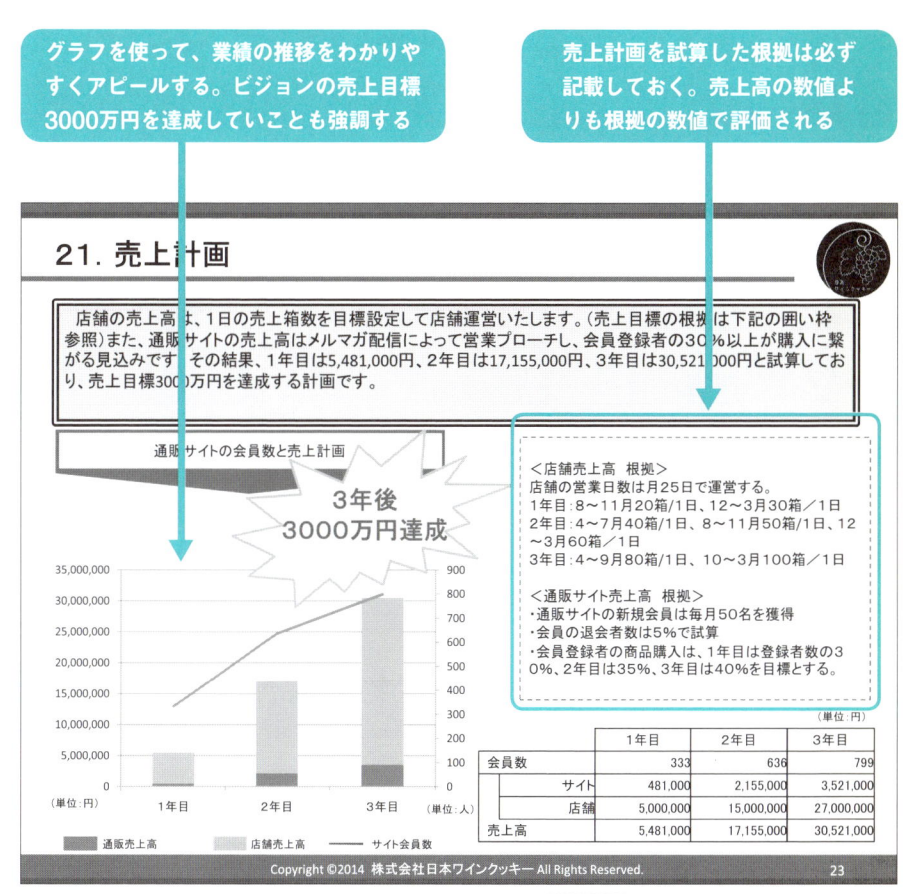

COLUMN
コラム

インターネット通販をするならSEO対策が重要

営業戦略を考える時、インターネット通販の活躍する場面が多く、捨てがたい販売チャネルの1つとなっています。お客様にとって買いやすさを提供できる強力な武器になるため、インターネット通販を開始する企業がどんどん増え続けています。

しかし、これらインターネット通販を展開している企業の全てが売れているか?というとそうでもありません。この理由には、お客様にとってインターネット通販が買いやすくない場合と、そのインターネット通販サイトの存在を知っている人がごく僅かしかいない場合が考えられます。

前者は商品戦略上の問題なので割愛しますが、後者はAIDMAの法則でいう“Attention（注意）”に対する戦術が欠落しているため認知されていないのです。この状態では、どんなに素晴らしいページをつくっても売上に繋がるはずがありません。このような問題を解決する方法が、SEO対策というものになります。

簡単に言えば、インターネット検索で上位表示されるための対策です。上位表示されれば、多くの人がページにアクセスしてくれることは想像に難くありません。逆に上位表示されなければお客様がアクセスしてくることはありません。

インターネット通販事業をやりたいと考えている方でも、この基本的なことを見落としてしまうことがありますので、忘れることなく対策をしなければなりません。

第8章

ビジネスの展開に必要な体制を考える

本章のトピック	レベル1	レベル2	レベル3
会社概要		○	○
生産体制			○
製造原価計算書			○
運営体制を説明する組織図			○
業務フロー			○
事業展開のスケジュール			○

LEVEL
レベル
2

基本情報が入った会社概要をまとめる

必須事項を過不足なく記入する

株式会社以外の会社概要ページのつくり方
有限責任事業組合(LLP)・有限責任事業会社(LLC)・社団法人・財団法人・任意団体・個人事業など組織体を問わず、会社概要のページは本書で解説する基本に従ってつくるようにしてください。

事業計画書の中で会社概要のページは、一番最初に入れておくのが一般的です。営業の場面においても一番最初に自己紹介すると思いますが、事業計画書における自己紹介が会社概要です。このページがなければ、プレゼン本番の最初に自己紹介する時に意外と困ります。また、融資の審査をする側の視点から考えれば、融資申込をしてきた会社に関する基本情報は一番最初に確認したいところです。

会社組織の基本情報を記載する

会社・屋号の名称、設立年月日、代表者、資本金、住所等の連絡先、事業内容といった基本的な情報は必ず記載します。基本情報作成時の注意点は、事業内容が事業計画書の内容と一致していることです。事業内容が一致していないと、そもそも「なぜ、このビジネスをやろうと思ったのか?」という疑問を持たれるだけではなく、もしビジネスの内容が定款とも一致していなければ「考えもせずに何でも手を出す経営者」というイメージを持たれる可能性まであります。

また、資本金は資金繰り計画表や資金計画をつくる時に必要な数値です。この数値も定款に登記している資本金の金額と一致するようにしておいてください。

融資で審査される項目

銀行や公庫に融資を申し込むと会社の基本的な情報について審査を受けます。主な審査項目は、代表者自身の信用調査や記載されている住所に会社が存在していること、資本金の金額が適切か否かです。なお、資本金の金額は、銀行・公庫からの借入時に融資限度額に影響を及ぼす大事な数値であるため、必ず記載しておいてください。

ざっくりと言うと

- □ 事業計画書における自己紹介が会社概要となる
- □ 事業内容を事業計画書の内容と一致させる
- □ 資本金は、資金繰り計画表や資金計画をつくる時に必要な数値

会社概要ページの事例

資本金は、資金繰り計画表・資金計画をつくる時に必要な数値情報です。また、資本金の大小が融資限度額にも影響を及ぼします。

1. 会社概要

サロンWEB特急開業

項目	内容
会社名称	株式会社サロンWEB特急開業
設立	平成●●年●月●日
代表取締役	●▲■◆
資本金	100万円
住所	〒000-0000　京都府京都市●●●●●
電話番号	075-×××-××××
FAX番号	075-×××-××××
URL	http://salonweb××.jp/
事業内容	1. サロン向けホームページ制作・運営管理サービス 2. サロン検索ホームページの運営 3. サロン検索ホームページにおける広告宣伝サービス

 3

ビジネスの内容は、会社概要の事業内容と一致していなければなりません。法人格の場合は、定款の登記情報とも一致しなければいけません。

LEVEL
レベル
3

会社概要で会社の強みを説明する

代表者や社内の人材の経歴はアピール材料になる

会社概要のページで顧問契約・業務提携も説明しておくと良い
会社内部の人材だけでなく、外部の企業・人と提携することで必要な技術・ノウハウを補う場合は「提携先名称と提携の目的」を明記しておくとわかりやすくなります。

会社概要のページは軽視されがちですが、実は会社そのものの強みをアピールする大切な書類です。資本金が大きい場合は、それだけで信用力も高くなります。また、特定の技術を保有している人材がいる場合は、ヒトという経営資源を記載することなります。さらに、事業計画書のテーマになっているビジネスに着眼した経緯を、代表者の経歴等から読み取ることができます。

代表者の経歴・職歴・資格等を記載する

会社のトップである代表者の経歴・職歴・資格等は、そのビジネスを行う上で相応しい人物であることをアピールする時に役立ちます。テーマとなっているビジネスに着眼した理由の説明にもなりますが、そのビジネスを成功させるためのノウハウを代表者が保有していることをアピールしておくべきです。

その他、事業内容に相応しい人材の存在を記載する

代表者自身がカバーしきれないビジネスに必要な技術を持った人材を雇用するケースや、現場でプロジェクト管理をする事業推進者を雇用するケースについても、会社概要のページに職歴・技術・実績・資格を明記しておきます。

明文化した企業理念を記載する

新規事業で企業理念について明文化している場合は、この会社概要のページに記載しておいてください。なお、それなりに組織規模が大きい会社が事業計画書をつくる場合は、会社概要と企業理念のページをそれぞれ作っておくことをお薦めします。

ざっくりと言うと

- □会社概要のページでは、会社そのものの強みをアピールできる
- □代表者や技術者の経歴・職歴・資格等を記載する
- □企業理念がある場合は記載する

会社概要ページの事例

企業理念がある場合は、会社概要のページに記載します。会社そのものが目指していることが伝わり、事業コンセプト・ビジョンに深みと重みが増してきます。

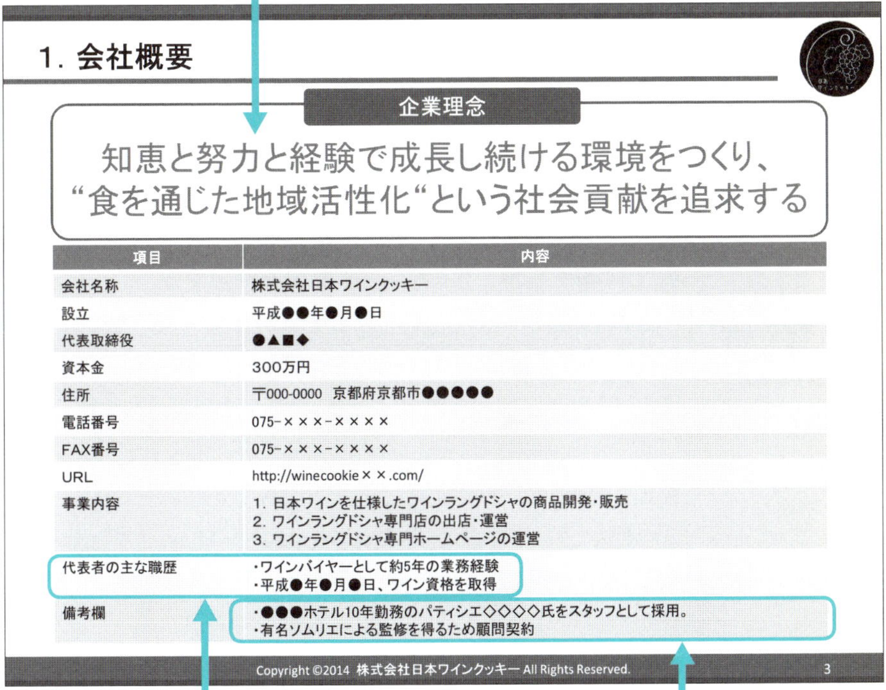

1. 会社概要

企業理念

知恵と努力と経験で成長し続ける環境をつくり、
“食を通じた地域活性化“という社会貢献を追求する

項目	内容
会社名称	株式会社日本ワインクッキー
設立	平成●●年●月●日
代表取締役	●▲■◆
資本金	300万円
住所	〒000-0000　京都府京都市●●●●●
電話番号	075-×××-××××
FAX番号	075-×××-××××
URL	http://winecookie××.com/
事業内容	1. 日本ワインを仕様したワインラングドシャの商品開発・販売 2. ワインラングドシャ専門店の出店・運営 3. ワインラングドシャ専門ホームページの運営
代表者の主な職歴	・ワインバイヤーとして約5年の業務経験 ・平成●年●月●日、ワイン資格を取得
備考欄	・●●●ホテル10年勤務のパティシエ◇◇◇◇氏をスタッフとして採用。 ・有名ソムリエによる監修を得るため顧問契約

Copyright ©2014 株式会社日本ワインクッキー All Rights Reserved.　3

代表者の経歴・職歴・資格等は、事業計画書について実現性の高さをアピールできるポイントになります。

ビジネスに必要な技術を持った人材についてアピールしておけば、ヒトという経営資源があることを説明できます。

LEVEL
レベル
3

売上計画を実現できる生産体制を計画する

作業工程をフロー化して生産個数を試算する

生産体制は、実際に商品をつくるための生産場所・生産方法・生産工程の設計だけではなく、設備投資額・生産個数・原価・作業時間（人件費）を試算するために必要です。生産にかかる作業時間や生産個数を見積もりしやすいように、作業工程をフロー化して考えるとわかりやすくなります。

生産場所・生産方法・生産工程を決める

生産場所・生産方法・生産工程が決まると、生産体制を構築するための設備投資額が決まります。生産工程をフロー化して、工程ごとに「何を使って生産するのか?」を決めてください。「何を使うのか?」が必要な設備です。なお、設備投資額については、実際に取扱業者数社に**相見積**をして金額を出しておきます。

売上計画を実現できるか、生産能力を測定する

設備の性能を超えた生産はできないため、決定した生産工程で使用する設備の生産能力を測定して、商品の生産個数の限度を試算しておきます。次に、「販売数量と試食用・サンプル品の販促使用数量」の合計から「不良品数」のロス分を差し引きして、必要な商品個数を試算します。その結果、必要な商品個数が生産個数の限度を上回っていると売上計画は“絵に描いた餅”の状態です。売上計画と生産能力のバランスを整合させるため、販売数量等を減らすか、それとも設備内容やスタッフ増員を検討して生産個数を増やすかを判断しなければなりません。売上計画と生産能力の調整は、設備投資も関わってくるため何度も繰り返して試算して決定していきます。かなり手間暇のかかる作業ですが、ここを疎かにすると売れば売るほど赤字になるため細心の注意が必要です。

相見積《あいみつもり》
見積をもらう業者が1社だけでは、その金額が高いのか安いのかわかりません。そのため、数社から見積を出してもらい、価格・サービス・品質・与信の視点から判断して取引業者を決定することを相見積と呼びます。

生産体制が必要ないビジネスもある
レベル3では、あらゆるビジネスで事業計画書を作成する参考になるため、生産体制のあるビジネスモデルを事例にしています。しかし、レベル2の事例など生産体制がないビジネスも沢山あります。

ざっくりと言うと

□生産場所・生産方法・生産工程から設備投資額が決まる
□工程ごとに「何を使って生産するのか？」を決める
□生産個数は、販売数量・販促使用数量・不良品数で調整

生産能力の測定は企画段階で忘れがち！

生産工程を決定して必要な人員体制も考えておきます。人件費を考える根拠の１つになります。

16. 生産体制

ワインラングドシャは専属パティシエによる手作りであるため、オーブンの生産能力が重要となります。開業当初は年間売上1000万円程度の規模とし、年間[illegible]万箱は生産できるオーブン設備及び人員体制を整えます。（次年度以降は、オーブン設備の追加導入して生産能力をアップさせる計画にしております。）
なお、原材料及び梱包資材を差し引いた粗利益率は70%を計画しており、生産体制は人件費率25%（売上100万/月間 以上を想定）を目安にて構築いたします。

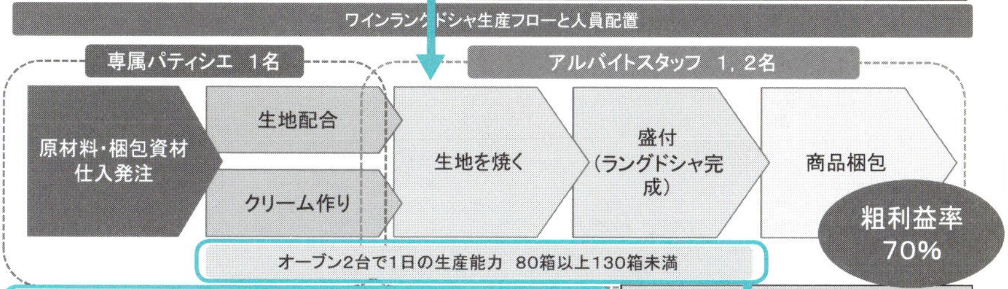

設備投資の内容				
設備	金額	台数	目的	備考
オーブン	100万円	2台	生地を焼く	1時間8箱分の生産
ミキサー	5万円	2台	生地・クリーム配合	
冷蔵庫	50万円	1台	食材保存	
冷凍庫	50万円	1台	食材保存	
その他	40万円	一式		ボール・泡立て器など

箱あたりのコスト	
項目	金額
1箱の販売価格	1，000円
原材料　10個分	250円
内袋　　10個分	20円
外箱　　　1個	20円
監修費	10円
粗利益	700円

 18

売上計画を実現できる生産体制として必要な設備・備品を考えます。

売上計画から何個の商品をつくれる体制が必要なのか？を考えます。

LEVEL
レベル
3

製造原価と利益率を計算する

製造原価計算書で売上原価・利益率を試算する

売上原価の内訳
売上原価の内訳は、ビジネスによって異なります。生産専属のスタッフは、本来人件費に含めるケースが一般的です。本書では便宜上、人件費を経費扱いしています。

製品と商品
会計の世界で使う専門用語ですが、モノを仕入れて加工せずに売る場合は商品であり、モノを加工して売る場合が製品です。

生産ロット
一度に生産する、または生産できる個数、単位。

売上計画・生産能力を決定して、日々の生産個数が把握できると原材料の仕入金額がわかるので売上原価を試算できます。試算方法は、「売上原価 ＝ 生産に必要な原材料の仕入金額÷生産できる個数＋パッケージ費用（1個）」です。原材料と商品パッケージ費用の見積を取得しておけば、難しい作業ではありません。

売上原価が決まれば、次に利益率を出しておきます。この利益率の数値で“儲かる商品なのか?”が確認できるため重要な数値です。利益率は「利益率（%）＝ {(販売価格－原売上原価）÷販売価格} ×100」で出せます。それぞれの商品分類で利益率の相場がありますので、その数値と比較して利益率が高いか低いかを判断してください。

原材料の内訳を明らかにする

売上原価の金額について根拠を示すためには、原材料の内訳とその仕入金額を明らかにします。まず、原材料の仕入金額が、薄力粉は10箱つくるための金額なのに、卵は5箱つくるための金額だと売上原価の試算はできません。そのため、製造原価計算書では対象となる商品と生産ロットを決めます。

商品が完成するために必要な費用も入れる

原材料の他、商品として販売するためにはパッケージ資材が必要であるため、その費用も原材料と同様の考え方で試算します。また、日本ワインを使用したクッキー商品で有名なソムリエに監修してもらう場合、その監修料が発生します。販促経費として計上することもありますが、この商品が売れるための絶対条件の位置付けで売上原価にしています。

ざっくりと言うと

- □売上原価、利益率の根拠を説明する際に役立つ
- □対象となる商品と生産個数を基準として記載する
- □商品に必要なパッケージ費等も記載する

商品の利益率は必ず確認しておきましょう

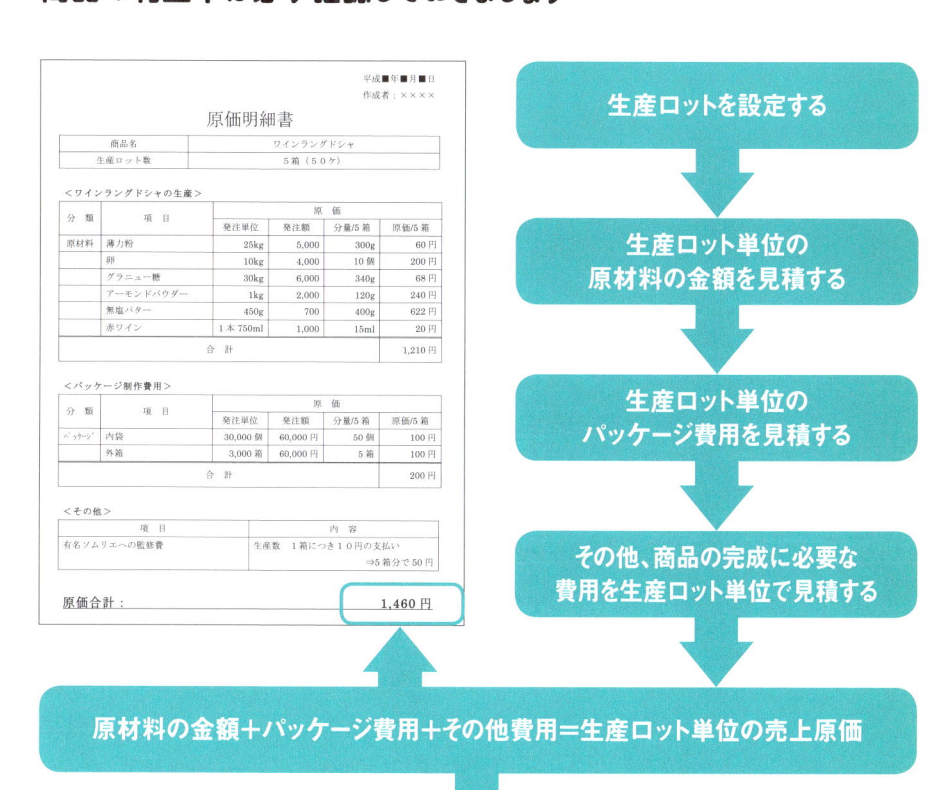

平成■年■月■日

作成者：××××

原価明細書

商品名	ワインラングドシャ
生産ロット数	5箱（50ケ）

＜ワインラングドシャの生産＞

分類	項目	原価			
		発注単位	発注額	分量/5箱	原価/5箱
原材料	薄力粉	25kg	5,000	300g	60円
	卵	10kg	4,000	10個	200円
	グラニュー糖	30kg	6,000	340g	68円
	アーモンドパウダー	1kg	2,000	120g	240円
	無塩バター	450g	700	400g	622円
	赤ワイン	1本750ml	1,000	15ml	20円
合計					1,210円

＜パッケージ制作費用＞

分類	項目	原価			
		発注単位	発注額	分量/5箱	原価/5箱
パッケージ	内袋	30,000個	60,000円	50個	100円
	外箱	3,000箱	60,000円	5箱	100円
合計					200円

＜その他＞

項目	内容
有名ソムリエへの監修費	生産数　1箱につき10円の支払い ⇒5箱分で50円

原価合計：1,460円

生産ロットを設定する

↓

生産ロット単位の原材料の金額を見積する

↓

生産ロット単位のパッケージ費用を見積する

↓

その他、商品の完成に必要な費用を生産ロット単位で見積する

↓

原材料の金額＋パッケージ費用＋その他費用＝生産ロット単位の売上原価

↓

（原材料の金額＋パッケージ費用＋その他費用）÷生産ロット＝商品1個の売上原価

↓

利益率（%）＝｛（販売価格−原売上原価）÷ 販売価格｝×100

LEVEL
レベル
3

運営体制の基礎となる組織図をつくる

小さな会社でもメリットは多い

事業規模が小さい段階は兼務が多い
事業規模が小さい段階の会社は、たくさんのスタッフを雇うことができません。そのため組織図で部門を設置しても、実際には一人が複数の部門を兼務することが多くなります。部門が設置されていることで本来必要な体制が把握でき、必要な人材の数が揃えられる事業規模を目指すことができます。

事業規模が小さい段階でスタッフの人数が少なくても、組織図をつくることは意外と重要です。担当部門が決まることで、スタッフは自分のやるべき仕事が明確になり、業務に対する経験値を積み上げることができます。その結果、業務の品質・効率性がアップするため、組織力の強化に繋がっていきます。また、人材を適材適所に配置することで、最大限のビジネスの結果が出せる体制にすることも経営者の大事な仕事です。

事業ドメインごとに部門をつくる

組織図をつくる基本は、「事業ドメインごとの部門＋管理部門」です。例えば、事業ドメインが店舗販売とインターネット通販の２つあれば、店舗事業部と通販サイト事業部の２つの部門をつくります。後は管理業務を担当する部門を設置します。最後に経営トップの代表取締役から各部門に線を引いて、その配置で部門間の上下関係を表しておきます（事例では３つの部門が同列なので同じ力関係を表します）。

なお、事業規模が大きい場合やスタッフの人数が多い場合は、各部門の業務単位で細分化していきます。また、経営層の組織図は、会社の定款通りに書き起こしておきます。

各部門の担当業務を明確にしておく

組織図をつくった後は、各部門が担当する業務を記載しておきます。この担当業務の記載によって、「どの部門がどの業務を担当するのか?」という役割が明確となります。役割が明確になれば、どのような人材が必要とされているかを確認しやすくなります。

ざっくりと言うと

- □事業規模が小さくても、組織図は重要
- □「事業ドメインごとの部門＋管理部門」を基本にする
- □各部門の担当業務を明確にして必要なスタッフ数を計算する

組織図をつくって業務の分担・役割を考える

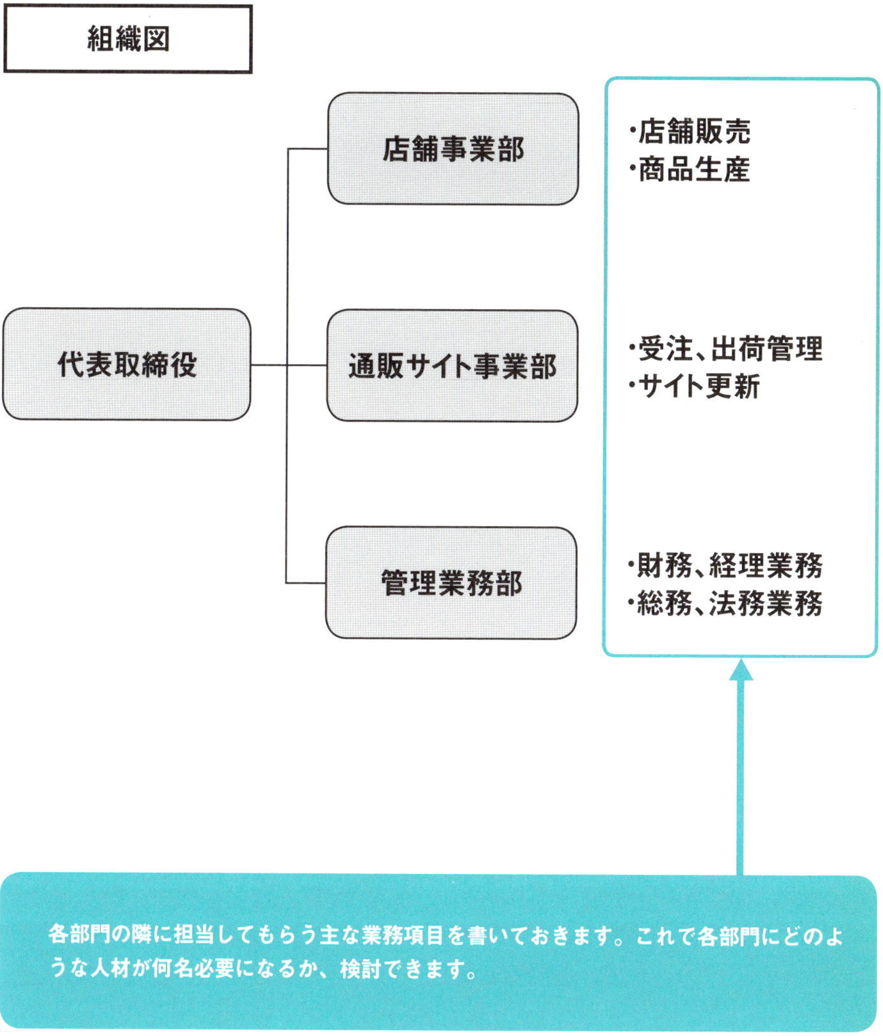

各部門の隣に担当してもらう主な業務項目を書いておきます。これで各部門にどのような人材が何名必要になるか、検討できます。

LEVEL
レベル
3

組織図をつくって健全な事業運営を行う

専門性の高い業務を遂行できる体制をつくる

法律を守る組織体制
厳格な言葉に言い換えれば、法令遵守体制・コンプライアンス体制といいます。憲法・法律・法令など健全な社会をつくるためのルールを守る体制の意味です。また、定款やマニュアルなど社内ルールに従うことも含まれます。

新規事業・起業独立で新しくビジネスを起こす場合、商品戦略・営業戦略に重きを置いて、管理業務などの運営体制が疎かになるケースがあります。この管理業務を放置し続けるとお金の管理がずさんになったり、決算ができなかったり、法律に抵触していたりと問題が発生するケースがあります。しかし、これら管理業務は専門性が高い分野も多く、会社内部の人材だけでは対応しきれないこともあります。そのため、健全な事業運営を意識して、どのような運営体制を整えるべきかを検討していきます。

法律を守る組織体制をつくる

個人事業・法人問わず、ビジネスをはじめた時点で守るべき法律がたくさんあります。これら法律を無視した結果、ビジネスを継続できなくなるケースもあります。例えば、クッキーを製造して店舗で販売する場合には、食品衛生責任者の資格や営業許可の取得が必須となります。この事例以外にも業界独自の業法と呼ばれる法律がありますので、必ず確認をして必要な手続きをしてください。

必要に応じて専門家の手を借りる

例えば、日々の経理業務をはじめ、決算・税務申告などは専門性が高く、手間のかかる大変な作業のため顧問税理士を雇う会社が多いと思います。このような専門業務にばかり時間を割いて、本業のビジネスが全く進展しない状況もありえるため、必要に応じて専門家の手を借りて運営体制をつくることは１つの戦略です。

なお、専門家と顧問契約等をすれば、その顧問料が発生することを忘れてはいけません。

ざっくりと言うと

- □専門性が高い管理業務を行う体制を整備する
- □ビジネスには遵守するべき法律がたくさんある
- □本業に集中するため専門家の手も借りる

商品の付加価値を高めるためにはお客様のニーズが重要

顧問税理士との契約で決算、税務申告を健全にできることを説明しています。

開業に必要な許可、資格を取得していることを説明しています。

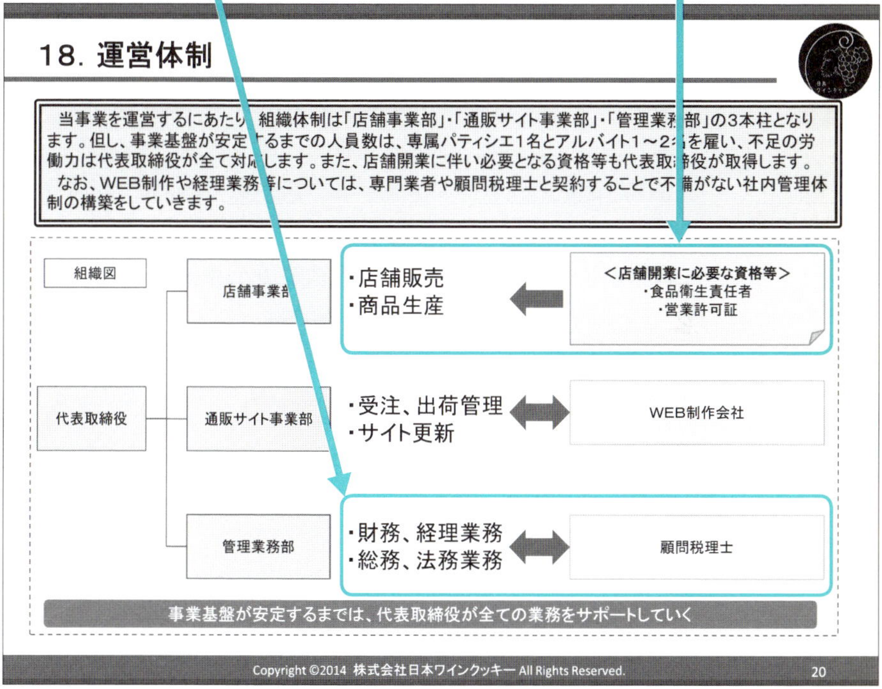
18. 運営体制
当事業を運営するにあたり、組織体制は「店舗事業部」・「通販サイト事業部」・「管理業務部」の3本柱となります。但し、事業基盤が安定するまでの人員数は、専属パティシエ1名とアルバイト1～2名を雇い、不足の労働力は代表取締役が全て対応します。また、店舗開業に伴い必要となる資格等も代表取締役が取得します。
なお、WEB制作や経理業務等については、専門業者や顧問税理士と契約することで不備がない社内管理体制の構築をしていきます。
組織図
代表取締役
店舗事業部
・店舗販売
・商品生産
＜店舗開業に必要な資格等＞
・食品衛生責任者
・営業許可証
通販サイト事業部
・受注、出荷管理
・サイト更新
WEB制作会社
管理業務部
・財務、経理業務
・総務、法務業務
顧問税理士
事業基盤が安定するまでは、代表取締役が全ての業務をサポートしていく
Copyright ©2014 株式会社日本ワインクッキー All Rights Reserved.
20

健全な会社経営をするためには、経営者が法律を守る姿勢を持つことが大切です。

LEVEL
レベル
●●●
3

全体が俯瞰できるような業務フローをつくる

業務フローをつくる3つのメリット

業務の流れが変わったら?
事業計画書の段階で作成する業務フローは、実際のビジネスがはじまると改善しなければならない箇所が出てきます。
実は見落としがあって業務フローに反映できていなかったり、お客様とのやり取りの中で最適な業務の流れにシフトしていったりします。そのため、これらの変化に応じて、業務フローも適時に修正してください。

業務フローをつくることのメリットは、主力商品の販売体制が設計できていること、各部門の業務ボリュームが把握できること、そしてビジネスの手離れが良くなることの3つです。

主力商品の販売体制でビジネスモデルの精査

販売体制について何ら取り決めをせずに事業をはじめると現場が混乱してしまいます。このような事態を避けるため、販売体制の業務フローは事前につくっておくべきです。また、業務フローを書き起こすことで、ビジネスモデルの欠点を発見できる場合もあります。実際の営業を意識して業務フローを書き起こし、ビジネスモデルが問題なく稼働できる設計であることを精査しておきます。

業務ボリュームの把握で必要な人数がわかる

ビジネスは、全ての部門が同じ業務ボリュームになるわけではありません。そのため、業務フローをつくり、各部門の業務ボリュームが的確に掴めるようにします。その結果、運営体制に必要な人数が明確になるため、人件費の計算がしやすくなります。

ビジネスの手離れがよくなる

業務フローをつくることで業務担当の振り分けと権限の委譲ができるようになります。簡単に言えば、「●●さんは、この業務の■■の部分は責任を持って仕事をしてもらう」という状態にできるのです。また、業務フローに基づいて業務が動くため、経営者からビジネスが手離れできる体制をつくれます。その結果、経営者は売上を伸ばすための仕事や経営に専念できるため、強い組織をつくり上げることができます。

ざっくりと言うと

- ビジネスモデルの欠点を発見できる
- 各部門の業務に必要な人数が明確になる
- 業務担当の振り分けと権限の委譲ができる

業務フローの書き方

縦軸にお客様・各部門・取引先などを並べて、横軸は時間の流れとなるように罫線を引きます。縦軸は一番上にお客様を配置し、お客様とのやり取りが多い順に並べるとフローが書きやすくなります。

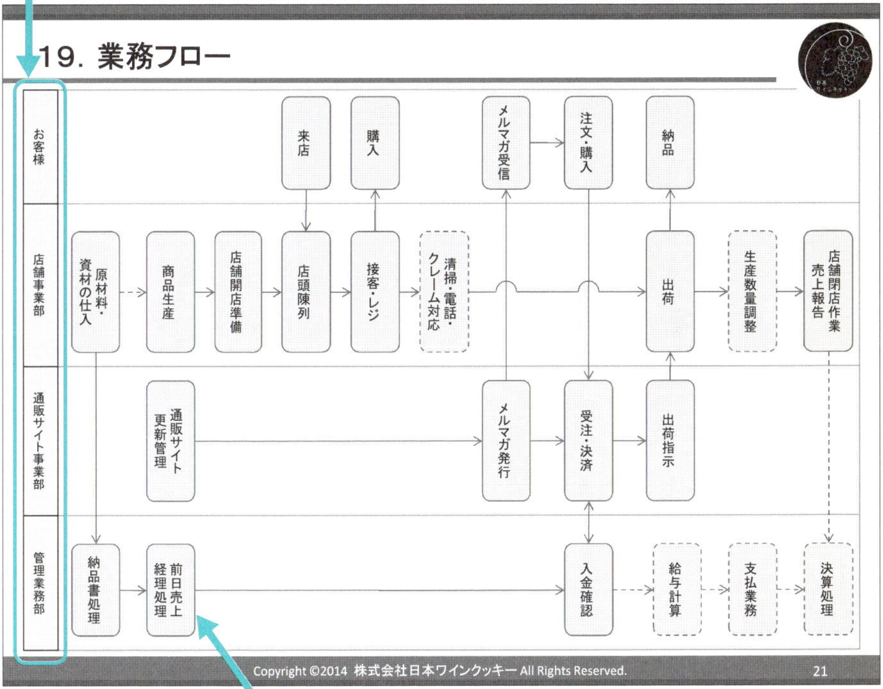

商品生産や商品販売の流れについて、時系列に沿って作業項目を順番に書いていきます。作業項目を矢印で繋いで、作業の流れがひと目見てわかるようにします。

LEVEL
レベル
3

スケジュール表をつくりトラブルを防止する

やるべき事とイベントを時系列で並べる

スタートアップ
新規事業・起業独立などゼロからビジネスをつくり上げる時、そのビジネスモデルを構築し、順調に売上がつくれる状況までの段階を意味します。

営業開始日を調整しながらスケジュール表を完成させる
営業開始日を軸にしてスケジュール表を完成させますが、現実的な作業時間を考慮しないと計画上の営業開始日に間に合わなくなります。そのため、計画段階で営業開始日を調整しながらスケジュール表を完成させます。

新規事業の場合は、**スタートアップ**の時期に膨大な業務が発生します。この膨大な業務を管理できていなければ、ホームページの公開が間に合わなかったり、お店がオープンできたのに宣伝チラシがなかったりと混乱が起きかねません。

このようなトラブルを防ぐために、やるべき事とイベントを時系列で並べてスケジュール管理をしておきます。

やるべき事とイベントを棚卸する

事業展開のスケジュールを決めるために、まずはやるべき事とイベントを棚卸します。やるべき事の棚卸では、ホームページ制作・店舗づくりなどビジネスの営業開始日までの項目を洗い出してください。次に、営業開始日以後は、お金の動きが発生する業務項目を洗い出します。例えば、営業フローに登場する販促や人員採用などです。最後は、営業開始日やホームページの公開日といった区切りとなるイベントです。

スケジュールの表をつくる

月単位のスケジュール表フォーマットを1年分書いて、最初に営業開始日のイベントを書き込みます。このイベントから逆引きして営業開始までにやるべき事を並べていきます。この時の注意点は、現実的な流れであることです。例えば、物件探しと店舗づくりが逆転することはありえません。やるべき事の手順を間違えないためには、同じ業務分類の事柄は同じ高さにしておくとスケジュールが見やすくなります。営業開始日以後も同様の考え方でスケジュール表を完成していきます。

ざっくりと言うと

- □スムーズな開業のためにはスケジュール管理が重要
- □やるべき事を整理して時系列で並べる
- □営業開始日を軸にして作る

事業展開スケジュールの事例

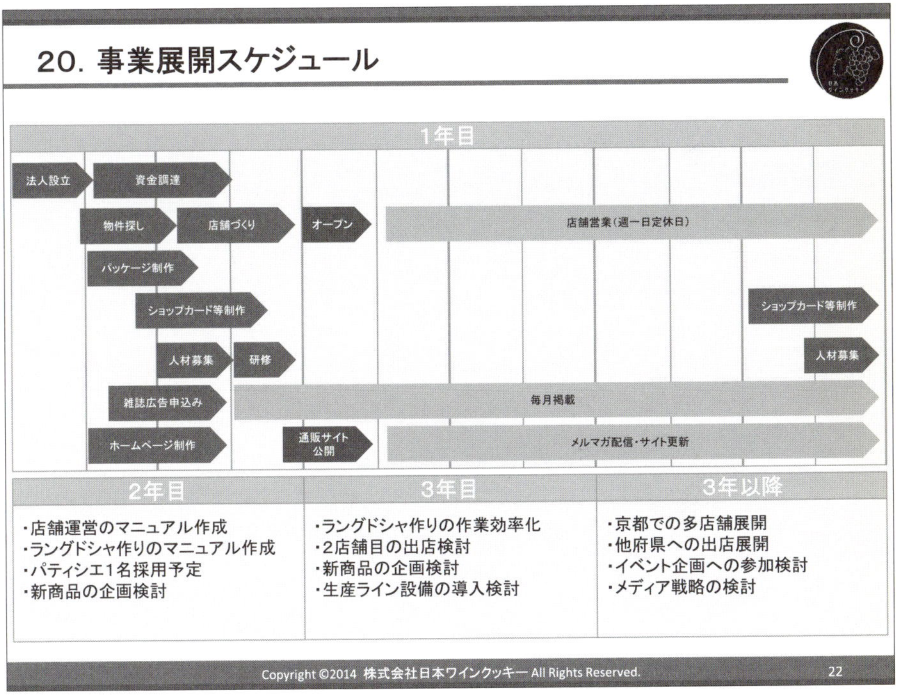

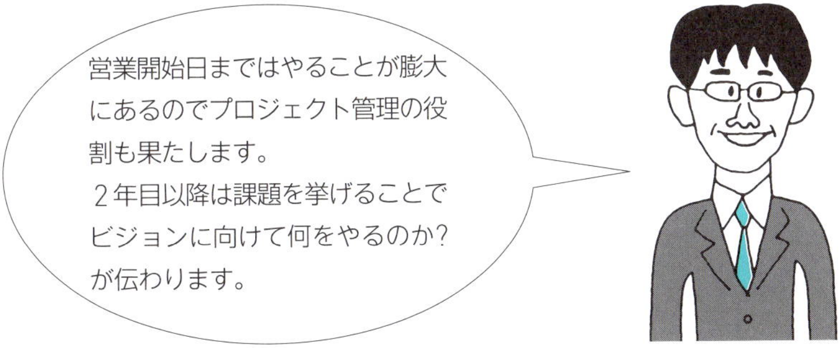

COLUMN
コラム

事業計画書は苦手な分野を克服できる機会になる

しっかりとした事業計画書をつくろうとすると、そのビジネスを実行するための組織体制・管理体制にも触れなければなりません。しかし、経営者の多くは営業や企画に関する実務に強くても、組織体制や管理体制には疎い人が多いものです。そのため、事業計画書をつくる時に何を書けば良いのか困ってしまうケースがあります。

私が初めて事業計画書をつくった時は、経理・財務・法務・総務といった管理業務に関する知識・ノウハウが全くなかったため、各部門の先輩方にお願いをして色々と教わった記憶があります。この時、自分にわからない分野についても事業計画書をしっかり書こうと思ったおかげで、会社全体を見渡す視点を身につけられたのではないかと思います。

会社をつくれば、経営者は全ての業務について判断できることが望ましいことは言うまでもありません。そうでなければ、従業員の業務に対して的確な指示が出せなくなってしまいます。会社内の全ての業務に対して実務ノウハウを習得しておくことが必要なわけではありませんが、少なくとも理解しておかなければ判断ができません。

事業計画書をつくる過程は、苦手な業務分野について経営者自身が学ぶ機会の１つになります。わからないことは仲間から教わったり、本を読んだりして勉強すれば良いと思いますので苦手なままで終わらせないことが大切です。

第 9 章

損益計画・資金繰り計画をつくる

本章のトピック	レベル1	レベル2	レベル3
損益計算書と資金繰り計画表の基礎		○	○
損益計算書と資金繰り計画表をつくる手順		○	○
売上原価の試算			○
経費計画の試算		○	○
設備投資と開業費用の試算			○
利益計画（損益計算書）の試算		○	○
資金繰り計画表の試算			○
資金計画（資金使途）の決定		○	○

LEVEL
レベル
2

損益計算書を理解する

ビジネスの結果を示す「成績表」

経理の知識がなくても大丈夫
新規事業・起業独立を志す方の中には経理の知識がない人も多いです。そのため損益計算書や資金繰り計画表に対して拒絶反応を示すケースも多いのですが、新規事業・起業独立で融資を申し込む場合、本格的な損益計算書を期待されるよりも確実に売上・利益があることを期待されます。損益計算書は、簡単で良く、収支が見えれば大丈夫です。

事業計画書を作成した時には、損益計算書を添付することが一般的です。この損益計算書は、ビジネスの結果を試算して「儲かる」ことを数値で証明するための書類です。言わば、ビジネスの成績表とも言うべきものです。

ビジネスの儲けを数値化する

損益計算書の大事な役割は、ビジネスの成績を数値化することです。事業計画書の中で、事業戦略・商品戦略・営業戦略などをしっかり説明しても、「儲かる」ことは数値化しなければ第三者には理解してもらえません。「儲かる＝利益」であるため、重視するべき項目は営業利益です。この営業利益の数値がプラスであれば黒字、マイナスであれば赤字となります。新規事業の場合は、開業した瞬間から黒字になることは少なく赤字が多いですが、赤字の状態から黒字になるまでの道のりを事業計画書で説明することになります。

事業計画書の期間に合わせて損益計算書をつくる

事業計画書の期間は、１～３年が一般的で、長くても5年程度までとなります。この期間は数値目標を設定するとき、何年後の目標なのか明確にしておきます。損益計算書は、この数値目標で設定した期間に合わせて同じ年月分つくります。

損益計算書は発生主義

損益計算書の数値は、発生主義と呼ばれるルールで計上していきます。発生主義とは、売上や経費等のお金の動きが発生したタイミングで計上することです。例えば、ホームページ制作サービスの受注をしたのが５月であれば、損益計算書も５月のところにその売上金額を入れることになります。

ざっくりと言うと

- □ビジネスの成績を数値化することが大事な役割
- □営業利益の数値がプラスなら黒字、マイナスなら赤字
- □数値目標で設定した期間に合わせて作成する

簡単な損益計算書のサンプル

1年目		4月	5月	6月	7月	8月	9月	10月	11月	12月	1月	2月	3月	累計
店舗		0	0	0	0	500,000	500,000	500,000	500,000	750,000	750,000	750,000	750,000	5,000,000
通販サイト		0	0	0	0	15,000	30,000	43,000	56,000	68,000	79,000	90,000	100,000	481,000
売上高		0	0	0	0	515,000	530,000	543,000	556,000	818,000	829,000	840,000	850,000	5,481,000
原材料等		0	0	0	0	163,500	163,500	201,000	201,000	268,500	268,500	268,500	268,500	1,803,000
売上原価		0	0	0	0	163,500	163,500	201,000	201,000	268,500	268,500	268,500	268,500	1,803,000
売上総利益		0	0	0	0	351,500	366,500	342,000	355,000	549,500	560,500	571,500	581,500	3,678,000
家賃	100,000			100,000	100,000	100,000	100,000	100,000	100,000	100,000	100,000	100,000	100,000	1,000,000
水道光熱費・通信費				10,000	10,000	50,000	50,000	50,000	50,000	50,000	50,000	50,000	50,000	420,000
役員報酬														0
社員	1名			300,000	200,000	200,000	200,000	200,000	200,000	200,000	200,000	200,000	200,000	2,100,000
アルバイト	初年度無し													0
試食・試供品						24,000	24,000	24,000	24,000	31,500	31,500	31,500	31,500	222,000
ホームページ制作				300,000										300,000
ホームページ運用費				10,000	10,000	10,000	10,000	10,000	10,000	10,000	10,000	10,000	10,000	100,000
販促経費					100,000	100,000	100,000	100,000	100,000	100,000	100,000	100,000	100,000	900,000
法人登記一式		400,000												400,000
顧問税理士		15,000	15,000	15,000	15,000	15,000	15,000	15,000	15,000	15,000	15,000	15,000	15,000	180,000
雑費	30,000	30,000	30,000	30,000	30,000	30,000	30,000	30,000	30,000	30,000	30,000	30,000	30,000	360,000
経費		445,000	45,000	765,000	465,000	529,000	529,000	529,000	529,000	536,500	536,500	536,500	536,500	4,142,000
営業利益		−445,000	−45,000	−765,000	−465,000	−177,500	−162,500	−187,000	−174,000	13,000	24,000	35,000	45,000	−464,000

営業利益で、ビジネスの成績を評価します。
この営業利益がプラスになることが大事です。

◆最低限覚えておきたい損益計算書の項目

売上高	ビジネスの結果、獲得した売上
売上原価	売上に対する商品仕入、生産の費用
売上総利益	売上高−売上原価
販売管理費	事業活動に必要な諸経費（本書“経費”は販売管理費）
営業利益	売上総利益−販売管理費
営業外損益	本業のビジネス以外で発生した収益・費用
経常利益	営業利益−営業外損益
法人税等	法人税・住民税・事業税
当期純利益	経常利益−法人税等

LEVEL
レベル
3

資金繰り計画表を理解する

お金の動きを的確につかめる

資金調達は早めに手を打つこと
資金繰り計画表を作成しておけば、早い段階でショートする危機が把握できるため資金調達の手を打つことができます。しかし、資金繰り計画表がないために、ショートする直前で資金調達の必要性に気付いた場合は手遅れになることが多いです。銀行・公庫から資金調達するには１～２カ月は必要であることを覚えておいてください。

ビジネス上で発生するお金の動きをつかむために、資金繰り計画表をつくります。資金繰り計画表は、ビジネスの収支計画と財務の収支計画で構成されています。

資金繰り計画表の役割は、事業運営のために必要な金額を明確にしてくれること、そして資金繰りがショートする危機を早い段階で気付かせてくれることの２つです。

必要な運転資金を明確にする

ビジネスは、損益計算で赤字になっただけでは倒産しません。その理由は、お金があれば支払が滞らないので倒産にはならないということです。逆に黒字なのに倒産する会社もありますが、これは運転資金が尽きて支払ができなくなったわけです。このように運転資金が尽きなければビジネスを継続できるため、資金繰り計画表で必要な運転資金を試算します。

資金繰りショートの危機を早い段階で把握できる

ビジネスが軌道に乗るまでの不安定な時期は、運転資金を維持できることが重要なため、資金繰りの把握が重要です。資金繰り計画表の計画数値を、結果の数値に置き換えていくことでショートする危機を把握できるようになります。また、資金繰りがショートする危機になるということは、計画通りの売上がないため、営業戦略等の見直しが判断できます。

資金繰り計画表は現金主義

損益計算書の発生主義とは違い、資金繰り計画表は実際にお金が動くタイミングで計上するため現金主義と呼びます。例えば、ホームページ制作サービスの受注が５月でも、実際に入金されるのが７月の場合は、資金繰り計画表の７月のところに計上します。

ざっくりと言うと

- □お金の動きがつかめるため必要な運転資金がわかる
- □早い段階で資金繰りがショートする危機を察知できる
- □営業戦略等を見直す経営判断ができる

簡単な資金繰り計画表のサンプル

		1年目											
資金繰り計画表		4月	5月	6月	7月	8月	9月	10月	11月	12月	1月	2月	3月
前月繰越金		3,000,000	2,570,000	2,525,000	7,480,000	1,627,500	1,387,500	1,107,500	805,000	517,500	418,000	331,500	257,000
店舗売上	現金	0	0	0	0	500,000	500,000	500,000	500,000	750,000	750,000	750,000	750,000
通販サイト売上	カード	0	0	0	0	0	0	15,000	30,000	43,000	56,000	68,000	79,000
ビジネスの収入		0	0	0	0	500,000	500,000	515,000	530,000	793,000	806,000	818,000	829,000
当月払いの経費		430,000	30,000	30,000	30,000	217,500	217,500	255,000	255,000	330,000	330,000	330,000	330,000
翌月払いの経費		0	15,000	15,000	735,000	435,000	475,000	475,000	475,000	475,000	475,000	475,000	475,000
ビジネスの支出		430,000	45,000	45,000	765,000	652,500	692,500	730,000	730,000	805,000	805,000	805,000	805,000
ビジネス収支		−430,000	−45,000	−45,000	−765,000	−152,500	−192,500	−215,000	−200,000	−12,000	1,000	13,000	24,000
借入金				5,000,000									
財務の収入		0	0	5,000,000	0	0	0	0	0	0	0	0	0
設備投資					5,000,000								
借入金の返済	5%				87,500	87,500	87,500	87,500	87,500	87,500	87,500	87,500	87,500
財務の支出		0	0	0	5,087,500	87,500	87,500	87,500	87,500	87,500	87,500	87,500	87,500
月末資金		2,570,000	2,525,000	7,480,000	1,627,500	1,387,500	1,107,500	805,000	517,500	418,000	331,500	257,000	193,500

“ビジネスの収支”がマイナスにならないように損益計算書をつくり、“月末資金”がマイナスにならないように資金計画を考えます。事業をはじめた段階ではビジネス収支がマイナスになることが多いため、プラスに転じていくように計画しましょう。

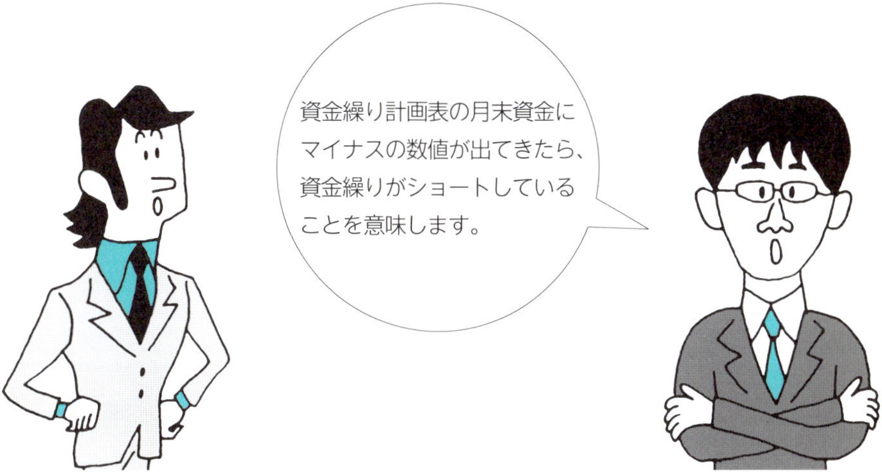
資金繰り計画表の月末資金にマイナスの数値が出てきたら、資金繰りがショートしていることを意味します。

LEVEL
レベル
2

損益計算書をつくる

作成の4つのステップを理解する

数値情報は調整が必要になる
利益計画・損益計算書をつくってみると、延々と赤字が続いて黒字化が見えてこない結果が出ることはよくあります。これは売上目標が低すぎるか、支出が多すぎるためです。最初の試算で黒字化が見えないからといって諦めず、売上目標を高める・支出を減らすことで調整してください。

損益計算書をつくるためには、売上計画から売上原価・家賃・水道光熱費・通信費・人件費・販促経費を引き算して利益の金額を導き出します。

基本的な手順としては、売上総利益を導くための①売上原価の計画数値をつくり、営業利益でビジネスの儲けを確認するための②経費計画と③設備投資、開業費用を試算して、最後に④利益計画にまとめます。売上計画がなければ、販売数量に対する売上原価が試算できず、また売上計画・生産計画がなければ、販促経費と人件費等の設定ができないため、この手順に従ってつくるようにしてください。

①売上原価の計画数値を試算する

売上原価の計画数値は、ビジネスモデルによって試算する方法が異なります。商品を生産するビジネスモデルの場合は、生産計画に基づいて売上原価の計画数値を出します。

②経費計画を試算する

家賃・水道光熱費・通信費・人件費・販促経費の数値情報をつくるために、経費計画をつくります。

③設備投資、開業費用を試算する

開業する際に設備投資がある場合は、その内訳と金額を明確にします。また法人登記や自社ホームページ制作など、開業時にだけ発生する費用も試算しておきます。

④利益計画を試算する

売上総利益と営業利益を試算することが利益計画であり、売上計画と売上原価の計画数値と設備投資・経費計画をつくってから一番最後に試算します。この利益計画の書類が、そのまま損益計算書として使えます。

ざっくりと言うと

- □基本的な手順に従わないと正しく試算できない
- □ビジネスモデルによって試算する方法が異なる
- □利益計画は損益計算書と同じである

損益計算書をつくる手順

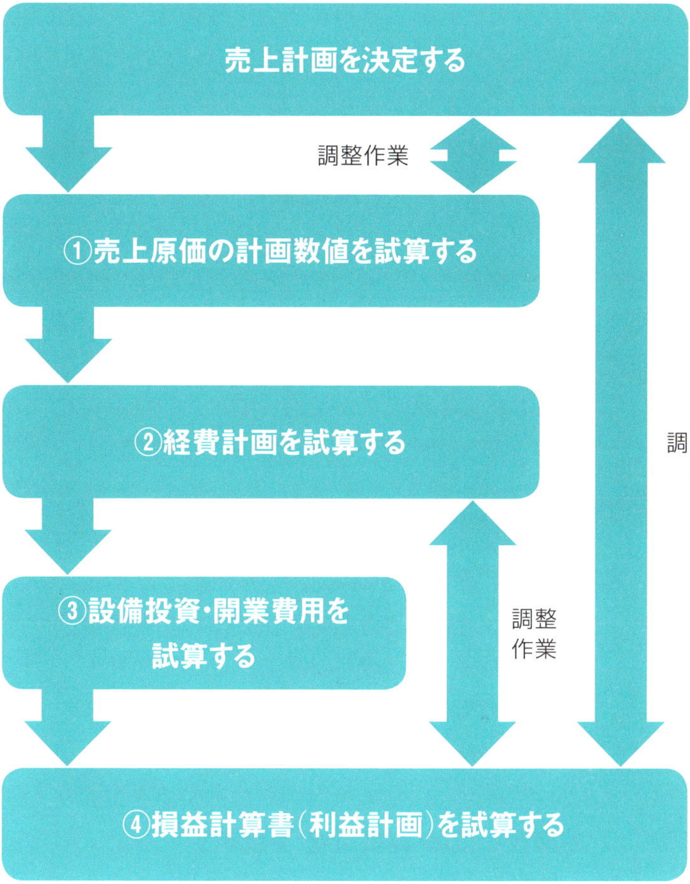

損益計算書を確定させるためには、
各計画数値の調整が発生することが多いです。

LEVEL
レベル
3

資金繰り計画表をつくる

基本的な手順に沿って試算する

資金繰り計画表は、損益計算書が確定してからつくらなければ、損益計算書の内容が変わるたびに合わせて修正しなければなりません。準備する数値情報は、資本金（自己資本）・損益計算書・設備投資の金額であり、基本的な手順は①ビジネスの収支計画をつくり、次に②財務の収支計画をつくる。そして③必要な資金（資金計画）を試算する流れです。

①ビジネスの収支計画を試算する

ビジネスの収支計画は、損益計算書の売上高・売上原価・販売管理費等について実際にお金が動くタイミングに振り分けることで試算します。この振り分け作業では、取引発生のタイミングと収支のタイミングがズレていることに注意しなければなりません。例えば、クッキー商品のビジネスで５月の売上高が100万円、その内訳が店舗販売80万円、インターネット通販20万円だったとします。店舗販売は商品と代金をその場で交換するため、売上が発生した５月と同じく資金繰り計画表の５月に80万円を計上します。しかし、インターネット通販で売れた代金が２カ月後の**取引サイト**で入金される場合、資金繰り計画表の７月に20万円を計上します。

取引サイト
売上発生が発生した月（または日）から何日後を支払日にするのかを決めることです。
売上では、この取引サイトが長くなればなるほど資金繰りが厳しくなるため資金繰り計画表でお金の流れ全体を確認しておくことが重要です。

②財務の収支計画を試算する

財務の収支計画は、設備投資・調達資金・借入金の返済など、営業活動に含まれないお金の動きを試算することです。

③必要な資金（資金計画）を試算する

財務の収支計画に資金調達の予測金額を入れ、調整しながら必要な金額を試算します。注意点は手持の資金がマイナスにならないように資金繰り計画表の次月繰越金を確認することです。

ざっくりと言うと

- □損益計算書が確定してからつくる
- □お金が動くタイミングに注意する
- □ビジネスの収支計画では、取引発生と収支のズレに注意

資金繰り計画表をつくる手順

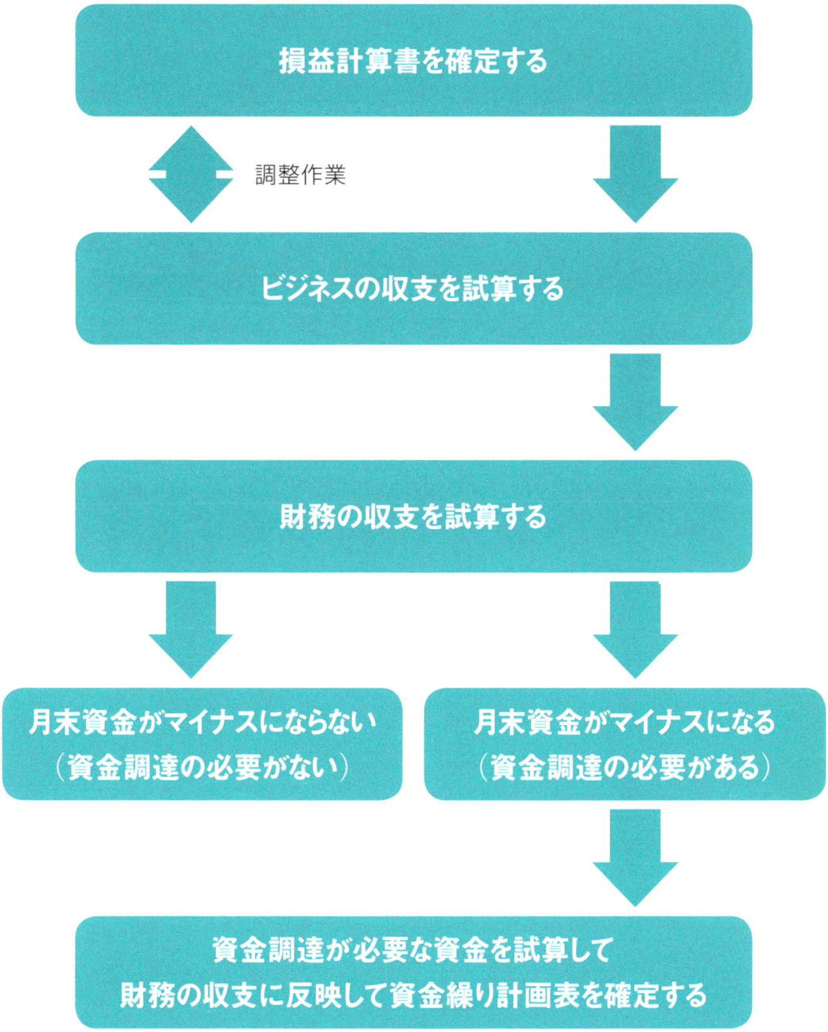

LEVEL
レベル
3

売上原価の数値計画を試算する

ビジネスに応じて最適な方法を選択する

売上原価0円のビジネスを組み合わせる
業種・業界、ビジネスモデルによって、売上総利益・営業利益が低くなるビジネスがあります。
この利益率を高める解決策の1つとして、売上原価0円のビジネスを商品ラインナップに加える方法があります。その結果、売上高はアップしますが、売上原価は変わらないため利益率が高まります。

売上原価の数値計画をつくる方法は、大きく3パターンあります。簡単に紹介すると、1つは売上計画の販売数量を基準にしてつくるパターン、もう1つは生産計画を基準にしてつくるパターン。最後は、売上原価を考えないパターンです。ビジネスに応じて、最適な方法を選択してください。

売上計画の販売数量を基準にして試算する

在庫が必要ないが、売上原価が発生するビジネスモデルの場合は、売上計画の販売数量を基準にして売上原価を試算します。月単位で「販売数量×売上原価」を試算して、売上原価の欄に入れていきます。受注生産型のビジネスや受注発注型のビジネスが該当します。

生産計画を基準にして試算する

商品の在庫を必要とし、商品を生産するビジネスモデルの場合は、売上原価の数値計画をつくるのが少々ややこしくなります。本来、売上原価は高度な専門知識を要するため、厳密に計算しようとするとかなりハードルが高くなります。

基本的には「(販売数量＋α）×売上原価」で試算しますが、この“α”の内容がビジネスによって異なります。一般的に“α”は不良品数と在庫ロス数量が該当することが多く、売上原価に組み込んで計算しやすくすることが多いです。

売上原価を考えないパターン

仕入がなく、接客・労務・技術・情報で売上をつくるサービス業の場合は、売上原価に該当するものがありません。このようなビジネスモデルの場合は、売上原価の欄を0円にしておきます。また、売上原価が微々たる金額のため、影響度が小さいと判断できる場合も売上原価を0円にします。

ざっくりと言うと

- □ 在庫がなく売上原価のある場合は「販売数量×売上原価」
- □ 商品を生産する場合は「（販売数量＋α）×売上原価」
- □ 接客などのサービス業は売上原価が０円になる

売上原価の計画数値（生産計画を基準）のつくり方

①売上計画・販促の計画から毎月必要な個数を確定しておきます。

1年目			8月	9月	10月
	販売数量		515	530	543
	店舗用の試食品		50	50	50
	サイト用のサンプル品		30	30	30
	合計		595	610	623
販売・販促 個数					
	生産個数		625	625	750
	不良品数	1%	6	6	7
	良品の数		619	619	743
生産個数					

②毎月必要な個数を満たす商品の生産個数を試算する。なお、不良品が発生することを考慮しておきます（生産個数の１～５％）。

③生産個数から試食品・サンプル品使用分を差し引いて、売上原価を掛け算す。（※８月であれば、｛生産個数625個－（試食品50個＋サンプル品50個）｝×売上原価300円＝８月の売上原価163,500円）

1年目		8月	9月	10月
	原材料等	163,500	163,500	201,000
売上原価		163,500	163,500	201,000

※不良品数は、売上原価に組み込むことで損益計算をしやすくしています。

LEVEL
レベル
2

簡単な経費計画を試算する

企画段階では簡単なものでOK

ビジネスの企画段階で事業計画書を作成している場合やシンプルなビジネスモデルでは、経費計画の試算は簡単なレベルに留めておくことがあります。事業計画書をつくることに慣れていない方や損益計算書を難しいと感じる方は、ここでご紹介する方法で試算してください。

経費計画の各項目の注意点
本書で解説している損益計算書は、正式な損益計算書の科目名称を使用しておりません。その理由は、損益計算書の科目名を仕訳用語にするとわかりづらくなるためです。簡易な損益計算書を銀行・公庫に提出しても、問題になることはありません。

経費計画の項目を確認する

経費計画の基本的な項目は、家賃・水道光熱費・通信費・人件費・販促経費・雑費です。家賃・水道光熱費・人件費・販促経費は、ビジネスの経費として重要な項目です。通信費は、ビジネスにおける通信機器等の使用が多い場合だけで構いません。これら以外にも経費は間違いなく発生しますが、そのお金は影響度が低いと考えて雑費でまとめます。

各項目について見込みの金額を入れる

売上計画をベースにした損益計算書のフォーマットを準備し、経費計画の各項目を並べます。各項目に対して、月ごとに見込みの金額を入れてください。この見込みの金額は事業計画書内で金額を提示している項目にはその金額を必ず入れるように注意し、それ以外の項目については見込みの金額で構いません。

雑費は営業利益の調整に役立つ

各経費項目の金額を決定して営業利益を試算すると赤字になっていることがあります。営業利益が赤字の場合は、まず売上計画・売上原価・各経費項目を見直すことが重要ですが、どうしても黒字に転換しないことがあります。このような時は雑費の金額で少なくして、営業利益が黒字に転換するように調整してください。

ざっくりと言うと

□基本的な経費項目に金額を入れるだけでOK
□基本的な経費項目以外は、雑費にまとめる
□雑費で調整して営業利益を黒字に転換させる

簡単な経費計画のつくり方

①基本的な経費項目「家賃・水道光熱費・通信費・人件費・販促経費・雑費」を縦軸に並べます。

経費計画		4月	5月	6月	7月
	家賃	100,000	100,000	100,000	100,000
	水道光熱費・通信費	30,000	30,000	30,000	30,000
	人件費	200,000	200,000	200,000	200,000
	販促経費	200,000	200,000	200,000	200,000
	雑費	100,000	100,000	100,000	100,000
経費		630,000	630,000	630,000	630,000

②各経費項目に対して、月々見込んでいる金額を入れていきます。
③各経費項目の合計金額を月別に計算しておきます。

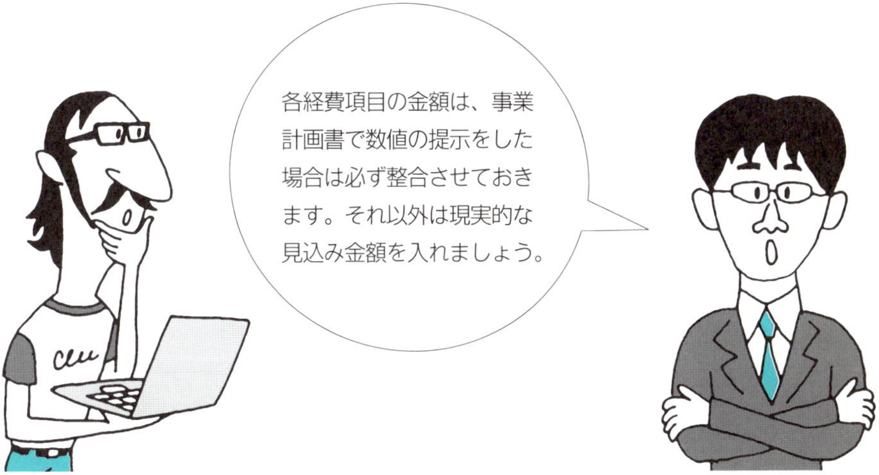
各経費項目の金額は、事業計画書で数値の提示をした場合は必ず整合させておきます。それ以外は現実的な見込み金額を入れましょう。

LEVEL
レベル
3

根拠のある経費計画を試算する

営業利益の信憑性が増す

根拠ある経費計画を試算すれば、損益計算書の数値に対する信用度が高くなるため、営業利益の信憑性も出てきます。損益計算書をつくる最大の目的は、ビジネスが儲かることを証明することであるため、できる限り経費計画の各項目の根拠が説明できるようにしておきます。

各経費項目の根拠をつくる方法

経費項目の洗い出し方
レベル3の経費項目は、レベル2よりも増えています。これは事業計画書全体で組織体制まで説明しているなど、経費が発生するポイントが増えているからです。ヒト・モノ・カネ・情報が動くポイントで経費項目が見つかることが多いため、ビジネスモデルの実現に不可欠、または運営体制に不可欠な項目があれば経費計画に追加してください。

経費項目の根拠として一番信頼度が高いのは、契約書または見積書です。これは業者と締結した家賃の契約書や税理士に顧問契約を相談した時に提示される見積書などが該当します。次に信用度が高い根拠は、相場に準じた金額です。水道光熱費は、実際にビジネスをしてみなければ本当の金額はわかりませんが、事務所・店舗の規模とビジネスの内容でおおよその相場金額を調べたり、目星をつけることができます。また、人件費関連の費用も業種・業界によって人件費率の相場があります。最後に雑費など、どうしても根拠の説明が難しい項目は、自分で見込みをつけて決めるしかありません。

各経費項目の根拠を事業計画書に記載する

各経費項目の根拠をつくることができれば、各項目の金額を一覧にして事業計画書に記載し、契約書や見積書は別紙で添付するようにします。これで経費計画の根拠を第三者に説明できる状態になります。

損益計算書の経費計画に数値を入れる

各経費項目の根拠ができれば、あとは損益計算書の経費計画に数値を入れていくだけです。営業利益を調整する場合は、なるべく雑費など根拠が弱い数値を使って行い、損益計算書の営業利益を確定させていきます。

ざっくりと言うと

- □ 損益計算書の信頼度が高まれば、営業利益の信憑性が増す
- □ 契約書や見積書の数値を使う
- □ 経費項目と金額を一覧で記載し、契約書等は添付する

根拠のある経費計画のつくり方

①事業計画書の設備投資・経費計画ページに各経費項目の金額に対する根拠を一覧化しておきます。なお、基本的にはあまり変動しない経費項目だけをピックアップするようにしてください。

事業運営にかかる費用

項目	内容
家賃	月額10万円
水道光熱費・通信費	生産数量に応じて見込み金額を想定
役員報酬	1年目ゼロ、2年目10万、3年目30万
社員給料	20万円／一人
アルバイト	販売数量に応じて必要な金額を想定
ホームページ運営費	月額1万円
販促経費	雑誌掲載費等　一式月額10万円で想定
顧問税理士	経理業務の委託、月額1万5千円
雑費	1、2年目は3万円、3年目は5万円で想定

各経費項目に対して、
きちんと下調べをした
金額を入れてください。

②各経費金額の根拠に基づいて、損益計算書フォーマットの経費欄に金額を入れていきます。なお、下記“試食・試供品”など売上計画に応じて配布量が変動するものは、別途売上計画に基づいて金額を入れていきます。

1年目		8月	9月	10月
家賃	100,000	100,000	100,000	100,000
水道光熱費・通信費		50,000	50,000	50,000
役員報酬				
社員	1名	200,000	200,000	200,000
アルバイト	初年度無し			
試食・試供品		24,000	24,000	24,000
ホームページ制作				
ホームページ運用費		10,000	10,000	10,000
販促経費		100,000	100,000	100,000
顧問税理士		15,000	15,000	15,000
雑費	30,000	30,000	30,000	30,000
経費		529,000	529,000	529,000

LEVEL
レベル
3

過不足のない初期費用を試算する

ビジネスの開始時に生じる初期費用

ビジネスをはじめる時には、物件の確保・店舗の工事・その他設備・備品など事務所・店づくりに必要な設備投資と、法人登記や自社ホームページ制作など開業時点で発生する費用があります。

設備投資・開業費用の根拠をつくる方法

基本的に“根拠のある経費計画”と同じつくり方をします。そのため、ビジネスの企画・計画段階で各専門業者から取得した契約書・見積書を根拠にして数値情報を確定します。

設備投資で、商品を生産する場所として工場をつくる場合は、生産体制として必要としている生産能力を実現できる設備を購入することが大事です。この点をプレゼンしやすくするため、本書では生産体制のページで生産能力の実現に必要な設備の内訳と金額を記載しておき、同じ内容を「設備投資・経費計画」のページに入れています。

設備投資は財務の収支計画に入れる

設備投資は、財務の収支計画に入れる項目です。財務収支の中で設備投資の内訳を細かく入れる必要はなく、“設備投資”と一括りで計上します。補足ですが、銀行・公庫の融資申込では借入した資金の使い道を提示しなければなりません。その使い道として認められやすいのは設備投資です。

開業費用は損益計算書に入れる

法人登記費用や自社ホームページ制作費用といった項目は、損益計算書に入れることが一般的です。経費計画では、毎月の**ランニングコスト**を試算していますが、ここでは開業時点で発生する**イニシャルコスト**を試算しています。

イニシャルコストとランニングコスト
イニシャルコストは、ビジネスをはじめる時点で発生する費用であり、ランニングコストは毎月発生する経費のことです。
イニシャルコストのお金が準備できなければ開業できず、ランニングコストの経費以上に稼げないと黒字になりません。

ざっくりと言うと

- □設備投資と開業費用はイニシャルコスト
- □経費計画同様に数値の根拠を準備する
- □設備投資は財務の収支計画、開業費用は損益計算書に入れる

設備投資・開業費用のつくり方

イニシャルコストの内訳を明らかにして、その内容と金額を明確にしておきます。これらイニシャルコストは、全て根拠となる契約書・見積書が必要になると考えておいてください。

23. 設備投資・経費計画

法人登記費用、ホームページ制作及び店舗開業に伴う設備費用については、業者に相見積もりをして下記の通り試算しております。また、事業運営にかかる費用については、売上高・ワインラングドシャ生産数量に応じて試算しております。（不測の事態に備えるため経費の金額は、余裕のある数値を設定しております。）

開業に伴う費用

項目	内容	金額
法人登記費用	法人設立にかかる一式	40万円
ホームページ制作	初期制作費用	30万円
物件保証金	3カ月分、手続き費用	50万円
内外装工事	店づくりに必要な一式	100万円
オーブン	100万×2台	200万円
ミキサー	5万×2台	10万円
冷蔵庫	50万×1台	50万円
冷凍庫	50万×1台	50万円
店内備品	備品一式	40万円

事業運営にかかる費用

項目	内容
家賃	月額10万円
水道光熱費・通信費	生産数量に応じて見込み金額を想定
役員報酬	1年目ゼロ、2年目10万、3年目30万
社員給料	20万円／一人
アルバイト	販売数量に応じて必要な金額を想定
ホームページ運営費	月額1万円
販促経費	雑誌掲載費等　一式月額10万円で想定
顧問税理士	経理業務の委託、月額1万5千円
雑費	1、2年目は3万円、3年目は5万円で想定

※店舗開業にかかる設備・工事費用は500万で資金繰りに反映
※金額根拠については別途見積書参照

 25

左側の開業に伴う費用がイニシャルコスト、右側の事業運営にかかる費用がランニングコストです。

LEVEL
レベル
2

利益計画（損益計算書）をつくる

時系列でまとめると分かりやすい

利益計画と損益計算書の違い
損益計算書は、本来しっかりした決算をするためにつくる書類です。そのため簡単にはつくれません。一方、利益計画は文字通り利益が試算できれば良く、会計的な専門知識は不要です。本書で解説している損益計算書は、会計的な知識を使わず利益の試算を最優先にしているため、世間一般の利益計画と同じ様式になっています。

売上計画と売上原価の計画数値・経費計画・設備投資、開業費用が揃えば、利益計画として損益計算書と試算するためには、足し算・引き算をして売上総利益・営業利益を出すだけです。

利益計画（損益計算書）のフォーマットをつくる

事業計画書で提示している期間分の売上総利益・営業利益を時系列で確認できるようにフォーマットをつくります。

縦軸には、売上高・売上原価・売上総利益・経費・営業利益を並べます。売上高・売上原価・経費については、その内訳を階層分けして記載しておくと事業計画書の内容と数値情報が頭の中でリンクしやすいため、第三者に伝わりやすくなります。

横軸は、事業を開始する月から数値目標を達成するまでを月単位で並べます。個人事業の場合は個人事業主としての申請をする月、法人設立であれば登記手続きをする月からはじめるとわかりやすくなります。

各計画の数値情報をフォーマットに入れて試算する

準備したフォーマットに、各種計画で試算しておいた「売上高・売上原価・各経費項目の金額・開業費用の金額」を入れます。そして、「売上高の合計－売上原価の合計＝売上総利益」、「売上総利益－経費の合計＝営業利益」の計算をします。

事業計画書に利益計画のページをつくる

事業計画書の期間が１年分程度であれば、損益計算書をそのまま事業計画書の１ページに貼り付けます。添付書類として損益計算書を準備しても構いません。

ざっくりと言うと

- □試算により、売上総利益と営業利益を確認できる
- □確認のため時系列のフォーマットをつくる
- □1年程度の期間なら事業計画書に貼る

簡単な損益計算書のフォーマットのつくり方

横軸
事業を開始する月から数値目標を達成するまでを、左から右に向かって月単位で並べていきます。

縦軸
上から順番に「売上高・売上原価・売上総利益・経費・営業利益」を並べます。売上高・売上原価・経費については内訳がわかるように階層分けしておきます。

	4月	5月	6月	7月
初期制作売上	600,000	500,000	500,000	500,000
月額運用保守	50000	100000	150000	200000
売上高	650,000	600,000	650,000	700,000
ー	0	0	0	0
売上原価	0	0	0	0
売上総利益	650,000	600,000	650,000	700,000
家賃	100,000	100,000	100,000	100,000
水道光熱費・通信費	30,000	30,000	30,000	30,000
人件費	200,000	200,000	200,000	200,000
販促経費	200,000	200,000	200,000	200,000
雑費	100,000	100,000	100,000	100,000
経費	630,000	630,000	630,000	630,000
営業利益	20,000	−30,000	20,000	70,000

各内訳を足し算

営業利益＝売上総利益ー経費

売上総利益＝売上高ー売上原価

LEVEL
レベル
3

利益計画（損益計算書）の見せ方を工夫する

儲かるビジネスであることをアピールできる

経常利益と当期純利益
本書では、営業利益を基準に儲けを判断する解説をしていますが、これは新規事業・起業独立したビジネスを対象にしているためです。事業開始から年月が経過した会社では、本業のビジネス以外で発生した営業外損益まで計算した“経常利益”、または法人税等の支払いまで考慮して最終的に手元に残る“当期純利益”で評価することが多いです。

利益計画（損益計算書）は、営業利益の金額で儲かることをアピールすることが重要です。そのため、利益計画のページで“どれだけ儲かるのか”をプレゼンしやすく工夫します。

事業計画書の期間が３年分ある場合などは期間が長くて数値情報を読むことがストレスになります。そのため、損益計算書を添付資料とし、損益計算書の試算で導き出した営業利益を利益計画のページに入れるとわかりやすくなります。

営業利益率はビジネスの成績結果

ビジネスがどれだけ儲かるのかを判断する数字は営業利益ですが、営業利益の金額をアピールしても意味がありません。例えば、１億円の売上で営業利益が100万円のビジネスと1000万円の売上で営業利益が100万円のビジネスはどちらも営業利益が100万円ですが、その100万円を稼ぐ効率・能力が全く違います。そのため、営業利益率を試算して、業種・業界・ビジネスモデルを問わず、ビジネスの成績が評価できるようにします。

営業利益率を試算する

営業利益率の試算は、「営業利益の金額÷売上高の合計金額×100＝営業利益率（％）」であり、売上高に対する営業利益の構成比を算出しています。一般的には、営業利益率10％を超えればかなり満足できる成績、20％を超えれば相当儲かるビジネスモデルだと言えます。

試算した営業利益率の使い方は、グラフや表で年々ビジネスが成長してく経緯を見せて、事業計画書の期間が終わる時点での営業利益率として見せると、成長性・将来性のある計画をアピールできます。

ざっくりと言うと

- □“どれだけ儲かるのか”をプレゼンしやすくする
- □ビジネスの成績は、営業利益率でなければ評価できない
- □表やグラフを活用して営業利益率を見せ、成長性・将来性をアピールする

利益計画ページのサンプル事例

最初は赤字でも売上総利益・営業利益が増えて黒字化していくことを表やグラフで見せておきます。その上で営業利益率を記載して儲かるビジネスをアピール！

24. 利益計画

開業1年目の営業利益は、−3,242,000円と赤字になりますが、2年目は1,715,000円、3年目は3,701,000円と黒字化いたします。この3年間で獲得してきた利益をワインラングドシャの生産ラインの導入に投資することで、生産数量の増加及び利益率アップの経営改善に取り組み、事業基盤を安定させていく方針です。

売上総利益・営業利益

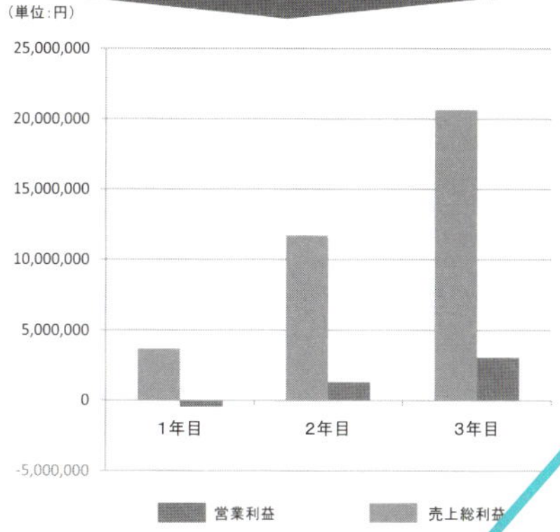

（単位：円）

	1年目	2年目	3年目
売上総利益	3,678,000	11,713,000	20,639,000
営業利益	−464,000	1,315,000	3,101,000

営業利益
10．2%

生産ラインの導入後は、
生産数量の増加及び利益率アップが見込める！
⇒ 営業利益率はさらに上昇！

 26

営業利益率（%）＝
営業利益の金額÷売上高の合計金額×100

さらに利益率がアップする
アピールで魅力が増す

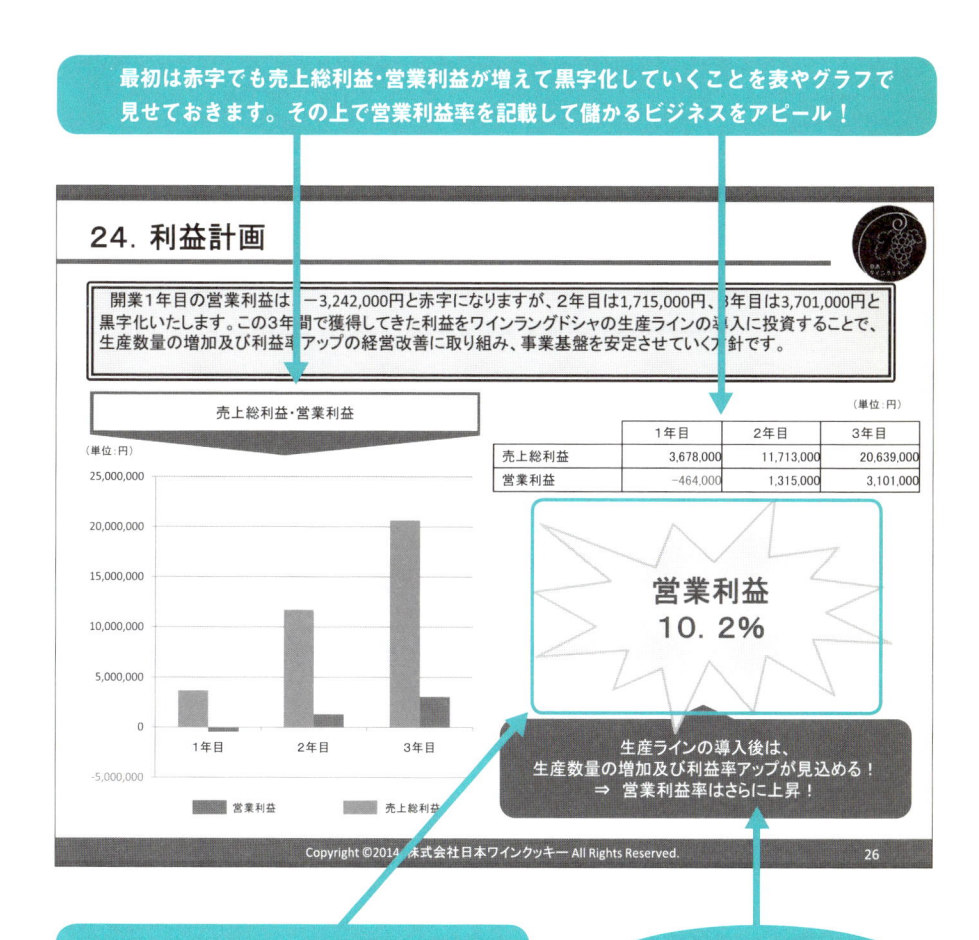

LEVEL
レベル
3

資金繰り計画表でビジネス収支を計算する（1）

資金繰りのショートを回避する

資金繰り計画表のページがない理由
この理由は、プレゼンを意識した事業計画書の構成に仕上げるためです。プレゼンの場で、資金繰り計画表の説明など求められることはほぼなく、プレゼン終了後に事業計画書の内容を検証するために資金繰り計画表が精査されます。

資金繰り計画表のフォーマットをつくり、まずは確定した損益計算書に基づいてビジネス収支を試算します。

資金繰り計画表のフォーマットをつくる

基本的に損益計算書と同じ考え方で時系列のあるフォーマットを準備し、縦軸には前月繰越金・ビジネスの収入と支出・ビジネス収支・財務の収入と支出・月末資金の項目を並べます。前月繰越金は1カ月前の月末資金であり、月末の手持ち資金が翌月の運転資金になります。

損益計算書の数値をフォーマットに入れる

まず最初に、事業開始月の“前月繰越金”には資本金（自己資本）を入れてください。この運転資金をビジネスで増やしていく流れを資金繰り計画表で説明することになります。

次に、損益計算書の項目を収入と支出に分類し、**取引サイト**ごとに足し算して合計数値を出してフォーマットに入れていきます。売上高は取引形態によってサイトを分類するとわかりやすく、経費等は単純に当月払い・翌月払いに分類して合計しておきます。なお、売上高で取引サイトに振り分けるのが難しい場合があります。例えば、店舗販売は基本的に現金売上のため当月の計上ですが、カード決済のシステムを準備していると入金のタイミングがズレます。こういうケースでは、店舗販売は「現金売上：カード決済＝90%：10%」など見込みの割合を決めてください。

ビジネス収支を試算する

「ビジネスの収入－ビジネスの支出＝ビジネス収支」で試算します。ビジネス収支のマイナスが続くと手持ちの資金が減る一方なので、資金繰りがショートする危機が高まります。

ざっくりと言うと

- 資金繰り計画表のフォーマットでビジネス収支を試算
- 運転資金を増やす流れを資金繰り計画表で説明する
- ビジネス収支のマイナスが続くと資金繰りがショートする危機

資金繰り計画表のフォーマットのつくり方

初月の前月繰越金は資本金(自己資本)

横軸
事業を開始する月から数値目標を達成するまでを、左から右に向かって月単位で並べていきます。

資金繰り計画表		4月	5月	6月	7月	8月
前月繰越金		3,000,000	2,570,000	2,525,000	7,480,000	1,627,500
店舗売上	現金	0	0	0	0	500,000
通販サイト売上	カード	0	0	0	0	0
ビジネスの収入		0	0	0	0	500,000
当月払いの経費		430,000	30,000	30,000	30,000	217,500
翌月払いの経費		0	15,000	[illegible]	[illegible]	[illegible]
ビジネスの支出		430,000	45,000	[illegible]	[illegible]	[illegible]
ビジネス収支		−430,000	−45,000	[illegible]	[illegible]	[illegible]
借入金				[illegible]	[illegible]	[illegible]
財務の収入		0	0	5,000,000	0	0
設備投資					5,000,000	
借入金の返済	5%				87,500	87,500
財務の支出		0	0	0	5,087,500	87,500
月末資金		2,570,000	2,525,000	7,480,000	1,627,500	1,387,500

現月の月末資金は、翌月の前月繰越金と一致

縦軸
前月繰越金・ビジネスの収入と支出・ビジネス収支・財務の収入と支出・月末資金の項目を並べます。

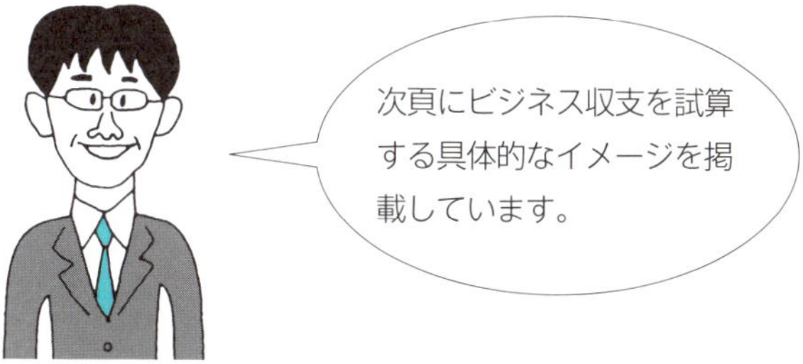
次頁にビジネス収支を試算する具体的なイメージを掲載しています。

LEVEL レベル 3 資金繰り計画表でビジネス収支を計算する(2)

①損益計算書の売上高をビジネスの収入に振り分ける

店舗販売の売上に関しては現金売上100%だと設定し、通販サイトは売上が発生してから２カ月後に入金される場合、それぞれの取引サイトは店舗販売は売上が発生した月に計上、通販サイトは売上が発生した月から２カ月後に計上します。

● 取引サイトが当月の入金の場合

1年目	4月	5月	6月	7月	8月	9月	10月
店舗	0	0	0	0	500,000	500,000	500,000
通販サイト	0	0	0	0	15,000	30,000	43,000
売上高	0	0	0	0	515,000	530,000	543,000

資金繰り計画表		4月	5月	6月	7月	8月	9月	10月
前月繰越金		3,000,000						
店舗売上	現金	0	0	0	0	500,000	500,000	500,000
通販サイト売上	カード							
ビジネスの収入		0	0	0	0	500,000	500,000	500,000

損益計算書の売上が発生した月と資金繰り計画表に計上する月が同じになります。

● 取引サイトが２カ月後の入金の場合

1年目	4月	5月	6月	7月	8月	9月	10月
店舗	0	0	0	0	500,000	500,000	500,000
通販サイト	0	0	0	0	15,000	30,000	43,000
売上高	0	0	0	0	515,000	530,000	543,000

資金繰り計画表では、損益計算書の売上が発生した月から２カ月後に計上します。

資金繰り計画表		4月	5月	6月	7月	8月	9月	10月
前月繰越金		3,000,000						
店舗売上	現金	4月	5月	0	0	500,000	500,000	500,000
通販サイト売上	カード	0	0	0	0	0	0	15,000
ビジネスの収入		0	0	0	0	500,000	500,000	515,000

②ビジネスの収入合計を計算する

損益計算書の売上高を取引サイト別に振り分けしたら、月ごとにビジネスの収入について合計金額を足し算しておきます。

②損益計算書の売上原価・経費をビジネスの支出に振り分ける

売上高の振り分けと同様に、売上原価・経費の各項目について取引サイトを明確にして、ビジネスの支出欄に振り分けて合計します。

1年目		4月	5月	6月	7月	8月	9月	10月
原材料等		0	0	0	0	163,500	163,500	201,000
売上原価		0	0	0	0	163,500	163,500	201,000
売上総利益		0	0	0	0	351,500	366,500	342,000
家賃	100,000			100,000	100,000	100,000	100,000	100,000
水道光熱費・通信費				10,000	10,000	50,000	50,000	50,000
役員報酬								
社員	1名			300,000	200,000	200,000	200,000	200,000
アルバイト	初年度無し							
試食・試供品						24,000	24,000	24,000
ホームページ制作				300,000				
ホームページ運用費				10,000	10,000	10,000	10,000	10,000
販促経費					100,000	100,000	100,000	100,000
法人登記一式		400,000						
顧問税理士		15,000	15,000	15,000	15,000	15,000	15,000	15,000
雑費	30,000	30,000	30,000	30,000	30,000	30,000	30,000	30,000
経費		445,000	45,000	765,000	465,000	529,000	529,000	529,000

この事例では、売上原価、試食・試供品、法人登記一式、雑費を当月払いで設定し、合計金額をビジネスの支出欄に入れます

翌月の支出となる経費金額は、「（売上原価＋原価）－当月払いの経費」で計算して、１カ月後のビジネスの支出欄に入れます。

資金繰り計画表		4月	5月	6月	7月	8月	9月	10月
前月繰越金		3,000,000						
店舗売上	現金	0	0	0	0	500,000	500,000	500,000
通販サイト売上	カード	0	0	0	0	0	0	15,000
ビジネスの収入		0	0	0	0	500,000	500,000	515,000
当月払いの経費		430,000	30,000	30,000	30,000	217,500	217,500	255,000
翌月払いの経費		0	15,000	15,000	735,000	435,000	475,000	475,000
ビジネスの支出		430,000	45,000	45,000	765,000	652,500	692,500	730,000
ビジネス収支		-430,000	-45,000	-45,000	-765,000	-152,500	-192,500	-215,000

③ビジネスの支出合計を計算する

収入同様、損益計算書の売上原価・経費を取引サイト別に振り分けしたら、月ごとにビジネスの支出について合計金額を足し算しておきます。

④ビジネスの収支を計算する

「ビジネスの収入－ビジネスの支出＝ビジネスの収支」を月ごとに計算します。サンプルでは開業当初のためマイナス続きになっています。

LEVEL
レベル
3

借入のために財務の収支計画をつくる

資金調達のタイミングを見極める

余裕のある利息とは
借入金の返済計画は、あくまでも会社側の都合であるため、実際に融資を申し込んで借入できた時に借入の金額と利息と毎月の返済金額が決まります。そのため、余裕のある返済金額を設定して試算しておきます。

ビジネス収支の試算ができれば、次はフォーマットに財務の収支計画を入れて、必要な資金を試算する準備をします。

借入金の返済に伴う利息を調べる

財務の収支計画をつくる前に、銀行・公庫・投資家など、資金調達を申し込む借入先を決めます。借入先が決まれば、融資の返済利息を調べておきます。なお、投資家を借入先にする場合は、経営者と投資家の人間関係にもよりますが、銀行・公庫よりも利息が高くなるケースが多くなります。

また、財務の収支計画を試算する時は、調べた利息よりも高めに設定して余裕をみておくことをお薦めします。

財務の収支項目をフォーマットに入れる

新規事業・起業独立の場合、一般的な財務の収支項目は、収入として借入金、支出として設備投資・借入金の返済です。借入に関する項目は一番最後に調整するため、最初は設備投資の金額を支払が発生する月に入れます。

次に、設備投資の金額を入れた時点で、月末資金を確認します。月末資金は、「前月繰越金＋ビジネス収支＋（財務の収入－財務の支出）＝月末資金」で試算しますが、潤沢な運転資金がない場合は、この時点で月末資金がマイナスになると思います。ここまでの作業で、資金調達の金額とタイミングを探せる準備が整ったことになります。

フォーマットは表計算ソフトでつくると便利

資金繰り計画表や損益計算書は、なるべくエクセルなど表計算ソフトでつくるようにしてください。数値情報は、全ての情報が確定するまで調整作業が発生するため、手書きの試算では相当大変な作業になります。

ざっくりと言うと

- □ 財務の収支計画をつくる前に、銀行・公庫・投資家など借入先を決める
- □ 融資の返済利息を調べて、余裕のある返済金額を考えるようにする
- □ 資金繰り計画表に借入以外の財務を入れて、必要な資金を試算できるよう準備する

財務の支出を入れてマイナスが発生するか確認!

開業に伴う設備投資500万円を入れると月末資金がマイナスになってしまう!

資金繰り計画表		4月	5月	6月	7月	8月	9月	10月
前月繰越金		3,000,000	2,570,000	2,525,000	2,480,000	−3,285,000	−3,437,500	−3,630,000
店舗売上	現金	0	0	0	0	500,000	500,000	500,000
通販サイト売上	カード	0	0	0	0	0	0	15,000
ビジネスの収入		0	0	0	0	500,000	500,000	515,000
当月払いの経費		430,000	30,000	30,000	30,000	217,500	217,500	255,000
翌月払いの経費		0	15,000	15,000	735,000	435,000	475,000	475,000
ビジネスの支出		430,000	45,000	45,000	765,000	652,500	692,500	730,000
ビジネス収支		−430,000	−45,000	−45,000	−765,000	−152,500	−192,500	−215,000
借入金								
財務の収入		0	0	0	0	0	0	0
設備投資					5,000,000			
借入金の返済	5%							
財務の支出		0	0	0	5,000,000	0	0	0
月末資金		2,570,000	2,525,000	2,480,000	−3,285,000	−3,437,500	−3,630,000	−3,845,000

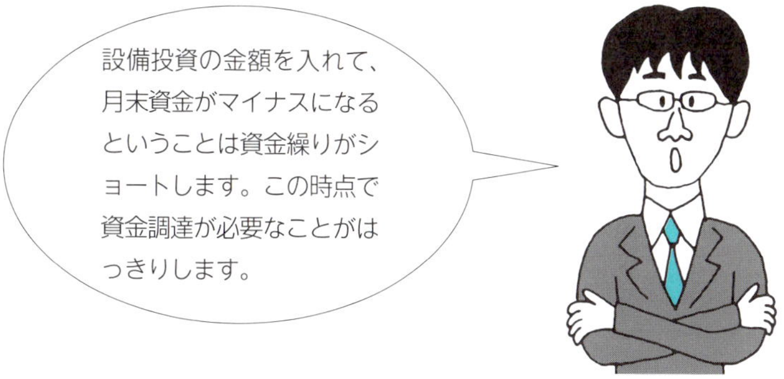
設備投資の金額を入れて、月末資金がマイナスになるということは資金繰りがショートします。この時点で資金調達が必要なことがはっきりします。

LEVEL
レベル
3

必要な資金調達の金額とタイミングを見つける

資金繰り計画表の総まとめ

創業融資の限度額
公庫では、資本金（自己資本）に応じた融資の限度額があり、資本金（自己資本）の2倍となります。この金額を超えて融資を受けることはできないため注意が必要です。

資金繰り計画表のフォーマットに借入関連以外の全ての情報を入れ終わった後は、必要な資金調達の金額とタイミングを調整しながら見つける作業に入ります。

資金調達のタイミングを把握する

資金繰り計画表に借入関連以外の情報を入れた時点で、ビジネス収支・月末資金がマイナスになるタイミングがわかります。このマイナスになる前月くらいを資金調達のタイミングとして設定します。融資の申し込みから融資の実行までの期間は2カ月程度必要であることも考慮しておいてください。

借入金の返済を試算する数式をつくる

資金調達をすると必ず借入金の返済をしなければなりません。この借入金の返済は、資金調達の金額と返済期間に応じて変動するため、フォーマットに数式に入れておきます。なお、返済期間の目安は3～5年程度で考えますが、融資の案内資料等で提示されている返済期間に合わせてください。

借入金の返済を試算する際は、「借入金÷返済期間（月）×{1＋利息（%）}＝借入金の返済（月）」で数式をつくり、資金調達するタイミングの翌月からの返済で設定します。

資金調達の金額を試算する

資金調達のタイミングとして設定した月に100万円の単位で金額を入れていきます。100万円入れてもマイナスになる月が出てきたら、次は200万円入れてみるという手順です。その結果、マイナスが消えて全てプラスに転換した金額が、必要な資金調達の金額です。あとは、月末資金がプラスでも数万円しかプラスにならない月があれば、上乗せて資金調達の金額を確定させます。

ざっくりと言うと

- □ビジネス収支・月末資金がマイナスになる前月が資金調達のタイミング
- □借入金の返済は、フォーマットに数式を入れて試算しやすくする
- □ビジネス収支・月末資金がプラスになる資金調達の金額を導き出す

資金繰り計画表を活用して必要な資金を調べる!

資金繰り計画表		4月	5月	6月	7月	8月	9月	10月
前月繰越金		3,000,000	2,570,000	2,525,000	5,480,000	−337,500	−542,500	−787,500
ビジネス収支		−430,000	−45,000	−45,000	−765,000	−152,500	−192,500	−215,000
借入金				3,000,000				
財務の収入		0	0	3,000,000	0	0	0	0
設備投資					5,000,000			
借入金の返済	5%				52,500	52,500	52,500	52,500
財務の支出		0	0	0	5,052,500	52,500	52,500	52,500
月末資金		2,570,000	2,525,000	5,480,000	−337,500	−542,500	−787,500	−1,055,000

資金繰りがショートする前月に小さい金額から徐々に借入金を入れます。月末資金がマイナスのままの時は借入金が足りない証拠です。
さらに金額を上げてもう一度試算をます。

資金繰り計画表		4月	5月	6月	7月	8月	9月	10月
前月繰越金		3,000,000	2,570,000	2,525,000	7,480,000	1,627,500	1,387,500	1,107,500
ビジネス収支		−430,000	−45,000	−45,000	−765,000	−152,500	−192,500	−215,000
借入金				5,000,000				
財務の収入		0	0	5,000,000	0	0	0	0
設備投資					5,000,000			
借入金の返済	5%				87,500	87,500	87,500	87,500
財務の支出		0	0	0	5,087,500	87,500	87,500	87,500
月末資金		2,570,000	2,525,000	7,480,000	1,627,500	1,387,500	1,107,500	805,000

月末資金のマイナスがプラスに転換した時の借入金が５００万円なら、必要な資金調達の金額は５００万円だということになります。

LEVEL
レベル
2

資金調達に必要な資金計画をつくる

何にいくら必要なのか説明する

資金計画のフォーマット
本書で紹介している資金計画のフォーマットは、融資申込で使用される一般的な形式に従っています。そのため、融資申込の相手先の方もこの形式に馴染んでいるはずです。
オリジナルの形式をつくると相手先が読みづらくなるため、このまま使用してください。

事業計画書において資金計画のページは、銀行・公庫・投資家に対して「●●にお金が必要なので、■■円必要です」というお願いをする役割があります。つまり、この資金計画のページがなければ、資金調達をするための事業計画書には仕上がりません。

資金計画のフォーマットをつくる

資金計画のフォーマットは、資金使途の内訳・金額と資金調達の内訳・金額を横並びで隣り合わせにした表にします。資金使途の内訳は、設備投資や運転資金として発生する具体的なお金の使い道を入れる欄をつくり、資金調達には調達予定の金額と自己資本の欄をつくってください。そして、フォーマットの一番下には、資金使途・資金調達それぞれの合計金額を書く欄を用意しておきます。

資金調達の金額を入れる

資金計画は、資金調達の金額を入れた方が簡単です。資金繰り計画表で導き出した金額を、調達予定の金額に入れます。自己資本の欄には資本金など自分で準備できる資金の金額を入れます。最後に調達予定の金額と自己資本を足し算して、合計値を出しておきます。

資金使途の内訳と金額を入れる

資金使途の欄には、内訳・金額について具体的なお金の使い道を入れていきます。ここで必ず守らないといけないルールが1つあります。それは資金使途の合計金額と資金調達の合計金額が一致しなければならないということです。そのため、資金調達の合計金額と一致するように資金使途の内訳を考えて入れるようにしてください。

ざっくりと言うと

- □ 事業計画書において資金計画ページは、資金調達をお願いする役割
- □ 資金計画では、資金使途と資金調達について内訳と金額を説明する
- □ 資金使途の合計金額と資金調達の合計金額が一致しなければならない

資金計画のフォーマットをつくる

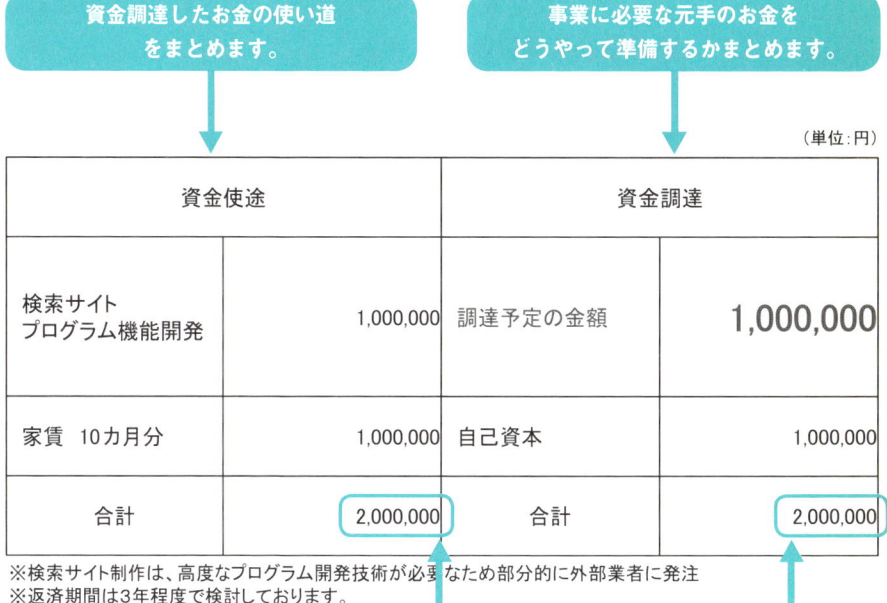

資金調達したお金の使い道をまとめます。

事業に必要な元手のお金をどうやって準備するかまとめます。

（単位：円）

資金使途		資金調達	
検索サイト プログラム機能開発	1,000,000	調達予定の金額	1,000,000
家賃　10カ月分	1,000,000	自己資本	1,000,000
合計	2,000,000	合計	2,000,000

※検索サイト制作は、高度なプログラム開発技術が必要なため部分的に外部業者に発注
※返済期間は3年程度で検討しております。

資金使途と資金調達の合計金額は必ず一致させます。

LEVEL
レベル
3

返済計画も考慮した資金計画をつくる

資金使途・資金調達をつくる注意点

融資申込で必要な書類
銀行・公庫への融資申込では事業計画書だけあれば良いわけではありません。法人設立している場合は登記簿謄本、資本金を確認できる通帳など、審査に必要な書類を提出しなければなりません。
まずは、融資申込の相手先に連絡をして必要書類を確認してください。

レベル２で資金使途・資金調達の資金計画をつくる基本を解説していますが、レベル３では実際に資金使途・資金調達をつくる時に注意した方が良いポイントについて解説します。

資金使途は項目を少なくする

資金調達の合計金額に資金使途を合わせるため、資金使途の内訳が多くなりがちですが、これは良くありません。資金使途の内訳を増やさない工夫は、家賃・人件費など金額が変動しない経費項目を足し算して運転資金と表記することです。

調達予定の金額と資金使途を一致させる

資金使途と資金調達の合計一致は大事ですが、一番重要なポイントは調達予定のお金について資金使途を明確にして一致させることです。クッキー商品の事例では、500万円の資金調達を計画していて、その使い道は店舗開業費用500万円です。このように調達予定の金額に対する資金使途を明確にしておきます。なお、同じ事例で、仮に資金調達が200万円でも資金繰りがショートしない場合は、資金使途が店舗開業費用500万円で資金調達が調達予定の金額200万円と自己資本300万円となります。この場合は調達予定の金額に対して一致できないため、資金使途と資金調達の合計が一致すれば構いません。

想定している返済期間を記載する

資金調達の金額に対して、何年で返済する計画をしているのかを資金計画のページに記載しておきます。この返済期間がなければ、毎月の返済金額が出てこないため、無理なく返済できるのか判断できません。

ざっくりと言うと

- □資金使途の内訳はなるべく少なくして、お金の使い道をわかりやすくする
- □調達予定のお金について資金使途を明確にして一致させる
- □資金調達の金額に対して、何年で返済する計画をしているのか記載する

わかりやすい資金計画をつくるポイント

調達予定の金額に対する資金使途を簡潔に説明できるようにします。資金使途がわかりづらいと、第三者が本当に必要な資金なのか判断しづらい場合があります。

25. 資金計画

当事業をスタートさせるにあたり、店舗開業費用500万円の資金として500万円の借入を計画しております。なお、代表取締役が準備している自己資本は300万円ですが、これらは店舗家賃、専属パティシエの給料10か月分など運転資金として見込んでおります。借入500万円について5%の利息にて5年間で無理なく返済できる計画をしております。

（単位：円）

資金使途		資金調達	
店舗開業費用	5,000,000	調達予定の金額	5,000,000
家賃　10か月分	1,000,000	自己資本	3,000,000
社員給料　10か月分	2,000,000		
合計	8,000,000	合計	8,000,000

※返済期間は5年間で資金繰りのシミュレーションをしております。（別紙参照）
※利息については約5%で試算しております。

 27

調達予定の資金について何年間での返済を希望しているのか明確にしておきます。また、その根拠となる資金繰り計画表があることを（別紙参照）の文言で記載します。

COLUMN
コラム

損益計算書・資金繰り計画表は余裕が大事

　損益計算書や資金繰り計画表をつくる時、計画どおりにビジネスが展開しなければ、すぐに資金繰りがショートするような内容でつくってしまう方がいます。損益計算書・資金繰り計画表をつくっても、このような内容で事業化してしまうと一歩間違えただけでビジネスは失敗となるため、リスクが高すぎます。そのため、特に資金繰り計画表は余裕を持たせる心掛けが大事です。

　私が実践で事業計画書をつくる場合は、損益計算書で経費項目の“雑費”を多めに見積もるようにしています。本当は「雑費は毎月１万円もあれば大丈夫かな?」と思っても、その２～３倍は余裕を持って計上しておきます。実際に雑費に該当する経費を１万円しか使わなかったとしても、雑費の余りは手持ち資金として蓄えておけば予測していなかった支出が発生した時に使えます。私は何度も事業計画書をつくっていますが、いざビジネスがはじまると予想していなかった経費の支払いが発生してくるものです。損益計算書・資金繰り計画表をつくる時に工夫しておけば、このように安全な財務体制をつくるためのメリットも発揮できるのです。

　ちなみに開業してからは損益計算書・資金繰り計画表は常に実績を反映させておきましょう。そうすることで“使える余力の資金”も常に把握できて急な支払発生に対する決断が早くなります。もちろん、万が一の資金繰りショートにも早めに対応できます。口座の残高をみているだけでは経営者は務まりません。

第10章

第三者に魅力を伝えるプレゼンをしよう

本章のトピック	レベル1	レベル2	レベル3
プレゼンの準備	○	○	○
プレゼンをストーリーで伝える方法	○	○	○

LEVEL
レベル
1

プレゼンの目的を理解する

誤字脱字や配布資料数に注意

プレゼン（正式にはプレゼンテーション）は、相手に対して企画内容や事業内容について理解してもらえるように説明して、納得してもらうための積極的なアクションです。

新規事業・起業独立といったビジネスシーンでは、資金調達の場面で融資担当者や投資家に向けたプレゼンやビジネスに協力してくれる人・企業に向けたプレゼンが多くなります。

彼らにプレゼンする目的は、もちろん融資や協力することに納得してもらうことです。この納得を得るためには、プレゼン本番の前段階から準備をしておくことが大事です。

事業計画書の誤字脱字を修正しておく

事業計画書で強調したい大事な部分に誤字脱字があると、それまでテンポ良くプレゼンしていたのに一番盛り上がる場面で失笑を買うことがあります。この誤字脱字を単なるケアレスミスだと思ってはいけません。ちらほらと事業計画書に誤字脱字があると、プレゼンが失敗する原因になりかねません。ビジネスにおいて言葉を正しく使うことは基本中の基本のため、正しく日本語を使えないとビジネススキル全般に疑問を持たれてしまうのです。そのため、誤字脱字や日本語として文章がおかしい箇所があれば、必ず修正しておいてください。

プレゼンに使用する資料を全て揃える

プレゼン本番で一番困るのが、資料の準備不足です。プレゼンの場に参加する人数分の事業計画書を印刷しておくこと、そして添付資料も同じ部数揃えておくことが重要です。プレゼン相手の人数を事前に知ることができなくても、十分な部数を準備するようにしておきましょう。

事業計画書の文字校正は印刷して行うこと

誤字脱字や日本語の表記などがおかしい場所を見つける作業は、パソコンでデータファイルを開いてやるのではなく、必ず印刷して行うようにしてください。同じ資料でも、パソコン上での見え方と実際に印刷した書類の見え方は全然違います。ページ数が増えれば増えるほど、パソコン上での文字校正作業には漏れが出てきます。

ざっくりと言うと

- □事業計画書の内容を理解・納得してもらう
- □調達予定のお金について資金使途を明確にして一致させる
- □資金調達の金額に対する返済計画を記載する

プレゼン前の資料準備で注意するべきポイント

LEVEL
レベル
2

プレゼンの準備を万全にする

前段階でやるべきことを整理する

プレゼンの時間
プレゼンで自分の伝えたいことを思う存分話す人がいますが、これは良くありません。大抵は5～10分程度で終えなければ、プレゼン相手は疲れて興味を失います。この数分間で、どれだけ自分の伝えたいことを、相手が興味があるポイントに置き換えてコンパクトに話せるかがキモです。プレゼンが響けば、自然に質疑応答のやり取りが続きます。

１枚だけの事業計画書の場合は、書類１枚だけなので事業計画書としての体裁はあまり気にすることがありません。しかし、ページ数が多い事業計画書は体裁をしっかり整えておくことが重要です。また、本番前にプレゼンの予行演習をしておくことも大切です。

事業計画書の体裁を整える

ページ数が多い事業計画書は必ず表紙と目次を入れて、全ページに番号をつけておいてください。表紙には、事業計画書で説明するビジネスのテーマ、事業計画書の作成日付と作成者の名前を記載しておきます。そして、表紙を１枚めくれば目次が来るように配置して、表紙のテーマに対して何を説明しているのか一覧できるようにしておきます。ここで注意点ですが、各ページタイトルがシンプルでわかりやすくないと意外とストレスを与えます。また、全ページに番号をつけておかないと、複数を相手にしたプレゼン中では見て欲しいページを開いてもらうことが困難なため、この瞬間プレゼンが止まります。ページ番号があれば、「●●ページを開いてください」の一言で済みます。

本番前の予行演習をする

予行演習の前に事業計画書の各ページで何をアピールするべきかを確認しながら、プレゼンの台本をつくります。この台本は５～10分程度で話し切れる内容にしておきます。

台本を覚えて事業計画書の体裁を整えて添付資料も準備して、それから本番のつもりで予行演習をします。人前で話すことになれていない人は、誰かにプレゼン相手の役をやってもらうことをお薦めします。

ざっくりと言うと

- □ページ数が多い場合は、必ず表紙と目次とページ番号で体裁を整える
- □何をアピールするべきかを確認しながら台本をつくる
- □プレゼン相手の役をお願いして予行演習する

事業計画書の体裁を整えておく

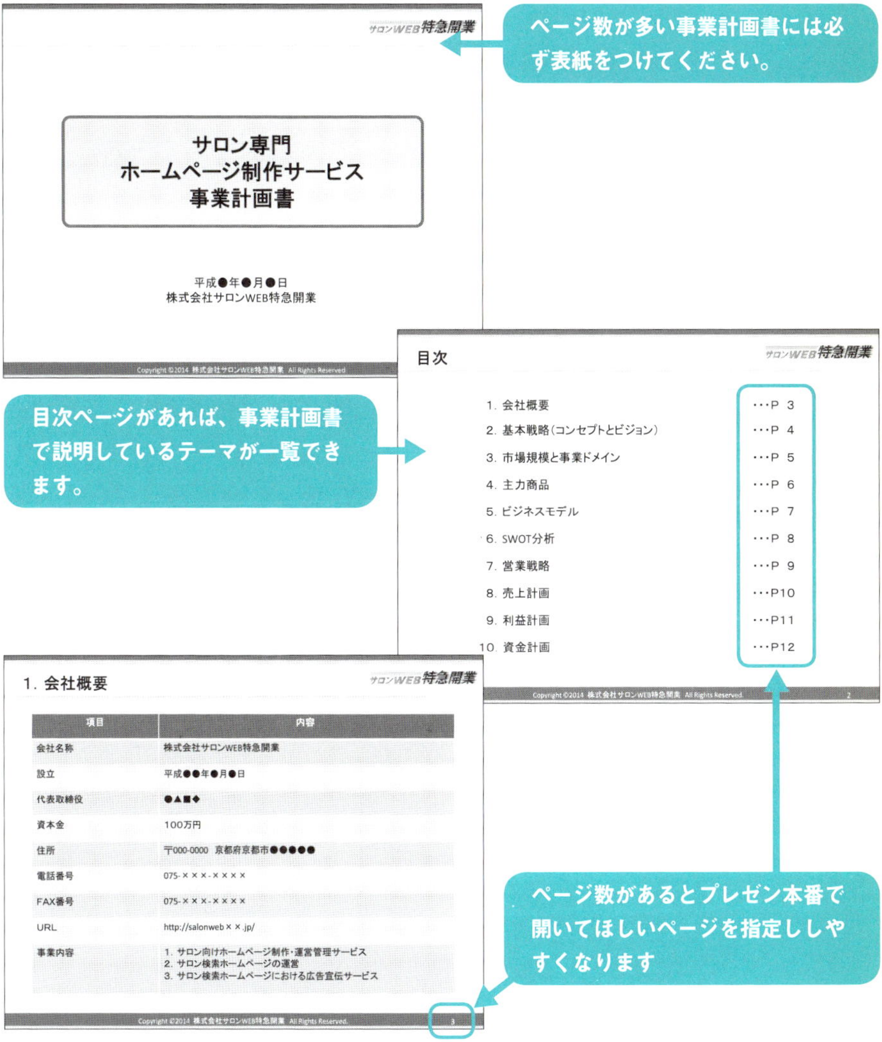
サロンWEB特急開業
サロン専門
ホームページ制作サービス
事業計画書
平成●年●月●日
株式会社サロンWEB特急開業
Copyright ©2014 株式会社サロンWEB特急開業 All Rights Reserved.
ページ数が多い事業計画書には必ず表紙をつけてください。
目次
サロンWEB特急開業
1. 会社概要 …P 3
2. 基本戦略(コンセプトとビジョン) …P 4
3. 市場規模と事業ドメイン …P 5
4. 主力商品 …P 6
5. ビジネスモデル …P 7
6. SWOT分析 …P 8
7. 営業戦略 …P 9
8. 売上計画 …P10
9. 利益計画 …P11
10. 資金計画 …P12
Copyright ©2014 株式会社サロンWEB特急開業 All Rights Reserved. 2
目次ページがあれば、事業計画書で説明しているテーマが一覧できます。
1. 会社概要
サロンWEB特急開業
項目
内容
会社名称
株式会社サロンWEB特急開業
設立
平成●●年●月●日
代表取締役
●▲■◆
資本金
100万円
住所
〒000-0000 京都府京都市●●●●●
電話番号
075-×××-××××
FAX番号
075-×××-××××
URL
http://salonweb××.jp/
事業内容
1. サロン向けホームページ制作・運営管理サービス
2. サロン検索ホームページの運営
3. サロン検索ホームページにおける広告宣伝サービス
Copyright ©2014 株式会社サロンWEB特急開業 All Rights Reserved. 3
ページ数があるとプレゼン本番で開いてほしいページを指定しやすくなります

LEVEL
レベル
3

プレゼン本番を盛り上げるための準備する

感情に訴えかける仕掛けを用意する

プレゼン中の商品体験・雑談が良い理由
商品体験・雑談をすると良い理由は、プレゼンがスタートした時点ではプレゼン側も相手も緊張しているので、緊張をほぐして自然体にすることができるためです。相手が緊張しているとプレゼン内容に対する正直な反応が読み取りづらく、話しづらくなります。
また、プレゼン中の雑談は、プレゼン相手やプレゼンの場によってはマイナスになるため注意が必要です。

分厚い事業計画書と膨大な添付書類をテーブルに散りばめてプレゼンしても、プレゼンが上手くなければ淡々とした雰囲気になりがちです。このような雰囲気ではプレゼンしている本人も不安になってしまい、熱意あるアピールができないため説得力はありません。長丁場のプレゼンを盛り上げるには、仕掛けをつくって相手の感情を動かすことも大切です。

商品を体験してもらう

事業計画書に商品の写真を貼り付ければ、言葉だけよりも効果は大きいですが、これだけではプレゼン相手に実感を与えることができません。商品の品質を実感してもらうためには、実際に体験してもらうのが一番効果的です。

サンプル品を準備して手に触れて品質を確かめてもらったり、食品なら試食をしてもらいます。また、IT系サービスならデモ画面で説明、実際に操作をしてもらうのも効果的です。

失敗談などを含んだ雑談をワザとする

日本人は失敗談が好きな人が多いため、事業計画書の本題に関連した失敗談を話し出すとプレゼン相手の目の色が変わるのがよくわかります。例えば、日本ワインを使用したクッキー商品の事例であれば、監修してくれる有名なソムリエとのエピソードとして「ワインバイヤー時代、最初はワインビジネスのことを知らなくて売れないシャンパンを500万円も仕入してバイヤーをクビになりそうでした。この先生と出会ってからは、ノウハウを教わったおかげで500万円分は余裕で取り返せました」という話をすると興味深々で聞いてもらえますし、このソムリエの凄さまでアピールできます。その後のプレゼンが、勢いに乗ってやりやすくなります。

ざっくりと言うと

- □盛り上げるには、仕掛けをつくって相手の感情を動かす
- □商品の品質は体験してもらうのが一番効果的
- □失敗談はプレゼン相手の興味を惹きつける

商品サンプルを体験してもらうと効果絶大!

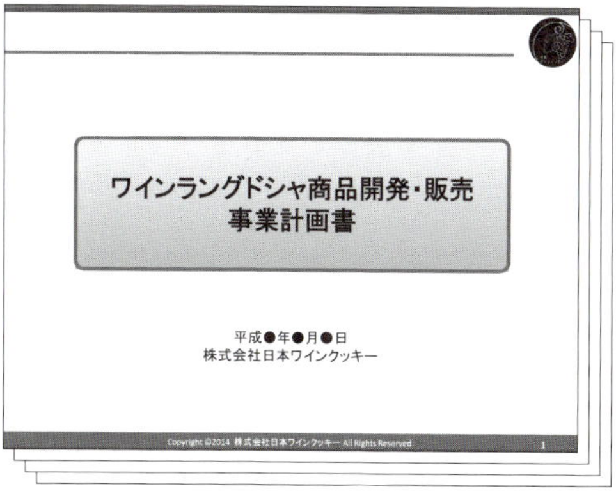
ワインラングドシャ商品開発・販売
事業計画書
平成●年●月●日
株式会社日本ワインクッキー
Copyright ©2014 株式会社日本ワインクッキー All Rights Reserved.
1

＋

ワインラングドシャの
試食用サンプル

事業計画書で主力商品「ワインラングドシャ」についてプレゼンする。

↓

主力商品の素晴らしさについて理屈は理解できても実感は与えられない

↓

実際にワインラングドシャを試食してもらえば、商品の品質について実感してもらえる！

LEVEL
レベル
1

プレゼンをストーリー化する

たくさんの情報を理解してもらう工夫が大事

事業計画書は白黒印刷?カラー印刷?
プレゼンする時、白黒印刷とカラー印刷のどちらを選択するか迷うところですがカラー印刷がお薦めです。カラー印刷なら事業計画書で印象付けたいポイントを赤色にして強調しやすくなります。視覚的に伝えられる情報は、文字の比ではないため色使いや図式化の工夫はお薦めです。

伝えるべきポイントに絞り込んだ1枚だけの事業計画書でも、初めて事業計画の内容を知る人にとっては、たくさんの情報が盛り込まれていると言えます。このたくさんの情報をプレゼンでしっかり理解してもらうためには、各戦略・戦術・計画について順序よく伝える必要があります。この理解しやすい順序をつくることが、事業計画書をストーリーで伝える工夫です。

スタートからゴールに到着するストーリーをつくる

本書で解説している事業計画書のつくり方は、事業コンセプトをスタート地点とし、ビジョンをゴール地点と定義しています。この理由には、事業計画書をストーリー化してプレゼンしやすくする目的もあるのです。

レベル1で、ストーリーをつくる基本は、事業コンセプト（スタート地点）→マーケティング調査（事業コンセプトを考えた理由）→主力商品の紹介（事業コンセプトの実現に必要なもの）→営業戦略（主力商品の売り方）→売上目標→ビジョン（ありたい姿）という流れをつくることです。

プレゼン本番では、このストーリーの流れに沿って各テーマで理解して欲しいポイントを強調するようにしてください。

→（矢印）をつけて流れを視覚化する

事業計画書の中に→（矢印）をつけることで、伝えたい順序の流れをわかるようにしておきます。この矢印の効果は意外に有効で、プレゼン相手が事業計画書を見直す時やプレゼンする機会がないまま事業計画書を第三者に渡した時、この矢印の流れにそって事業計画書を読んでもらえます。

ざっくりと言うと

- □ 事業計画書をストーリー化すると、プレゼンしやすくなる
- □ 事業コンセプト（スタート）からビジョン（ゴール）に到達するストーリーをつくる
- □ 矢印をつけて順序をわかるようにしておく

事業計画書の中でストーリーの流れを見せる工夫

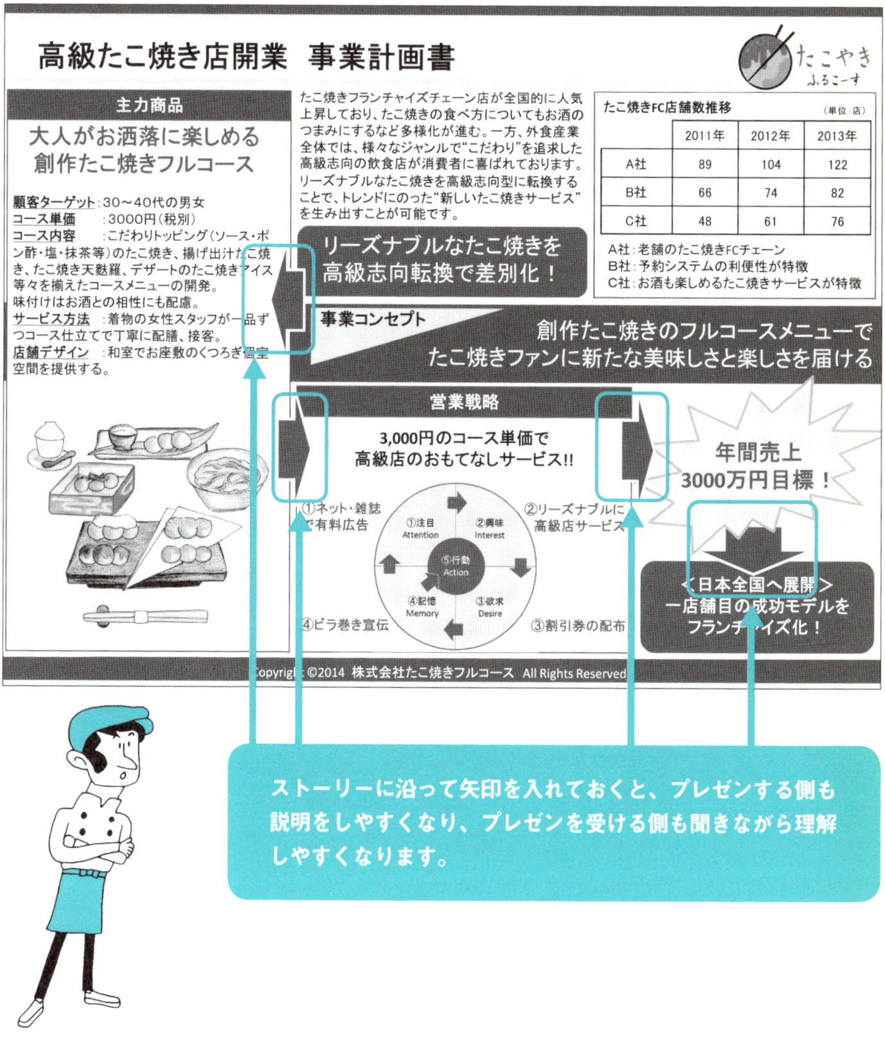
高級たこ焼き店開業　事業計画書
たこやき
ふるこーす
主力商品
大人がお洒落に楽しめる
創作たこ焼きフルコース
顧客ターゲット：30～40代の男女
コース単価　：3000円（税別）
コース内容　：こだわりトッピング（ソース・ポン酢・塩・抹茶等）のたこ焼き、揚げ出汁たこ焼き、たこ焼き天麩羅、デザートのたこ焼きアイス等々を揃えたコースメニューの開発。
味付けはお酒との相性にも配慮。
サービス方法　：着物の女性スタッフが一品ずつコース仕立てで丁寧に配膳、接客。
店舗デザイン　：和室でお座敷のくつろぎ個室空間を提供する。
たこ焼きフランチャイズチェーン店が全国的に人気上昇しており、たこ焼きの食べ方についてもお酒のつまみにするなど多様化が進む。一方、外食産業全体では、様々なジャンルで“こだわり”を追求した高級志向の飲食店が消費者に喜ばれております。リーズナブルなたこ焼きを高級志向型に転換することで、トレンドにのった“新しいたこ焼きサービス”を生み出すことが可能です。
たこ焼きFC店舗数推移　（単位：店）

	2011年	2012年	2013年
A社	89	104	122
B社	66	74	82
C社	48	61	76

A社：老舗のたこ焼きFCチェーン
B社：予約システムの利便性が特徴
C社：お酒も楽しめるたこ焼きサービスが特徴
リーズナブルなたこ焼きを
高級志向転換で差別化！
事業コンセプト
創作たこ焼きのフルコースメニューで
たこ焼きファンに新たな美味しさと楽しさを届ける
営業戦略
3,000円のコース単価で
高級店のおもてなしサービス!!
①ネット・雑誌で有料広告
②リーズナブルに高級店サービス
③割引券の配布
④ビラ巻き宣伝
①注目 Attention
②興味 Interest
③欲求 Desire
④記憶 Memory
⑤行動 Action
年間売上
3000万円目標！
<日本全国へ展開>
一店舗目の成功モデルを
フランチ イズ化！
opyrig ©2014 株式会社たこ焼きフルコース All Rights Reserved
ストーリーに沿って矢印を入れておくと、プレゼンする側も説明をしやすくなり、プレゼンを受ける側も聞きながら理解しやすくなります。

LEVEL
レベル
2

プレゼンをストーリー化して大事なポイントを伝える

事前に台本をつくりメリハリをつける

プレゼン用台本のつくり方
プレゼン用の台本をつくる方法はいくつかあります。プレゼン慣れしていない人は、自分が話す文章を書き起こしてみてください。かなり長文になると思いますが、それだけ伝える情報が多いと実感できます。また、プレゼンに慣れてきた人は、各ページで伝える大事なポイントを箇条書きで並べていきます。

事業計画書をストーリー化すれば第三者に伝わりやすくなりますが、このストーリー化の作業は事業計画書のページ数が多いほど難しくなります。ページ数が多いとストーリー化しても膨大な情報量になるため、初めてプレゼンを聞く人は理解が追いつかなくなるのです。この問題点を解決する方法は、事業計画書の書面上で大事なポイントを強調しておき、この大事なポイントを組み込んだプレゼンの台本をつくることです。

事業計画書で大事なポイントを強調しておく

本書の事業計画書サンプルを参照してもらうと、やたらと文字が大きかったり、大き目の矢印マークで視線を誘っていたり、爆発マークで強調している箇所がたくさんあります。

これは事業計画書の中で伝えておかなければならない大事なポイントを強調するために書面上で工夫しているのです。同じことを事業計画書に記載していても、見せ方の工夫だけで読む人の印象と記憶の残り方は大きな違いが出てきます。

大事なポイントが連動した台本をつくる

事業計画書の書面上で大事なポイントを強調する工夫をしたら、プレゼンで話すストーリーで出てくる大事なポイントの順序を事業計画書の展開に合わせておきます。この台本どおりにプレゼンすれば、大事なポイントを話す瞬間に事業計画書でも同じ大事なポイントのページが出てきてうまく強調できるようになります。

この大事なポイントを強調する瞬間、声を大きくしたり、事業計画書の大事なポイントを記載している箇所を手で指し示せば、さらにプレゼン相手を惹きつけることができます。

ざっくりと言うと

- □大事なポイントは、書面上でもわかりやすく強調する
- □大事なポイントの順序を事業計画書の展開に合わせる
- □ここぞという時はオーバーアクションで惹きつける

大事なポイントは事業計画書の中で強調しておく！

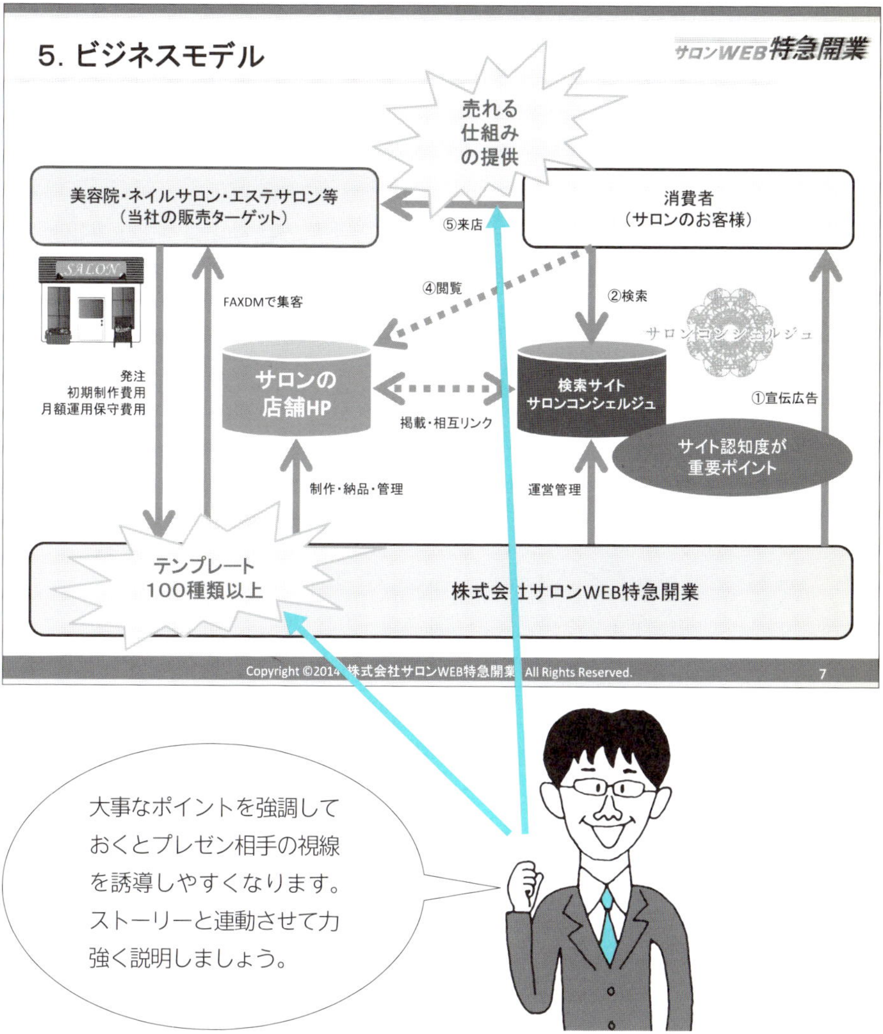

LEVEL
レベル
3

資金調達で説得力のあるストーリーを描く

ストーリーの着地点を論理的に導く

プレゼンする時間をほとんどもらえない場合
レベル3の事業計画書をつくってプレゼンまで準備万全でも、相手の都合でプレゼンする時間があまりないというケースはよくあります。
このような場合に備えてレベル1の事業計画書も準備しておきます。ほとんど時間がない時でも事業計画書1枚でビジネスモデルの概要はプレゼンできます。レベル3は詳細な事業計画書として相手に渡して後から読んでもらいましょう。

レベル1で解説した事業計画書をストーリー化する基本は、事業コンセプト（スタート地点）からビジョン（ゴール地点）に到着するまでの範囲です。この範囲では、①「●●という理由で、■■というビジネスについて◆◆という戦略を考えたので、▲▲を目標にしてやります」と詳しく説明しています。しかし、この範囲まででは、肝心のお金に関してはほとんど説明していないため、資金調達に繋がるストーリーがありません。そのため、②「①のビジネスをした結果、○○円の売上・◇◇円の利益が出る予定です。しかし、そのためには▽▽円のお金を借りないとダメなんです」という数値計画のストーリーを加えなければなりません。この①と②の数値が整合した状態で繋がれば、資金調達をするための説得力あるストーリーをつくることができます。

説得力を生み出すポイント

事業計画書をつくる時、②の数値計画として損益計算書だけをつくる人がたくさんいます。これは間違いではありませんが、②の損益計算書だけでは売上高や売上原価の根拠がよくわかりません。そこで②の数値計画で「儲かる」と説明している根拠として、①の部分をつくって「売れる」「実行できる」を説明するのです。

プレゼンで話すストーリーは、この事業計画書の全体構成とストーリーの着地点を理解した上で作文してください。「ストーリーの着地点を説明するためには?」と考えながら論理的な文章の流れを心掛ければ、説得力のあるストーリーができているはずです。

ざっくりと言うと

- □ 全ての数値が整合していれば、資金調達の説得力がある
- □ 損益計算書だけでは、「売れる」「実行できる」の根拠がない
- □ 事業計画書の全体構成とストーリーの着地点を理解してストーリーを作文

資金調達を目的にしたプレゼンでは数値の整合性が重要！

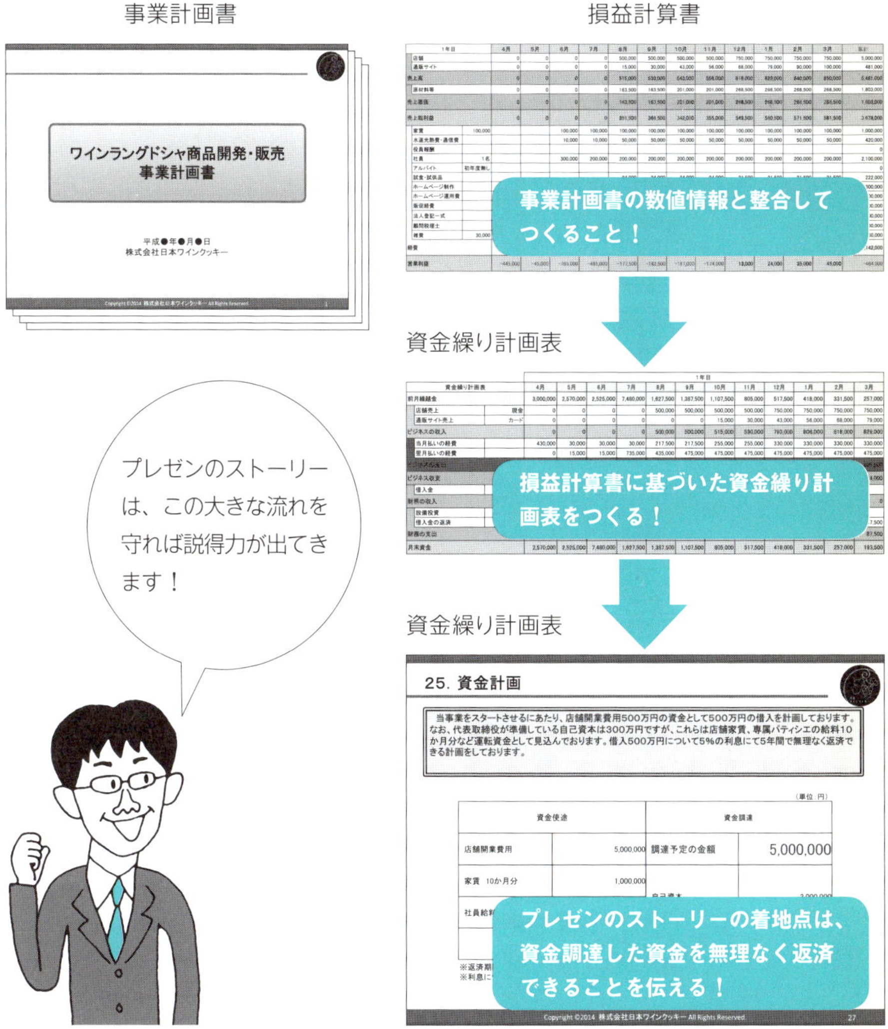

事業計画書
ワインラングドシャ商品開発・販売
事業計画書
平成●年●月●日
株式会社日本ワインクッキー
損益計算書
事業計画書の数値情報と整合してつくること！
資金繰り計画表
損益計算書に基づいた資金繰り計画表をつくる！
資金繰り計画表
25. 資金計画
当事業をスタートさせるにあたり、店舗開業費用500万円の資金として500万円の借入を計画しております。なお、代表取締役が準備している自己資本は300万円ですが、これらは店舗家賃、専属パティシエの給料10か月分など運転資金として見込んでおります。借入500万円について5%の利息にて5年間で無理なく返済できる計画をしております。
（単位 円）
資金使途
資金調達
店舗開業費用
5,000,000
調達予定の金額
5,000,000
家賃 10か月分
1,000,000
プレゼンのストーリーの着地点は、資金調達した資金を無理なく返済できることを伝える！
Copyright ©2014 株式会社日本ワインクッキー All Rights Reserved
27
プレゼンのストーリーは、この大きな流れを守れば説得力が出てきます！

COLUMN
コラム

プレゼンする相手を下調べする

事業計画書を使って資金調達をする場合、銀行・公庫・投資家が多いと思いますが、特に投資家にプレゼンする場合は相手のことを入念に調べておくことをお薦めします。

銀行・公庫であれば、融資することで利息を得ることがビジネスであるため、確実に売上がつくれることと借入の返済ができることをプレゼンすれば良いわけですが、投資家が企業の場合は必ずしもそうとは限りません。

投資家が企業の場合、あなたのビジネスにお金を都合だけならデメリットが大きくリスクばかりが目立ちます。そのため、お金を都合する代償として得られる利息以外のメリットが説得のポイントになってきます。

スポーツをする人が販売ターゲットのビジネスをコンサルしていた時、事業拡大のためスポーツ関係のメーカー数社から資金調達をしたことがあります。メーカー視点で考えると、スポーツをする人に商品が売れる仕組みを獲得できるなら資金調達に応じるメリットがあります。そこで、事業計画書には資金調達の見返りに提供する“売れる仕組み”について提案ページを追加してプレゼンしていきました。これはプレゼン相手ごとにつくるためかなり大変な作業が伴いますが、ダイレクトにメリットを提案するので効果絶大です。

プレゼン相手のことを下調べし、相手に響きやすいメリットを事業計画書に組み込んで仕上げることが成果に繋がるコツと言えます。

巻末付録

事業計画書サンプル

高級たこ焼き店

サロン専門のホームページ制作サービス

日本ワインを使ったクッキーの製造販売

日本ワインクッキー社の売上計画 など

高級たこ焼き店

高級たこ焼き店開業　事業計画書

たこやき
ふるこーす

主力商品

大人がお洒落に楽しめる
創作たこ焼きフルコース

顧客ターゲット：30～40代の男女
コース単価　：3000円（税別）
コース内容　：こだわりトッピング（ソース・ポン酢・塩・抹茶等）のたこ焼き、揚げ出汁たこ焼き、たこ焼き天麩羅、デザートのたこ焼きアイス等々を揃えたコースメニューの開発。
味付けはお酒との相性にも配慮。
サービス方法　：着物の女性スタッフが一品ずつコース仕立てで丁寧に配膳、接客。
店舗デザイン　：和室でお座敷のくつろぎ個室空間を提供する。

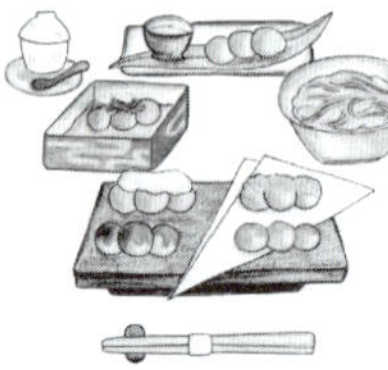

たこ焼きフランチャイズチェーン店が全国的に人気上昇しており、たこ焼きの食べ方についてもお酒のつまみにするなど多様化が進む。一方、外食産業全体では、様々なジャンルで“こだわり”を追求した高級志向の飲食店が消費者に喜ばれております。リーズナブルなたこ焼きを高級志向型に転換することで、トレンドにのった“新しいたこ焼きサービス”を生み出すことが可能です。

リーズナブルなたこ焼きを
高級志向転換で差別化！

たこ焼きFC店舗数推移　（単位：店）

	2011年	2012年	2013年
A社	89	104	122
B社	66	74	82
C社	48	61	76

A社：老舗のたこ焼きFCチェーン
B社：予約システムの利便性が特徴
C社：お酒も楽しめるたこ焼きサービスが特徴

事業コンセプト

創作たこ焼きのフルコースメニューで
たこ焼きファンに新たな美味しさと楽しさを届ける

営業戦略

3,000円のコース単価で
高級店のおもてなしサービス!!

①ネット・雑誌で有料広告
②リーズナブルに高級店サービス
③割引券の配布
④ビラ巻き宣伝

年間売上
3000万円目標！

＜日本全国へ展開＞
一店舗目の成功モデルを
フランチャイズ化！

1 サロン専門のホームページ制作サービス

サロンWEB特急開業

サロン専門
ホームページ制作サービス
事業計画書

平成●年●月●日
株式会社サロンWEB特急開業

 1

2

目次　　　　　　　　　　　　　　サロンWEB特急開業

1. 会社概要　　　　　　　　　　　・・・P 3
2. 基本戦略（コンセプトとビジョン）　・・・P 4
3. 市場規模と事業ドメイン　　　　　・・・P 5
4. 主力商品　　　　　　　　　　　・・・P 6
5. ビジネスモデル　　　　　　　　・・・P 7
6. SWOT分析　　　　　　　　　　・・・P 8
7. 営業戦略　　　　　　　　　　　・・・P 9
8. 売上計画　　　　　　　　　　　・・・P10
9. 利益計画　　　　　　　　　　　・・・P11
10. 資金計画　　　　　　　　　　　・・・P12

3

1. 会社概要　　　　　　　　　　　サロンWEB特急開業

項目	内容
会社名称	株式会社サロンWEB特急開業
設立	平成●●年●月●日
代表取締役	●▲■◆
資本金	100万円
住所	〒000-0000　京都府京都市●●●●●
電話番号	075-×××-××××
FAX番号	075-×××-××××
URL	http://salonweb××.jp/
事業内容	1. サロン向けホームページ制作・運営管理サービス 2. サロン検索ホームページの運営 3. サロン検索ホームページにおける広告宣伝サービス

4

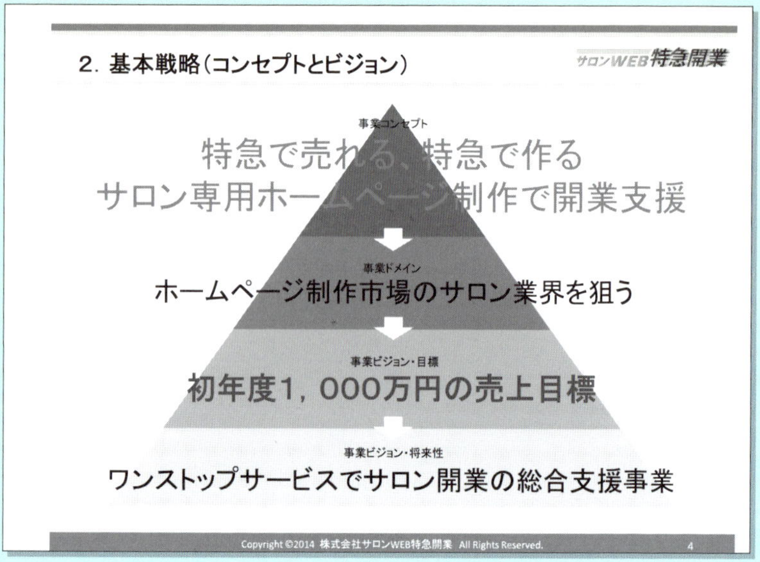
2. 基本戦略（コンセプトとビジョン）
サロンWEB特急開業
事業コンセプト
特急で売れる、特急で作る
サロン専用ホームページ制作で開業支援
事業ドメイン
ホームページ制作市場のサロン業界を狙う
事業ビジョン・目標
初年度1，000万円の売上目標
事業ビジョン・将来性
ワンストップサービスでサロン開業の総合支援事業
Copyright ©2014 株式会社サロンWEB特急開業 All Rights Reserved.
4

5

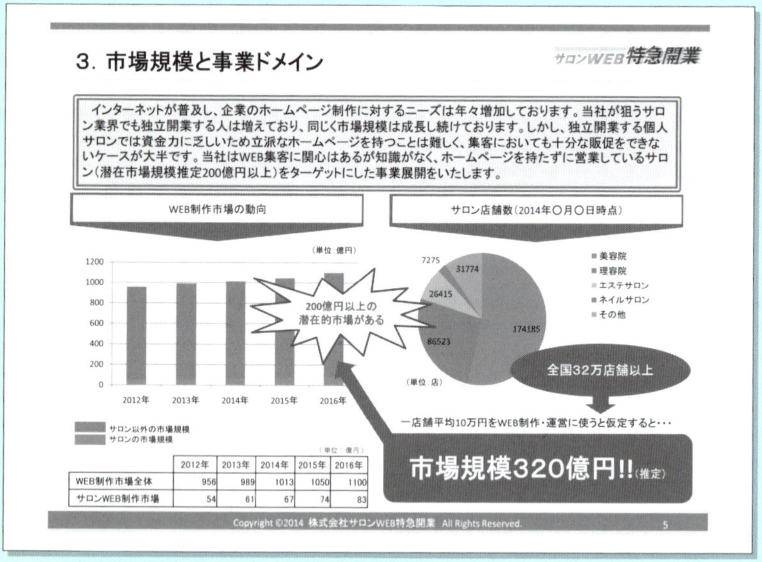
3. 市場規模と事業ドメイン
サロンWEB特急開業
インターネットが普及し、企業のホームページ制作に対するニーズは年々増加しております。当社が狙うサロン業界でも独立開業する人は増えており、同じく市場規模は成長し続けております。しかし、独立開業する個人サロンでは資金力に乏しいため立派なホームページを持つことは難しく、集客においても十分な販促をできないケースが大半です。当社はWEB集客に関心はあるが知識がなく、ホームページを持たずに営業しているサロン（潜在市場規模推定200億円以上）をターゲットにした事業展開をいたします。
WEB制作市場の動向
サロン店舗数（2014年〇月〇日時点）
（単位：億円）
1200
1000
800
600
400
200
0
2012年
2013年
2014年
2015年
2016年
200億円以上の
潜在的市場がある
サロン以外の市場規模
サロンの市場規模
7275
31774
26415
86523
174185
美容院
理容院
エステサロン
ネイルサロン
その他
（単位：店）
全国32万店舗以上
一店舗平均10万円をWEB制作・運営に使うと仮定すると・・・
市場規模320億円!!（推定）
（単位：億円）
Copyright ©2014 株式会社サロンWEB特急開業 All Rights Reserved.
5

	2012年	2013年	2014年	2015年	2016年
WEB制作市場全体	956	989	1013	1050	1100
サロンWEB制作市場	54	61	67	74	83

6

4. 主力商品

サロンWEB特急開業

当社のメインサービスは、サロン専門のホームページ制作及び運営管理です。通常であれば数十万は必要となるホームページ制作費をコストダウンするため、サロン専用ホームページのテンプレートを100種類以上準備しております。テンプレート活用によって、制作コストを安く出来ることと受注から納品までのリードタイムが短いことは強みとなります。さらに他社との差別化を明確にするため、自社運営のサロン検索サイト「サロンコンシェルジュ」に顧客ホームページを無料掲載して集客のサポートをします。

	サロンWEB特急開業サービス	他社サービス
価格	初期制作費用：10万円（税別） 月額保守費用：1万円（税別）	初期制作費用：5～100万円 月額保守費用：業者によって異なる
納期	テンプレート選択方式で 受注から最速5日で納品可能！	平均的に2週間～1ヶ月程度
集客	自社検索サイトへの掲載サービス！ WEB開設後、すぐに宣伝ができる	別の業者に依頼 WEB制作以外に費用発生！

特急でホームページを作り、
特急で集客できるのが強み

 6

7

5. ビジネスモデル

サロンWEB特急開業

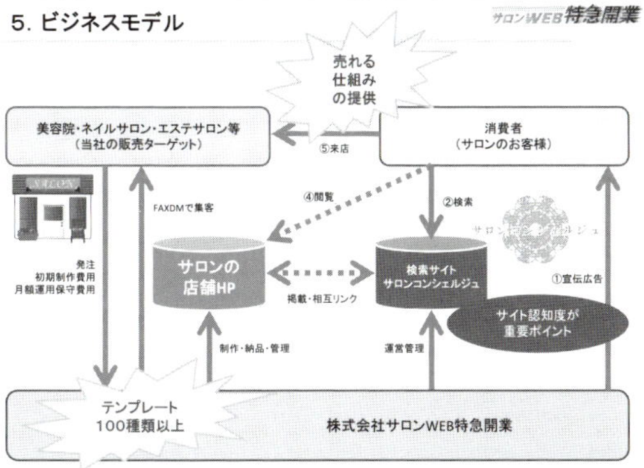

 7

8

6. SWOT分析

サロンWEB特急開業

当社の強みは、検索サイト「サロンコンシェルジュ」を運営することで顧客サロンの集客サポートができること、そして100種類以上のテンプレートを保有しているため低価格でホームページを短期間で納品できることです。テンプレート活用サービスという高利益型ビジネスモデルに重点を置くことで資金力の乏しさをカバーし、また現在ホームページを保有していないサロンをメインターゲットにすることで技術的な不足もカバーできます。法的規制が厳しくなる等の障壁が発生するまでの間に顧客数を増やし、事業基盤の確立を目指します。

内部環境	強み	①	検索サイトへの掲載サービスで集客をサポート
		②	100種類以上のテンプレートで低価格、短期間で納品
	弱み	①	資金力が乏しい
		②	高度なデザイン制作、プログラム設置に対応できない
外部環境	機会	①	サロン業界のWEB制作市場が成長している
		②	潜在的な市場規模が200億円以上ある
	脅威	①	インターネット商用利用の法的規制が厳しくなる
		②	社会問題の深刻化で消費者のネット離れ発生

 8

9

7. 営業戦略

サロンWEB特急開業

集客のために実践する販売促進はFAXDMに絞り込みます。その最大の理由は、現在ホームページを保有していないサロンが販売ターゲットであり、見込み客の大半はインターネットで情報検索をしないと判断しているためです。当社サービスを利用すれば、ホームページを開設できるだけではなく、手っ取り早くWEB集客が開始できることをアピールポイントにします。さらにサロンオーナーにWEB活用のノウハウをSNSで配信していくことでコミュニケーションの機会を持ち、半永久的に取引できる信頼関係と仕組みを作り上げていきます。

顧客獲得のクロージングフロー（AIDMAの法則）

①サロンへのFAXDM

サロンオーナーはインターネットに詳しくない人が多いため、FAXDMでアプローチ。DM内容にWEB集客のメリットを配信するSNS情報を掲載して見込み客の囲い込み。

リアル⇒ネット
潜在顧客
掘り起し

②検索サイトの登録会員数をアピール

検索サイト「サロンコンシェルジュ」の会員数はサロンにとっての魅力です。会員数をFAXDM等でアピールすることで興味を引いて、サービス内容の詳細を見てもらえるように工夫する。

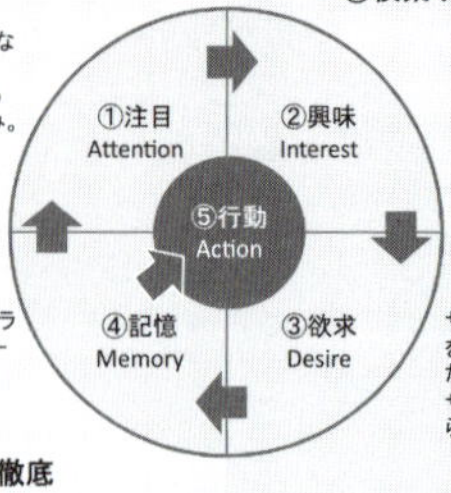

WEB活用ノウハウ・キャンペーン情報・コラム等の配信をSNSで行うことで、当社サービスの存在を定期的に思い出してもらえる仕組みをつくる。

④SNSで定期的に情報配信を徹底

サロンオーナーにとって、当社サービスを利用することにメリットを感じてもらうため、既存顧客の成功事例を紹介。サービス利用後のメリットを認識してもらい、関心を高める。

③WEB成功事例の紹介する

 9

10

8. 売上計画

サロンWEB特急開業

（単位：円）

集客計画	4月	5月	6月	7月	8月	9月	10月	11月	12月	1月	2月	3月	初年度
新規	5	5	5	5	5	5	5	5	5	5	5	5	
モデル店	1												
顧客数	5	10	15	20	25	30	35	40	45	50	55	60	60

初期制作売上	600,000	500,000	500,000	500,000	500,000	500,000	500,000	500,000	500,000	500,000	500,000	500,000	6,100,000
月額運用保守	50000	100000	150000	200000	250000	300000	350000	400000	450000	500000	550000	600000	3,900,000
売上合計	650,000	600,000	650,000	700,000	750,000	800,000	850,000	900,000	950,000	1,000,000	1,050,000	1,100,000	10,000,000

最初の1店舗はモデル店として事例づくり（月額運用保守を無料サービス）

毎月3万件のFAXDM配信で新規顧客5件の獲得を目指す！

ホームページの運用管理を受託 顧客数が減るリスクは極めて少ない

200億円以上の潜在市場！
初年度目標1，000万円は
十分に達成可能!!

 10

11

9. 利益計画

サロンWEB特急開業

（単位：円）

	4月	5月	6月	7月	8月	9月	10月	11月	12月	1月	2月	3月
初期制作売上	600,000	500,000	500,000	500,000	500,000	500,000	500,000	500,000	500,000	500,000	500,000	500,000
月額運用保守	50000	100000	150000	200000	250000	300000	350000	400000	450000	500000	550000	600000
売上高	650,000	600,000	650,000	700,000	750,000	800,000	850,000	900,000	950,000	1,000,000	1,050,000	1,100,000
―	0	0	0	0	0	0	0	0	0	0	0	0
売上原価	0	0	0	0	0	0	0	0	0	0	0	0
売上総利益	650,000	600,000	650,000	700,000	750,000	800,000	850,000	900,000	950,000	1,000,000	1,050,000	1,100,000
家賃	100,000	100,000	100,000	100,000	100,000	100,000	100,000	100,000	100,000	100,000	100,000	100,000
水道光熱費・通信費	30,000	30,000	30,000	30,000	30,000	30,000	30,000	30,000	30,000	30,000	30,000	30,000
人件費	200,000	200,000	200,000	200,000	200,000	200,000	200,000	200,000	200,000	200,000	200,000	200,000
販促経費	200,000	200,000	200,000	200,000	200,000	200,000	200,000	200,000	200,000	200,000	200,000	200,000
雑費	100,000	100,000	100,000	100,000	100,000	100,000	100,000	100,000	100,000	100,000	100,000	100,000
経費	630,000	630,000	630,000	630,000	630,000	630,000	630,000	630,000	630,000	630,000	630,000	630,000
営業利益	20,000	-30,000	20,000	70,000	120,000	170,000	220,000	270,000	320,000	370,000	420,000	470,000

※1：自社制作のテンプレートを使用したサービスのため原価0円。
※2：人件費は代表者の報酬、顧客数が安定するまではスタッフ採用せずに運営。
※3：販促経費はFAXDM配信費用と検索サイトの宣伝広告費。

 11

12

10. 資金計画

サロンWEB特急開業

ビジネスモデルの重要ポイントとなるサロン検索サイト「サロンコンシェルジュ」は、検索機能など様々なプログラムが必要となります。当社では一般的なホームページデザインの技術は十分にありますが、プログラム機能開発については技術がありません。そのため部分的なプログラム機能の開発業務は、外部業者に発注しなければなりません。資金調達の希望金額100万円はすべてプログラム開発費用に使う計画であり、高利益率のビジネスモデルであるため調達資金は約3年で問題なく返済することができます。

（単位：円）

資金使途		資金調達	
検索サイト プログラム機能開発	1,000,000	調達予定の金額	1,000,000
家賃　10か月分	1,000,000	自己資本	1,000,000
合計	2,000,000	合計	2,000,000

※検索サイト制作は、高度なプログラム開発技術が必要なため部分的に外部業者に発注
※返済期間は3年程度で検討しております。

 12

日本ワインを使ったクッキーの製造販売

1

ワインラングドシャ商品開発・販売 事業計画書

平成●年●月●日
株式会社日本ワインクッキー

 1

2

目次

 2

3

1. 会社概要

企業理念

知恵と努力と経験で成長し続ける環境をつくり、
“食を通じた地域活性化“という社会貢献を追求する

項目	内容
会社名称	株式会社日本ワインクッキー
設立	平成●●年●月●日
代表取締役	●▲■◆
資本金	300万円
住所	〒000-0000　京都府京都市●●●●●
電話番号	075-×××-××××
FAX番号	075-×××-××××
URL	http://winecookie××.com/
事業内容	1. 日本ワインを仕様したワインラングドシャの商品開発・販売 2. ワインラングドシャ専門店の出店・運営 3. ワインラングドシャ専門ホームページの運営
代表者の主な職歴	・ワインバイヤーとして約5年の業務経験 ・平成●年●月●日、ワイン資格を取得
備考欄	・●●●ホテル10年勤務のパティシエ◇◇◇◇氏をスタッフとして採用。 ・有名ソムリエによる監修を得るため顧問契約

 3

4

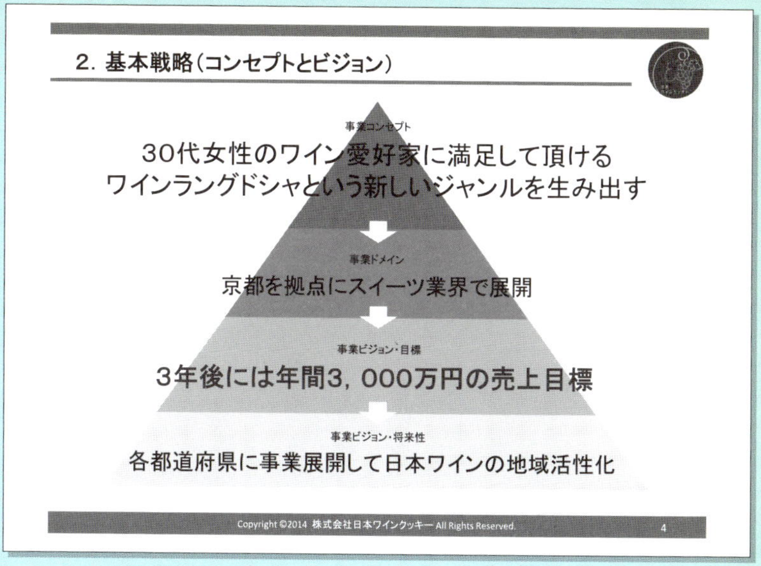
2. 基本戦略(コンセプトとビジョン)
事業コンセプト
30代女性のワイン愛好家に満足して頂ける
ワインラングドシャという新しいジャンルを生み出す
事業ドメイン
京都を拠点にスイーツ業界で展開
事業ビジョン・目標
3年後には年間3, 000万円の売上目標
事業ビジョン・将来性
各都道府県に事業展開して日本ワインの地域活性化
Copyright ©2014 株式会社日本ワインクッキー All Rights Reserved.
4

5

3. 市場規模と事業ドメイン
京都に第一店舗目を開業するため、事業ドメインを京都のスイーツ業界市場を主軸において事業展開いたします。この京都のスイーツ業界の市場規模は約100億円ですが、日本全国の消費者にアプローチできるインターネット通販におけるスイーツ業界の市場規模は250億円以上あり、さらに今後も成長が見込めます。
そのため、インターネット通販事業を同時に立ち上げることで収益源の確保及び将来の全国展開を見据えたブランディングを狙っていきます。
京都 スイーツ業界 市場規模の動き
(単位:億円)
150
100
50
104%
101%
98%
95%
2012年
2013年
2014年
2015年
2016年
ネット通販 スイーツ業界 市場規模の動き
(単位:億円)
350
300
250
200
150
100
50
0
140%
120%
100%
80%
60%
40%
20%
0%
2012年
2013年
2014年
2015年
2016年
スイーツ業界・京都の市場規模は、
浮き沈みはあるが約100億円。
安定したスイーツファンが存在している。
京都で販売店の開業
及びインターネット通販
の2軸で事業化
スイーツ業界・ネット通販の市場規模は、
年々上昇傾向、今後も成長が見込める。
全国で自社商品の顧客獲得を期待できる。
売上金額
売上上昇率
出典 ●●●●省「スイーツ業界の市場動向」(2011.00.00)
Copyright ©2014 株式会社日本ワインクッキー All Rights Reserved.
5

6

4. 消費者ニーズと販売ターゲット層

京都のスイーツ業界市場を商品タイプの視点から分析すると、市場規模は安定しているのにも関わらず"こだわり高級スイーツ"の売上規模は年々高まっており、これからも成長すると予測されています。また、"こだわり高級スイーツ"の購入者層の70%は女性であり、この女性の中で35%を占めているのが30代です。

当社では、30代女性を販売ターゲット層として狙った商品を企画することで、営業効率の高いビジネスモデル構築を目指していきます。

京都　タイプ別スイーツの市場動向

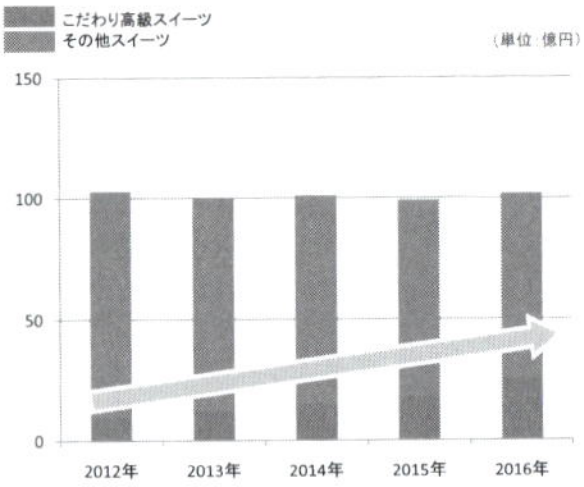

出典：●●●●省「スイーツ業界の市場動向」（2011.00.00）

高級スイーツ購入者層

高級スイーツへのニーズは高まり、特に30代女性の購入比率が高い！

 6

7

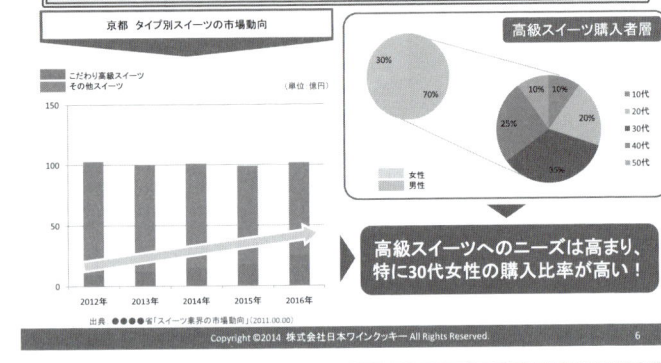

5. 販売ターゲットのプロファイリング

30代女性を販売ターゲット層とした効果的な販売促進を実践するため、さらに顧客像を具体的にイメージすることで販売ターゲットを絞り込んでおります。当社商品をお買い上げいただけるお客様の理想的な条件には、「高級ブランドでも購入できる収入があること」、「お洒落なスイーツが似合う女性であること」、「当社商品をクチコミする仲間がいること」の3点があります。これら条件を満たす"ワイン好きの30代女性"に販売ターゲットを絞り込み、プロファイリングしたライフスタイルを考慮して商品開発・営業戦略を策定いたします。

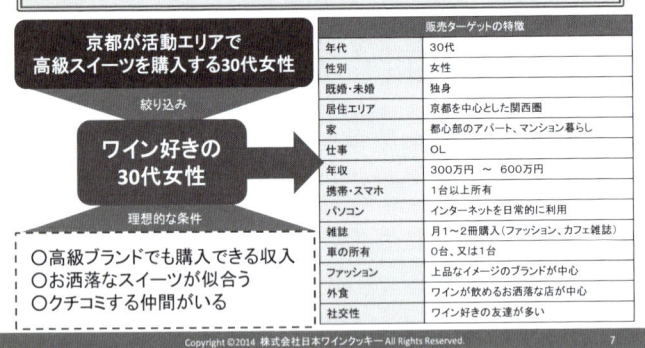

京都が活動エリアで高級スイーツを購入する30代女性

絞り込み

ワイン好きの30代女性

理想的な条件

○高級ブランドでも購入できる収入
○お洒落なスイーツが似合う
○クチコミする仲間がいる

販売ターゲットの特徴	
年代	30代
性別	女性
既婚・未婚	独身
居住エリア	京都を中心とした関西圏
家	都心部のアパート、マンション暮らし
仕事	OL
年収	300万円　～　600万円
携帯・スマホ	1台以上所有
パソコン	インターネットを日常的に利用
雑誌	月1～2冊購入（ファッション、カフェ雑誌）
車の所有	0台、又は1台
ファッション	上品なイメージのブランドが中心
外食	ワインが飲めるお洒落な店が中心
社交性	ワイン好きの友達が多い

 7

6. 主力商品

主力商品として、赤ワインのクリームを挟んだラングドシャタイプのクッキー“ワインラングドシャ”を開発いたします。ワイン好きの30代女性に満足して頂ける味わいを実現するため、有名ソムリエに監修していただき、デザインもターゲットが目を引く高級感を追求します。さらに京都産の日本ワインを使用することで観光客向けお土産商材として展開し、将来的には各都道府県産の日本ワインを使用した“ワインラングドシャ”で事業拡大を目指していきます。なお、一箱10個入り・1000円(税別)で販売する1アイテムに絞り込んで展開いたします。

日本ワインを使用したラングドシャ

ワインが好きな30代女性に高級感を感じて頂ける味わいとデザインを追求！

商品名	ワインラングドシャ
販売形態	箱 (10個入り)
販売価格	1,000円／箱 (税抜)
原材料	＜生地＞ 砂糖・卵白・薄力粉・アーモンドパウダー・無塩バター ＜クリーム＞ 日本ワイン・卵黄・砂糖・無塩バター
サイズ	40mm×70mm×8mm (一個あたり)
製造・販売	株式会社日本ワインクッキー
JANコード	49×××××××××××××
賞味期限	製造日から5日間

↓商品イメージ

↓パッケージデザイン

ワインバイヤー経験を活かして
地域・ブドウ品種別の味を開発。
有名ソムリエの監修で差別化！

 8

7. モニター調査

平成○年○月○日　京都のワインBARの30代女性客100名に試食会を開き、5段階アンケートを実施しました。

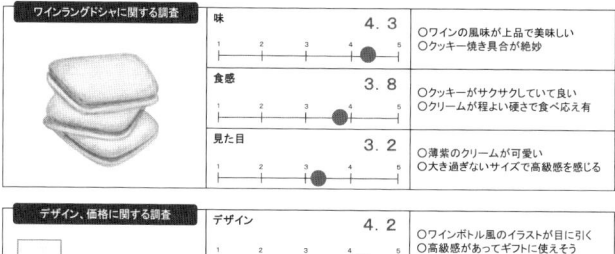

ワインラングドシャに関する調査

項目	評価 (1〜5)	コメント
味	4．3	○ワインの風味が上品で美味しい ○クッキー焼き具合が絶妙
食感	3．8	○クッキーがサクサクしていて良い ○クリームが程よい硬さで食べ応え有
見た目	3．2	○薄紫のクリームが可愛い ○大き過ぎないサイズで高級感を感じる

デザイン、価格に関する調査

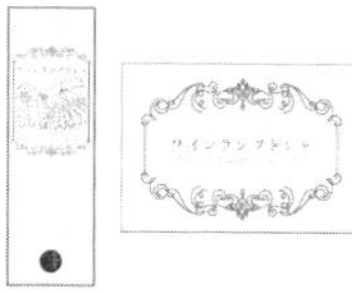

項目	評価 (1〜5)	コメント
デザイン	4．2	○ワインボトル風のイラストが目に引く ○高級感があってギフトに使えそう
箱・袋	3．2	○持ち運びやすくて丁度良い ○箱、袋の手触りが上品
価格	3．5	○安くはないが買いやすい価格 ○入数を増やしたお得サイズも欲しい

 9

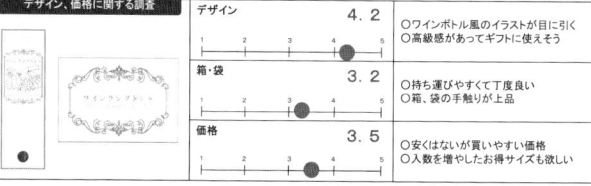

10

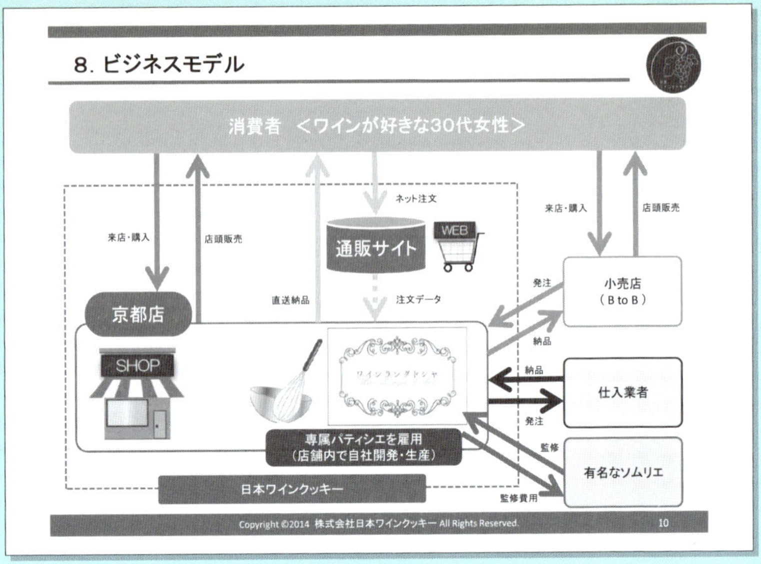
8. ビジネスモデル
消費者 ＜ワインが好きな30代女性＞
来店・購入
店頭販売
ネット注文
通販サイト
WEB
直送納品
注文データ
来店・購入
店頭販売
小売店
（B to B）
発注
納品
京都店
SHOP
納品
仕入業者
発注
監修
有名なソムリエ
監修費用
専属パティシエを雇用
（店舗内で自社開発・生産）
日本ワインクッキー
Copyright ©2014 株式会社日本ワインクッキー All Rights Reserved.
10

11

9. 立地条件
京都市内の四条烏丸交差点を中心としたエリアは、ショッピング・ビジネス・観光拠点として多くの人が行き来しております。また、昨今大人向けのお洒落なお店も増えてきており、路地に入ればワインBAR等も沢山あるエリアです。そのため、ワインラングドシャ販売に最適であると判断して出店を検討しております。なお家賃は月額10万円程度で予算組みしているため、メイン通りではなく、路地にある安い物件且つ一階の空き物件を条件としております。
大宮通り
堀川通り
烏丸通り
河原町通り
鴨川
二条城前駅
京都市役所前駅
御池通り
烏丸御池駅
烏丸駅
四条通り
四条駅
河原町駅
五条通り
五条駅
出店検討エリア　半径500m範囲
商圏エリア　半径1000m範囲
ショッピングエリアとして賑わう
ワイン関連ショップが多い
ビジネス街であり働く女性も多い
交通の便が良く、観光拠点である
Copyright ©2014 株式会社日本ワインクッキー All Rights Reserved.
11

12

10. 競合分析

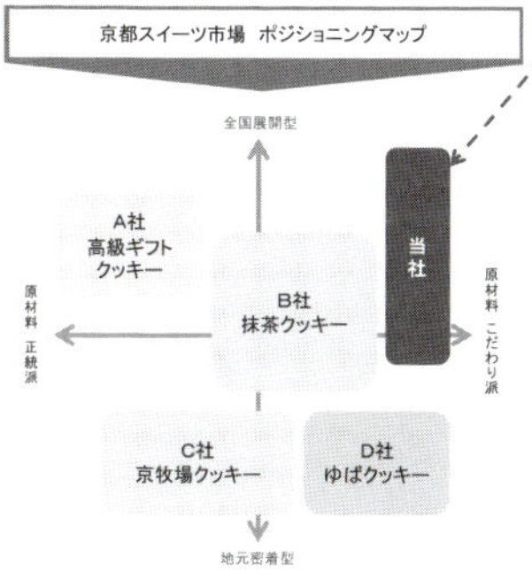

『全国展開ワインラングドシャ・チェーン店』を目指す！
<ブルーオーシャンを狙った事業展開>

	商品特徴	客層	店舗展開	市場の優位性
当社	各地日本ワインのフドウを使用、ご当地クッキーとして販売	30代女性のワイン好き	京都を拠点とし、将来的に各都道府県に展開	地域活性化として全国展開しやすい
A社	全国で認知されて高級ギフトとして愛用	40代～50代富裕層	全国主要都市に直営店	確立されたブランド価値
B社	京都の抹茶を使用、全国へ流通展開。	20代～30代女性、観光客	京都を拠点とし、全国お土産店で販売	京都＝抹茶のイメージが売上に貢献
C社	京都の牧場で新鮮なミルククッキー販売	京都観光のファミリー層	牧場のみで販売	施設だけで販売する希少性
D社	商店街の豆腐店がロス削減のために販売	商店街周辺の地元家庭	豆腐店のみで販売	地域で安定したリピート

 12

13

11. SWOT分析

スイーツ事業を全国展開するにあたり、京都店の成功は最優先事項です。他社が簡単に真似できない新しいスタイルのクッキーを開発できたこと、そのクッキーが自社開発・生産のため高利益率であることが強みです。一方、資金力が乏しいこと、また事業開始当初は専属パティシエ主体の手作りのため生産数量が小さいことが弱みであると判断しております。外部環境の流れを的確に掴み、強みを最大限に活かした戦略を策定して弱みをカバーしていきます。

内部環境	強み	①	ワインの専門知識、人脈を活かした商品開発が可能
		②	自社開発・生産による高利益率の実現が可能
	弱み	①	資金力が乏しい
		②	生産可能な数量が小さい
外部環境	機会	①	高級スイーツに対する消費者ニーズの高さ
		②	パティシエ希望者の増加
	脅威	①	原材料の価格高騰
		②	食中毒発生など衛生面のトラブル発生

 13

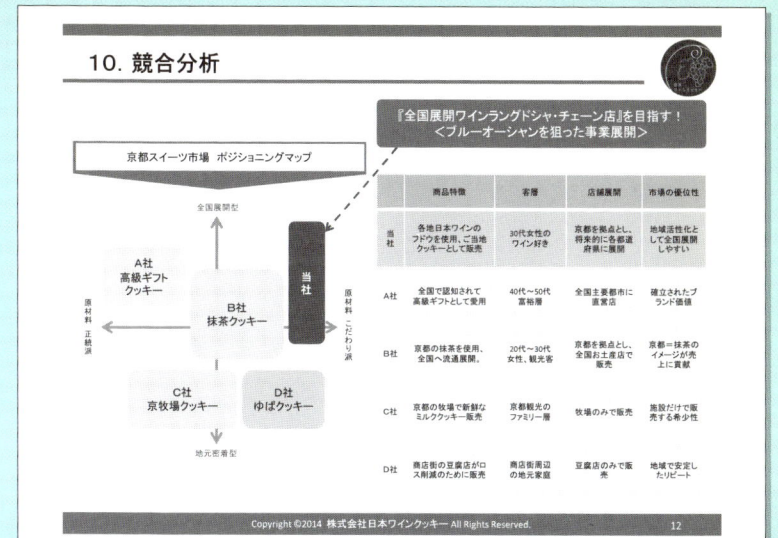

14

12. 事業戦略（クロスSWOT分析）

	機会	脅威
強み	**積極的攻勢戦略** 高級スイーツに対する消費者ニーズが 年々上昇していく追い風を利用して、 自社ブランドのワインラングドシャを 京都店舗とネット通販で重点販売し、 全国展開に向けた第一歩の成功を目指す。	**差別化戦略** 原価高騰による利益率低下を避けるため 有名ソムリエがプロデュース・監修する 高付加価値商品を企画開発。 高所得者が多いワイン愛好家に販売し、 利益率確保を目指します。
弱み	**弱点克服戦略** 専属パティシエ主体の手作り生産では、 売上の機会損失を生むリスクが高い。 そこで事業開始当初の利益を設備購入と パティシエ希望者を採用して育てることに投資し、 売上拡大を飛躍させる生産体制を構築します。	**防衛戦略** 食中毒発生など衛生面のトラブル発生によって、 営業停止、売れ行き低下という事態発生は、 現在の資金力では乗り切れないリスクです。 経費節減の徹底及び資金調達を行い、 事業継続できる財務状況を作り上げます。

 14

15

13. ブランディング戦略

主力商品のブランド価値向上によって販売力・信用力を高めていくため、次の差別化戦略を実施していきます。まず有名ソムリエに監修してもらうことで高品質な商品開発を実現し、ワイン愛好家が関心を持つように狙っております。また京都産の日本ワインを原材料に使用することで"京都"に関心のある消費者に販売しやすい工夫をしており、将来的に各都道府県産のワインを使用したワインラングドシャ・シリーズで全国展開することでブランド価値をより一層向上させていきます。

→外装箱デザイン

有名ソムリエ監修

ワインラングドシャの監修を有名ソムリエにしていただくことで高品質な商品開発を実現。また、宣伝広告に有名ソムリエの名前を使用させていただくことで、ワイン愛好家からの関心を高め、商品のブランディングに活かしていきます。
（一箱販売で10円の監修費を支払）

京都のワイン使用

京都産のワインを使用したラングドシャをつくることで、お土産目的で注目していただけるご当地アイテムとして販売していきます。"京都"に関心ある消費者からの購入動機に繋がることが期待できます。

京都産ワインラングドシャの成功

↓

京都産以外のワインで ラングドシャを開発展開

↓

ブランド価値向上

↓

販売力・信用力の強化！

 15

16

14. チャネル戦略

ワインラングドシャの販売チャネルは、第一店舗の京都店、通販サイト、小売店への卸売りの3本柱で展開していきます。ただし、通販サイトと小売店への卸売りの業績を伸ばしていくためには、京都店での成功がなければ、消費者にも小売店バイヤーにも魅力ある商品だと認識してもらえません。そのため、開業後3年目までは京都店での販売に重点を置き、経営資源を投入していく計画です。また、通販サイトの会員登録者に対する営業アプローチは効率的な売上獲得が狙えるため、積極的に会員募集の仕掛けをしていきます。

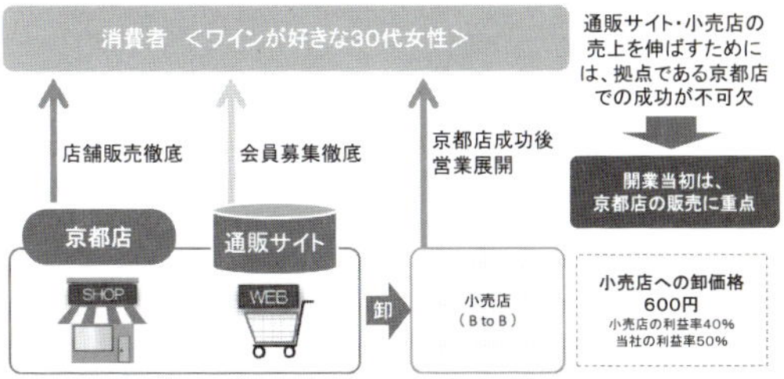

 16

17

15. 営業戦略

開業3年間は売上3，000万円達成のため、京都の店舗販売とネット通販及び会員登録者の新規獲得に重点をおきます。店舗の宣伝は、カフェ雑誌への広告掲載によって"ワイナリー風の店"のお洒落さを認知してもらい、来店してくれた方への試食サービスの案内をする。試食してくれた方にはショップカードの配布を徹底します。また通販サイトはSEO対策・バナー広告を徹底し、新規会員登録を獲得するためにサンプル品の配布を行い、定期的なメルマガ配信で購入に繋げていきます。

顧客獲得のクロージングフロー（AIDMAの法則）①店舗販売 ②通販サイト

①カフェ雑誌に広告の掲載
②SEO対策、バナー広告の掲載

①京都の消費者に来店してもらうため、毎月地域密着型カフェ雑誌に広告。
②全国の消費者にワインラングドシャを認知してもらうため、通販サイトのSEO対策・バナー広告に力を入れる。

①ワイナリー風の店づくり
②ラングドシャ専門コンテンツの制作

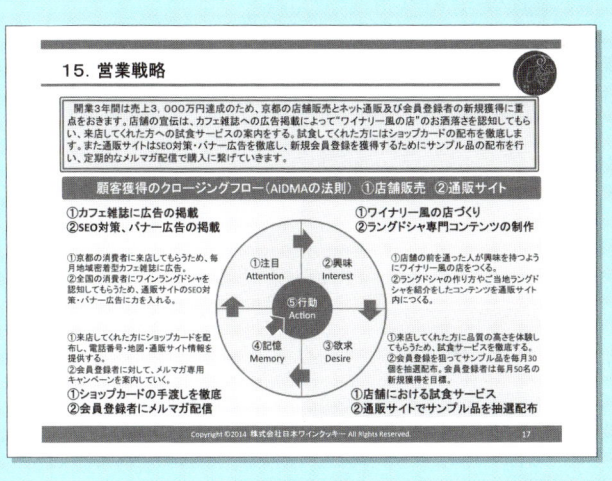

①店舗の前を通った人が興味を持つようにワイナリー風の店をつくる。
②ラングドシャの作り方やご当地ラングドシャを紹介をしたコンテンツを通販サイト内につくる。

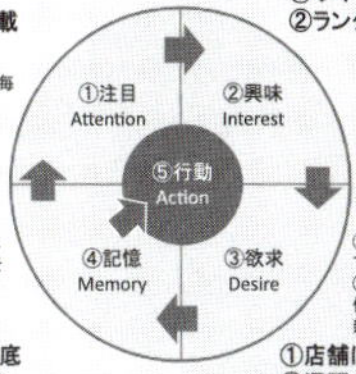

①来店してくれた方にショップカードを配布し、電話番号・地図・通販サイト情報を提供する。
②会員登録者に対して、メルマガ専用キャンペーンを案内していく。

①ショップカードの手渡しを徹底
②会員登録者にメルマガ配信

①来店してくれた方に品質の高さを体験してもらうため、試食サービスを徹底する。
②会員登録を狙ってサンプル品を毎月30個を抽選配布。会員登録者は毎月50名の新規獲得を目標。

①店舗における試食サービス
②通販サイトでサンプル品を抽選配布

 17

18

16. 生産体制

ワインラングドシャは専属パティシエによる手作りであるため、オーブンの生産能力が重要となります。開業当初は年間売上1000万円程度の規模とし、年間1万箱は生産できるオーブン設備及び人員体制を整えます。（次年度以降は、オーブン設備の追加導入して生産能力をアップさせる計画にしております。）

なお、原材料及び梱包資材を差し引いた粗利益率は70%を計画しており、生産体制は人件費率25%（売上100万/月間 以上を想定）を目安にて構築いたします。

ワインラングドシャ生産フローと人員配置

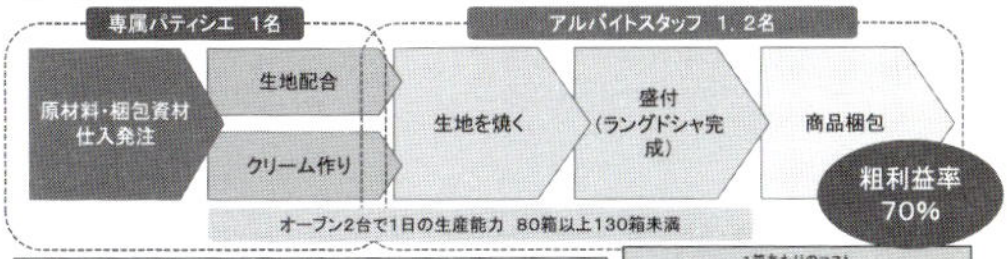

設備投資の内容

設備	金額	台数	目的	備考
オーブン	100万円	2台	生地を焼く	1時間8箱分の生産
ミキサー	5万円	2台	生地・クリーム配合	
冷蔵庫	50万円	1台	食材保存	
冷凍庫	50万円	1台	食材保存	
その他	40万円	一式		ボール・泡立て器など

1箱あたりのコスト

項目	金額
1箱の販売価格	1，000円
原材料　10個分	250円
内袋　10個分	20円
外箱　1個	20円
監修費	10円
粗利益	700円

 18

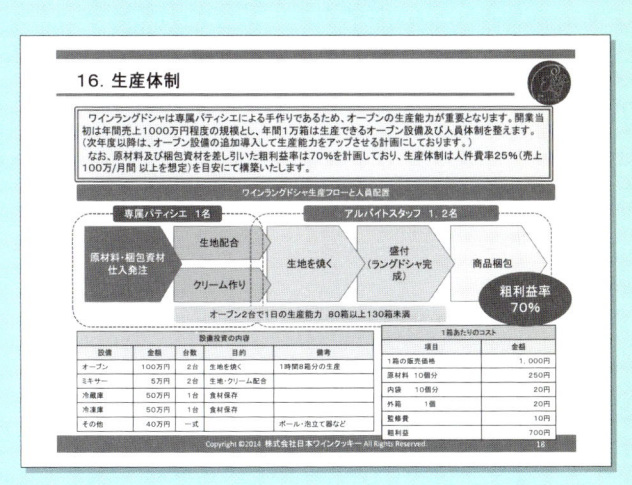

19

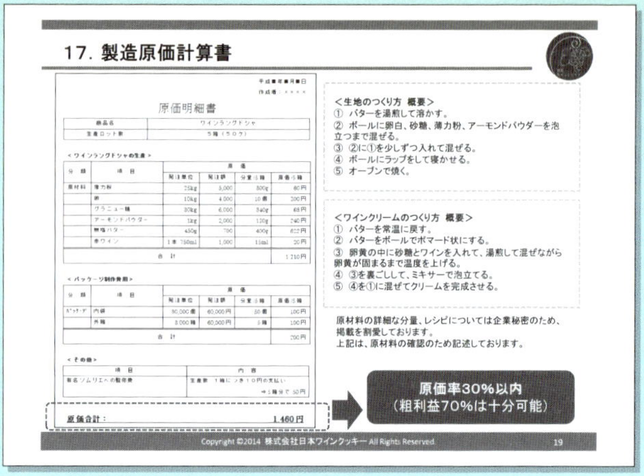
17. 製造原価計算書
平成■年■月■日
作成者：××××
原価明細書
商品名　ワインラングドシャ
生産ロット数　5箱（50ケ）
<ワインラングドシャの生産>
分類　項目　原価　発注単位　発注額　分量/5箱　原価/5箱
原材料　薄力粉　25kg　5,000　500g　60円
卵　10kg　4,000　10個　200円
グラニュー糖　30kg　6,000　340g　68円
アーモンドパウダー　1kg　2,000　120g　240円
無塩バター　450g　700　400g　622円
赤ワイン　1本 750ml　1,000　15ml　20円
合計　1,210円
<パッケージ制作費用>
分類　項目　原価　発注単位　発注額　分量/5箱　原価/5箱
パッケージ　内袋　30,000個　60,000円　50個　100円
外箱　3,000箱　60,000円　5箱　100円
合計　200円
<その他>
項目　内容
有名ソムリエへの監修費　生産数 1箱につき10円の支払い ⇒5箱分で 50円
原価合計：　1,460円
<生地のつくり方 概要>
① バターを湯煎して溶かす。
② ボールに卵白、砂糖、薄力粉、アーモンドパウダーを泡立つまで混ぜる。
③ ②に①を少しずつ入れて混ぜる。
④ ボールにラップをして寝かせる。
⑤ オーブンで焼く。
<ワインクリームのつくり方 概要>
① バターを常温に戻す。
② バターをボールでポマード状にする。
③ 卵黄の中に砂糖とワインを入れて、湯煎して混ぜながら卵黄が固まるまで温度を上げる。
④ ③を裏ごしして、ミキサーで泡立てる。
⑤ ④を①に混ぜてクリームを完成させる。
原材料の詳細な分量、レシピについては企業秘密のため、掲載を割愛しております。
上記は、原材料の確認のため記述しております。
原価率30%以内
（粗利益70%は十分可能）
Copyright ©2014 株式会社日本ワインクッキー All Rights Reserved.
19

20

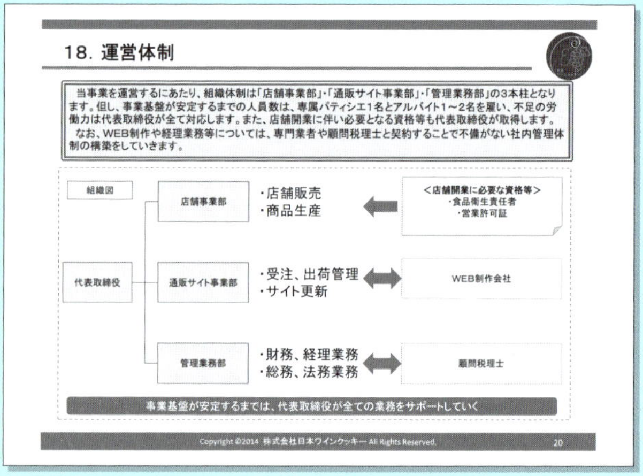
18. 運営体制
当事業を運営するにあたり、組織体制は「店舗事業部」・「通販サイト事業部」・「管理業務部」の3本柱となります。但し、事業基盤が安定するまでの人員数は、専属パティシエ1名とアルバイト1～2名を雇い、不足の労働力は代表取締役が全て対応します。また、店舗開業に伴い必要となる資格等も代表取締役が取得します。
なお、WEB制作や経理業務等については、専門業者や顧問税理士と契約することで不備がない社内管理体制の構築をしていきます。
組織図
代表取締役
店舗事業部
・店舗販売
・商品生産
<店舗開業に必要な資格等>
・食品衛生責任者
・営業許可証
通販サイト事業部
・受注、出荷管理
・サイト更新
WEB制作会社
管理業務部
・財務、経理業務
・総務、法務業務
顧問税理士
事業基盤が安定するまでは、代表取締役が全ての業務をサポートしていく
Copyright ©2014 株式会社日本ワインクッキー All Rights Reserved.
20

21

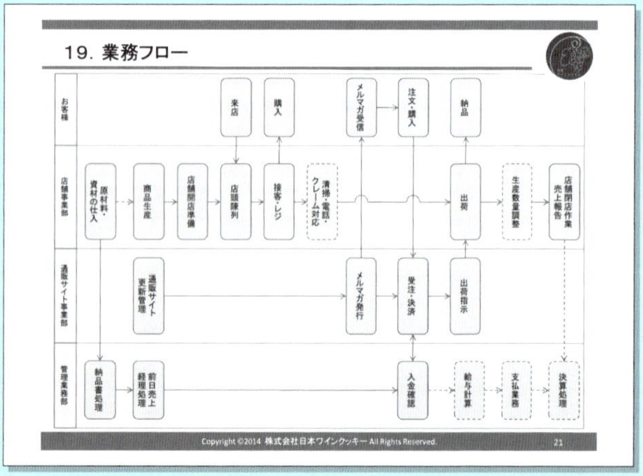
19. 業務フロー
お客様
店舗事業部
通販サイト事業部
管理業務部
来店
購入
メルマガ受信
注文・購入
納品
原材料・資材の仕入
商品生産
店舗開店準備
店頭陳列
接客・レジ
清掃・電話・クレーム対応
出荷
生産数量調整
店舗閉店作業 売上報告
通販サイト更新管理
メルマガ発行
受注・決済
出荷指示
納品書処理
前日売上経理処理
入金確認
給与計算
支払業務
決算処理
Copyright ©2014 株式会社日本ワインクッキー All Rights Reserved.
21

22

20. 事業展開スケジュール

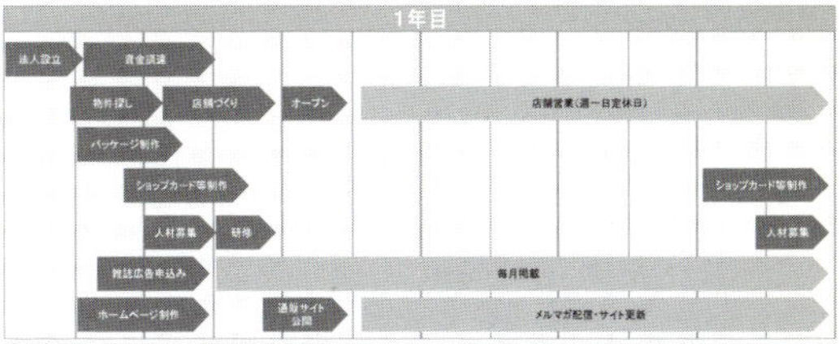

2年目	3年目	3年以降
・店舗運営のマニュアル作成 ・ラングドシャ作りのマニュアル作成 ・パティシエ1名採用予定 ・新商品の企画検討	・ラングドシャ作りの作業効率化 ・2店舗目の出店検討 ・新商品の企画検討 ・生産ライン設備の導入検討	・京都での多店舗展開 ・他府県への出店展開 ・イベント企画への参加検討 ・メディア戦略の検討

 22

23

21. 売上計画

店舗の売上高は、1日の売上箱数を目標設定して店舗運営いたします。(売上目標の根拠は下記の囲い枠参照)また、通販サイトの売上高はメルマガ配信によって営業プローチし、会員登録者の30%以上が購入に繋がる見込みです。その結果、1年目は5,481,000円、2年目は17,155,000円、3年目は30,521,000円と試算しており、売上目標3000万円を達成する計画です。

通販サイトの会員数と売上計画

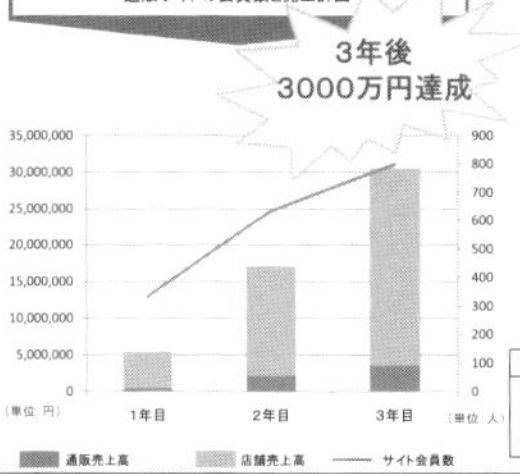

<店舗売上高　根拠>
店舗の営業日数は月25日で運営する。
1年目:8～11月20箱/1日、12～3月30箱／1日
2年目:4～7月40箱/1日、8～11月50箱/1日、12～3月60箱／1日
3年目:4～9月80箱/1日、10～3月100箱／1日

<通販サイト売上高　根拠>
・通販サイトの新規会員は毎月50名を獲得
・会員の退会者数は5%で試算
・会員登録者の商品購入は、1年目は登録者数の30%、2年目は35%、3年目は40%を目標とする。

(単位 円)

		1年目	2年目	3年目
会員数		333	636	799
	サイト	481,000	2,155,000	3,521,000
	店舗	5,000,000	15,000,000	27,000,000
売上高		5,481,000	17,155,000	30,521,000

 23

24

22. 生産計画

ワインラングドシャの生産は、営業日に店舗内の工場にて専属パティシエ主導で行う。生産個数については、日々の販売目標数量、試食・サンプル品の数量及び不良品の発生を想定して計画的に進めます。(日々の生産個数の計画は下記の囲い枠参照)なお、3年後にはオーブン2台で可能な生産数量の限界に達する予定のため、効率的に生産可能なライン設備の導入を検討いたします。また、廃棄見込みとなる商品はメルマガ配信のキャンペーン等で使用することで無駄なく売上に繋げていきます。

ワインラングドシャの生産計画

(単位 個)

	1年目	2年目	3年目
生産個数	6,750	20,000	36,000
販売数量	5,481	17,155	30,521
試食・サンプル品	740	1,860	3,060
不良品	68	200	360
廃棄見込み数量	462	785	2,059

<生産数量　根拠>
店舗の営業日数は月25日であり、営業日にワインラングドシャ生産を行う。
1年目:8～9月25箱/1日、10～11月30箱/1日、12～3月40箱／1日
2年目:4～7月55箱/1日、8～11月65箱/1日、12～3月80箱／1日
3年目:4～9月110箱/1日、10～3月130箱／1日

<不良品発生数　根拠>
・生産数量の1%が不良品と想定

3年後には生産許容量に達するため
生産ラインの導入を検討する

廃棄見込みの商品はメルマガ配信
のキャンペーン等で使用を検討

 24

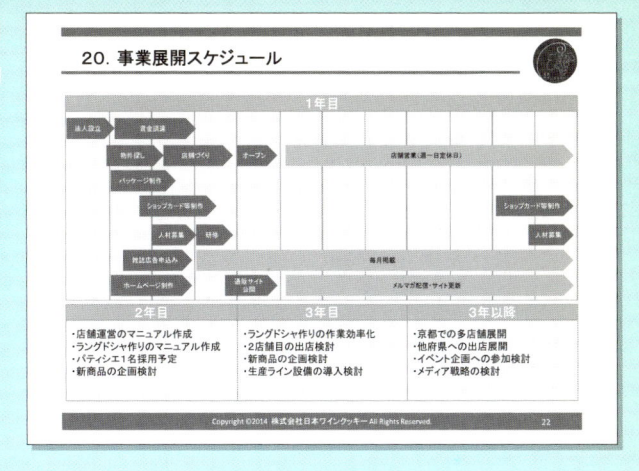

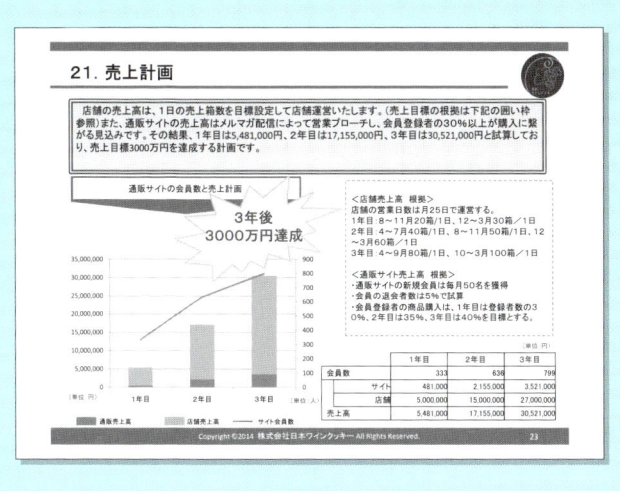

25

23. 設備投資・経費計画

法人登記費用、ホームページ制作及び店舗開業に伴う設備費用については、業者に相見積もりをして下記の通り試算しております。また、事業運営にかかる費用については、売上高・ワインラングドシャ生産数量に応じて試算しております。（不測の事態に備えるため経費の金額は、余裕のある数値を設定しております。）

開業に伴う費用

項目	内容	金額
法人登記費用	法人設立にかかる一式	40万円
ホームページ制作	初期制作費用	30万円
物件保証金	3カ月分、手続き費用	50万円
内外装工事	店づくりに必要な一式	100万円
オーブン	100万×2台	200万円
ミキサー	5万×2台	10万円
冷蔵庫	50万×1台	50万円
冷凍庫	50万×1台	50万円
店内備品	備品一式	40万円

※店舗開業にかかる設備・工事費用は500万で資金繰りに反映
※金額根拠については別途見積書参照

事業運営にかかる費用

項目	内容
家賃	月額10万円
水道光熱費・通信費	生産数量に応じて見込み金額を想定
役員報酬	1年目ゼロ、2年目10万、3年目30万
社員給料	20万円／一人
アルバイト	販売数量に応じて必要な金額を想定
ホームページ運営費	月額1万円
販促経費	雑誌掲載費等　一式月額10万円で想定
顧問税理士	経理業務の委託、月額1万5千円
雑費	1、2年目は3万円、3年目は5万円で想定

 25

26

24. 利益計画

開業1年目の営業利益は、−3,242,000円と赤字になりますが、2年目は1,715,000円、3年目は3,701,000円と黒字化いたします。この3年間で獲得してきた利益をワインラングドシャの生産ラインの導入に投資することで、生産数量の増加及び利益率アップの経営改善に取り組み、事業基盤を安定させていく方針です。

売上総利益・営業利益

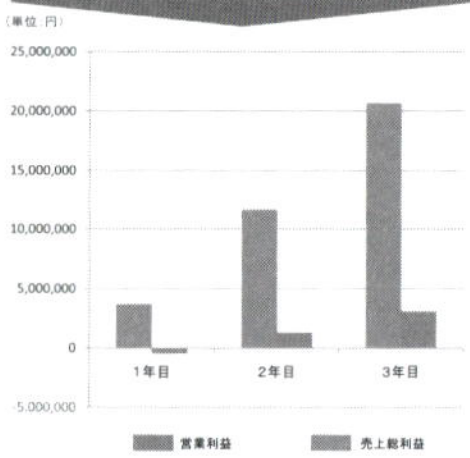

（単位 円）

	1年目	2年目	3年目
売上総利益	3,678,000	11,713,000	20,639,000
営業利益	-464,000	1,315,000	3,101,000

営業利益
10．2%

生産ラインの導入後は、
生産数量の増加及び利益率アップが見込める！
⇒ 営業利益率はさらに上昇！

 26

27

25. 資金計画

当事業をスタートさせるにあたり、店舗開業費用500万円の資金として500万円の借入を計画しております。なお、代表取締役が準備している自己資本は300万円ですが、これらは店舗家賃、専属パティシエの給料10か月分など運転資金として見込んでおります。借入500万円について5%の利息にて5年間で無理なく返済できる計画をしております。

（単位：円）

資金使途		資金調達	
店舗開業費用	5,000,000	調達予定の金額	5,000,000
家賃　10か月分	1,000,000	自己資本	3,000,000
社員給料　10か月分	2,000,000		
合計	8,000,000	合計	8,000,000

※返済期間は5年間で資金繰りのシミュレーションをしております。（別紙参照）
※利息については約5%で試算しております。

 27

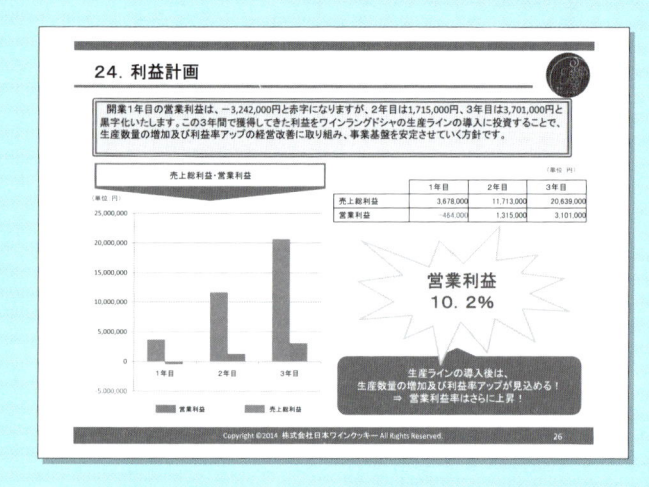

日本ワインクッキー社の売上計画

1年目		4月	5月	6月	7月	8月	9月	10月	11月	12月	1月	2月	3月	累計
新規会員						50	50	50	50	50	50	50	50	400
退会者							3	5	8	10	12	14	15	67
会員数						50	97	142	184	224	262	298	333	333
通販サイト会員数														
店舗						500	500	500	500	750	750	750	750	5,000
通販サイト	30%					15	30	43	56	68	79	90	100	481
合計						515	530	543	556	818	829	840	850	5,481
販売個数														
店舗	1000					500,000	500,000	500,000	500,000	750,000	750,000	750,000	750,000	5,000,000
通販サイト	1000					15,000	30,000	43,000	56,000	68,000	79,000	90,000	100,000	481,000
合計						515,000	530,000	543,000	556,000	818,000	829,000	840,000	850,000	5,481,000
売上金額														

2年目		4月	5月	6月	7月	8月	9月	10月	11月	12月	1月	2月	3月	累計
新規会員		50	50	50	50	50	50	50	50	50	50	50	50	600
退会者		17	19	20	22	23	25	26	27	28	29	30	31	297
会員数		366	397	427	455	482	507	531	554	576	597	617	636	636
通販サイト会員数														
店舗		1000	1000	1000	1000	1,250	1,250	- 1,250	1,250	1,500	1,500	1,500	1,500	15,000
通販サイト	35%	129	139	150	160	169	178	186	194	202	209	216	223	2,155
合計		1,129	1,139	1,150	1,160	1,419	1,428	1,436	1,444	1,702	1,709	1,716	1,723	17,155
販売個数														
店舗	1000	1,000,000	1,000,000	1,000,000	1,000,000	1,250,000	1,250,000	1,250,000	1,250,000	1,500,000	1,500,000	1,500,000	1,500,000	15,000,000
通販サイト	1000	129,000	139,000	150,000	160,000	169,000	178,000	186,000	194,000	202,000	209,000	216,000	223,000	2,155,000
合計		1,129,000	1,139,000	1,150,000	1,160,000	1,419,000	1,428,000	1,436,000	1,444,000	1,702,000	1,709,000	1,716,000	1,723,000	17,155,000
売上金額														

3年目		4月	5月	6月	7月	8月	9月	10月	11月	12月	1月	2月	3月	累計
新規会員		50	50	50	50	50	50	50	50	50	50	50	50	600
退会者		32	33	34	35	36	36	37	38	38	39	39	40	437
会員数		654	671	687	702	716	730	743	755	767	778	789	799	799
通販サイト会員数														
店舗		2000	2000	2000	2000	2000	2000	2500	2500	2500	2500	2500	2500	27,000
通販サイト	40%	262	269	275	281	287	292	298	302	307	312	316	320	3,521
合計		2,262	2,269	2,275	2,281	2,287	2,292	2,798	2,802	2,807	2,812	2,816	2,820	30,521
販売個数														
店舗	1000	2,000,000	2,000,000	2,000,000	2,000,000	2,000,000	2,000,000	2,500,000	2,500,000	2,500,000	2,500,000	2,500,000	2,500,000	27,000,000
通販サイト	1000	262,000	269,000	275,000	281,000	287,000	292,000	298,000	302,000	307,000	312,000	316,000	320,000	3,521,000
合計		2,262,000	2,269,000	2,275,000	2,281,000	2,287,000	2,292,000	2,798,000	2,802,000	2,807,000	2,812,000	2,816,000	2,820,000	30,521,000
売上金額														

日本ワインクッキー社の生産計画

1年目		4月	5月	6月	7月	8月	9月	10月	11月	12月	1月	2月	3月	累計
販売数量		0	0	0	0	515	530	543	556	818	829	840	850	5481
店舗用の試食品						50	50	50	50	75	75	75	75	500
サイト用のサンプル品						30	30	30	30	30	30	30	30	240
合計		0	0	0	0	595	610	623	636	923	934	945	955	6,221
販売・販促 個数														
生産個数						625	625	750	750	1,000	1,000	1,000	1,000	6,750
不良品数	1%					6	6	8	8	10	10	10	10	68
良品の数						619	619	743	743	990	990	990	990	6,683
生産個数														

2年目		4月	5月	6月	7月	8月	9月	10月	11月	12月	1月	2月	3月	累計
販売数量		1,129	1,139	1,150	1,160	1,419	1,428	1,436	1,444	1,702	1,709	1,716	1,723	17,155
店舗用の試食品		100	100	100	100	125	125	125	125	150	150	150	150	1,500
サイト用のサンプル品		30	30	30	30	30	30	30	30	30	30	30	30	360
合計		1,259	1,269	1,280	1,290	1,574	1,583	1,591	1,599	1,882	1,889	1,896	1,903	19,015
販売・販促 個数														
生産個数		1,375	1,375	1,375	1,375	1,625	1,625	1,625	1,625	2,000	2,000	2,000	2,000	20,000
不良品数	1%	14	14	14	14	16	16	16	16	20	20	20	20	200
良品の数		1,361	1,361	1,361	1,361	1,609	1,609	1,609	1,609	1,980	1,980	1,980	1,980	19,800
生産個数														

3年目		4月	5月	6月	7月	8月	9月	10月	11月	12月	1月	2月	3月	累計
販売数量		2,262	2,269	2,275	2,281	2,287	2,292	2,798	2,802	2,807	2,812	2,816	2,820	30,521
店舗用の試食品		200	200	200	200	200	200	250	250	250	250	250	250	2,700
サイト用のサンプル品		30	30	30	30	30	30	30	30	30	30	30	30	360
合計		2,492	2,499	2,505	2,511	2,517	2,522	3,078	3,082	3,087	3,092	3,096	3,100	33,581
販売・販促 個数														
生産個数		2,750	2,750	2,750	2,750	2,750	2,750	3,250	3,250	3,250	3,250	3,250	3,250	36,000
不良品数	1%	28	28	28	28	28	28	33	33	33	33	33	33	360
良品の数		2,723	2,723	2,723	2,723	2,723	2,723	3,218	3,218	3,218	3,218	3,218	3,218	35,640
生産個数														

日本ワインクッキー社の損益計画

1年目		4月	5月	6月	7月	8月	9月	10月	11月	12月	1月	2月	3月	累計
店舗		0	0	0	0	500,000	500,000	500,000	500,000	750,000	750,000	750,000	750,000	5,000,000
通販サイト		0	0	0	0	15,000	30,000	43,000	56,000	68,000	79,000	90,000	100,000	481,000
売上高		0	0	0	0	515,000	530,000	543,000	556,000	818,000	829,000	840,000	850,000	5,481,000
原材料等		0	0	0	0	163,500	163,500	201,000	201,000	268,500	268,500	268,500	268,500	1,803,000
売上原価		0	0	0	0	163,500	163,500	201,000	201,000	268,500	268,500	268,500	268,500	1,803,000
売上総利益		0	0	0	0	351,500	366,500	342,000	355,000	549,500	560,500	571,500	581,500	3,678,000
家賃	100,000			100,000	100,000	100,000	100,000	100,000	100,000	100,000	100,000	100,000	100,000	1,000,000
水道光熱費・通信費				10,000	10,000	50,000	50,000	50,000	50,000	50,000	50,000	50,000	50,000	420,000
役員報酬														0
社員	1名			300,000	200,000	200,000	200,000	200,000	200,000	200,000	200,000	200,000	200,000	2,100,000
アルバイト	初年度無し													0
試食・試供品						24,000	24,000	24,000	24,000	31,500	31,500	31,500	31,500	222,000
ホームページ制作				300,000										300,000
ホームページ運用費				10,000	10,000	10,000	10,000	10,000	10,000	10,000	10,000	10,000	10,000	100,000
販促経費					100,000	100,000	100,000	100,000	100,000	100,000	100,000	100,000	100,000	900,000
法人登記一式		400,000												400,000
顧問税理士		15,000	15,000	15,000	15,000	15,000	15,000	15,000	15,000	15,000	15,000	15,000	15,000	180,000
雑費	30,000	30,000	30,000	30,000	30,000	30,000	30,000	30,000	30,000	30,000	30,000	30,000	30,000	360,000
経費		445,000	45,000	765,000	465,000	529,000	529,000	529,000	529,000	536,500	536,500	536,500	536,500	4,142,000
営業利益		-445,000	-45,000	-765,000	-465,000	-177,500	-162,500	-187,000	-174,000	13,000	24,000	35,000	45,000	-464,000

2年目		4月	5月	6月	7月	8月	9月	10月	11月	12月	1月	2月	3月	累計
店舗		1,000,000	1,000,000	1,000,000	1,000,000	1,250,000	1,250,000	1,250,000	1,250,000	1,500,000	1,500,000	1,500,000	1,500,000	15,000,000
通販サイト		129,000	139,000	150,000	160,000	169,000	178,000	186,000	194,000	202,000	209,000	216,000	223,000	2,155,000
売上高		1,129,000	1,139,000	1,150,000	1,160,000	1,419,000	1,428,000	1,436,000	1,444,000	1,702,000	1,709,000	1,716,000	1,723,000	17,155,000
原材料等		373,500	373,500	373,500	373,500	441,000	441,000	441,000	441,000	546,000	546,000	546,000	546,000	5,442,000
売上原価		373,500	373,500	373,500	373,500	441,000	441,000	441,000	441,000	546,000	546,000	546,000	546,000	5,442,000
売上総利益		755,500	765,500	776,500	786,500	978,000	987,000	995,000	1,003,000	1,156,000	1,163,000	1,170,000	1,177,000	11,713,000
家賃	100,000	100,000	100,000	100,000	100,000	100,000	100,000	100,000	100,000	100,000	100,000	100,000	100,000	1,200,000
水道光熱費・通信費		50,000	50,000	50,000	50,000	65,000	65,000	65,000	65,000	80,000	80,000	80,000	80,000	780,000
役員報酬	100,000	100,000	100,000	100,000	100,000	100,000	100,000	100,000	100,000	100,000	100,000	100,000	100,000	1,200,000
社員	2月1名追加	200,000	200,000	200,000	200,000	200,000	200,000	200,000	200,000	400,000	400,000	400,000	400,000	3,200,000
アルバイト		100,000	100,000	100,000	100,000	100,000	100,000	100,000	100,000	200,000	200,000	200,000	200,000	1,600,000
試食・試供品		39,000	39,000	39,000	39,000	46,500	46,500	46,500	46,500	54,000	54,000	54,000	54,000	558,000
ホームページ運用費		10,000	10,000	10,000	10,000	10,000	10,000	10,000	10,000	10,000	10,000	10,000	10,000	120,000
販促経費		100,000	100,000	100,000	100,000	100,000	100,000	100,000	100,000	100,000	100,000	100,000	100,000	1,200,000
顧問税理士		15,000	15,000	15,000	15,000	15,000	15,000	15,000	15,000	15,000	15,000	15,000	15,000	180,000
雑費	30,000	30,000	30,000	30,000	30,000	30,000	30,000	30,000	30,000	30,000	30,000	30,000	30,000	360,000
経費		744,000	744,000	744,000	744,000	766,500	766,500	766,500	766,500	1,089,000	1,089,000	1,089,000	1,089,000	8,658,000
営業利益		11,500	21,500	32,500	42,500	211,500	220,500	228,500	236,500	67,000	74,000	81,000	88,000	1,315,000

3年目		4月	5月	6月	7月	8月	9月	10月	11月	12月	1月	2月	3月	累計
店舗		2,000,000	2,000,000	2,000,000	2,000,000	2,000,000	2,000,000	2,500,000	2,500,000	2,500,000	2,500,000	2,500,000	2,500,000	27,000,000
通販サイト		262,000	269,000	275,000	281,000	287,000	292,000	298,000	302,000	307,000	312,000	316,000	320,000	3,521,000
売上高		2,262,000	2,269,000	2,275,000	2,281,000	2,287,000	2,292,000	2,798,000	2,802,000	2,807,000	2,812,000	2,816,000	2,820,000	30,521,000
原材料等		756,000	756,000	756,000	756,000	756,000	756,000	891,000	891,000	891,000	891,000	891,000	891,000	9,882,000
売上原価		756,000	756,000	756,000	756,000	756,000	756,000	891,000	891,000	891,000	891,000	891,000	891,000	9,882,000
売上総利益		1,506,000	1,513,000	1,519,000	1,525,000	1,531,000	1,536,000	1,907,000	1,911,000	1,916,000	1,921,000	1,925,000	1,929,000	20,639,000
家賃	100,000	100,000	100,000	100,000	100,000	100,000	100,000	100,000	100,000	100,000	100,000	100,000	100,000	1,200,000
水道光熱費・通信費		100,000	100,000	100,000	100,000	100,000	100,000	120,000	120,000	120,000	120,000	120,000	120,000	1,320,000
役員報酬		300,000	300,000	300,000	300,000	300,000	300,000	300,000	300,000	300,000	300,000	300,000	300,000	3,600,000
社員	2名	400,000	400,000	400,000	400,000	400,000	400,000	400,000	400,000	400,000	400,000	400,000	400,000	4,800,000
アルバイト		300,000	300,000	300,000	300,000	300,000	300,000	300,000	300,000	300,000	300,000	300,000	300,000	3,600,000
試食・試供品		69,000	69,000	69,000	69,000	69,000	69,000	84,000	84,000	84,000	84,000	84,000	84,000	918,000
ホームページ運用費		10,000	10,000	10,000	10,000	10,000	10,000	10,000	10,000	10,000	10,000	10,000	10,000	120,000
販促経費		100,000	100,000	100,000	100,000	100,000	100,000	100,000	100,000	100,000	100,000	100,000	100,000	1,200,000
顧問税理士		15,000	15,000	15,000	15,000	15,000	15,000	15,000	15,000	15,000	15,000	15,000	15,000	180,000
雑費	50,000	50,000	50,000	50,000	50,000	50,000	50,000	50,000	50,000	50,000	50,000	50,000	50,000	600,000
経費		1,444,000	1,444,000	1,444,000	1,444,000	1,444,000	1,444,000	1,479,000	1,479,000	1,479,000	1,479,000	1,479,000	1,479,000	15,558,000
営業利益		62,000	69,000	75,000	81,000	87,000	92,000	428,000	432,000	437,000	442,000	446,000	450,000	3,101,000

日本ワインクッキー社の資金繰り計画表

		1年目											
資金繰り計画表		4月	5月	6月	7月	8月	9月	10月	11月	12月	1月	2月	3月
前月繰越金		3,000,000	2,570,000	2,525,000	7,480,000	1,627,500	1,387,500	1,107,500	805,000	517,500	418,000	331,500	257,000
店舗売上	現金	0	0	0	0	500,000	500,000	500,000	500,000	750,000	750,000	750,000	750,000
通販サイト売上	カード	0	0	0	0	0	0	15,000	30,000	43,000	56,000	68,000	79,000
ビジネスの収入		0	0	0	0	500,000	500,000	515,000	530,000	793,000	806,000	818,000	829,000
当月払いの経費		430,000	30,000	30,000	30,000	217,500	217,500	255,000	255,000	330,000	330,000	330,000	330,000
翌月払いの経費		0	15,000	15,000	735,000	435,000	475,000	475,000	475,000	475,000	475,000	475,000	475,000
ビジネスの支出		430,000	45,000	45,000	765,000	652,500	692,500	730,000	730,000	805,000	805,000	805,000	805,000
ビジネス収支		−430,000	−45,000	−45,000	−765,000	−152,500	−192,500	−215,000	−200,000	−12,000	1,000	13,000	24,000
借入金				5,000,000									
財務の収入		0	0	5,000,000	0	0	0	0	0	0	0	0	0
設備投資					5,000,000								
借入金の返済	5%				87,500	87,500	87,500	87,500	87,500	87,500	87,500	87,500	87,500
財務の支出		0	0	0	5,087,500	87,500	87,500	87,500	87,500	87,500	87,500	87,500	87,500
月末資金		2,570,000	2,525,000	7,480,000	1,627,500	1,387,500	1,107,500	805,000	517,500	418,000	331,500	257,000	193,500

		2年目											
資金繰り計画表		4月	5月	6月	7月	8月	9月	10月	11月	12月	1月	2月	3月
前月繰越金		193,500	278,500	173,500	97,500	31,500	151,500	266,500	390,500	523,500	802,000	773,500	753,000
店舗売上	現金	1,000,000	1,000,000	1,000,000	1,000,000	1,250,000	1,250,000	1,250,000	1,250,000	1,500,000	1,500,000	1,500,000	1,500,000
通販サイト売上	カード	90,000	100,000	129,000	139,000	150,000	160,000	169,000	178,000	186,000	194,000	202,000	209,000
ビジネスの収入		1,090,000	1,100,000	1,129,000	1,139,000	1,400,000	1,410,000	1,419,000	1,428,000	1,686,000	1,694,000	1,702,000	1,709,000
当月払いの経費		442,500	442,500	442,500	442,500	517,500	517,500	517,500	517,500	630,000	630,000	630,000	630,000
翌月払いの経費		475,000	675,000	675,000	675,000	675,000	690,000	690,000	690,000	690,000	1,005,000	1,005,000	1,005,000
ビジネスの支出		917,500	1,117,500	1,117,500	1,117,500	1,192,500	1,207,500	1,207,500	1,207,500	1,320,000	1,635,000	1,635,000	1,635,000
ビジネス収支		172,500	−17,500	11,500	21,500	207,500	202,500	211,500	220,500	366,000	59,000	67,000	74,000
借入金													
財務の収入		0	0	0	0	0	0	0	0	0	0	0	0
設備投資													
借入金の返済	5%	87,500	87,500	87,500	87,500	87,500	87,500	87,500	87,500	87,500	87,500	87,500	87,500
財務の支出		87,500	87,500	87,500	87,500	87,500	87,500	87,500	87,500	87,500	87,500	87,500	87,500
月末資金		278,500	173,500	97,500	31,500	151,500	266,500	390,500	523,500	802,000	773,500	753,000	739,500

		3年目											
資金繰り計画表		4月	5月	6月	7月	8月	9月	10月	11月	12月	1月	2月	3月
前月繰越金		739,500	988,000	923,500	898,000	879,500	867,000	860,500	1,210,000	1,544,500	1,885,000	2,229,500	2,579,000
店舗売上	現金	2,000,000	2,000,000	2,000,000	2,000,000	2,000,000	2,000,000	2,500,000	2,500,000	2,500,000	2,500,000	2,500,000	2,500,000
通販サイト売上	カード	216,000	223,000	262,000	269,000	275,000	281,000	287,000	292,000	298,000	302,000	307,000	312,000
ビジネスの収入		2,216,000	2,223,000	2,262,000	2,269,000	2,275,000	2,281,000	2,787,000	2,792,000	2,798,000	2,802,000	2,807,000	2,812,000
当月払いの経費		875,000	875,000	875,000	875,000	875,000	875,000	1,025,000	1,025,000	1,025,000	1,025,000	1,025,000	1,025,000
翌月払いの経費		1,005,000	1,325,000	1,325,000	1,325,000	1,325,000	1,325,000	1,325,000	1,345,000	1,345,000	1,345,000	1,345,000	1,345,000
ビジネスの支出		1,880,000	2,200,000	2,200,000	2,200,000	2,200,000	2,200,000	2,350,000	2,370,000	2,370,000	2,370,000	2,370,000	2,370,000
ビジネス収支		336,000	23,000	62,000	69,000	75,000	81,000	437,000	422,000	428,000	432,000	437,000	442,000
借入金													
財務収入		0	0	0	0	0	0	0	0	0	0	0	0
設備投資													
借入金の返済	5%	87,500	87,500	87,500	87,500	87,500	87,500	87,500	87,500	87,500	87,500	87,500	87,500
財務支出		87,500	87,500	87,500	87,500	87,500	87,500	87,500	87,500	87,500	87,500	87,500	87,500
月末資金		988,000	923,500	898,000	879,500	867,000	860,500	1,210,000	1,544,500	1,885,000	2,229,500	2,579,000	2,933,500

おわりに

本書を最後までお読みいただき、誠にありがとうございました。

事業計画書をつくらずにビジネスをはじめる方が圧倒的に多く、開業後２～３年で消えていく会社が大半というのが現実です。本書を通じて、１人でも多くの方が事業計画書の重要性を得心し、新規事業・起業独立にチャレンジしていただけたら、これ以上に嬉しいことはありません。

本文を読むだけでも事業計画書に関する知識・ノウハウがわかるように心掛けましたが、実際に事業計画書をつくることで理解度がさらに高くなり、そして実務ノウハウの習得にも繋がります。

初めて事業計画書をつくる時は大変かもしれませんが、一度つくれば二度目以降はグッと楽に作業できます。実務ノウハウも経験値に比例して向上し、幅広い視点でビジネスを客観的に分析するコツもつかめるはずです。

私が今まで培ってきたノウハウを実践していただいた結果、皆様のビジネスが良い方向に進むことを切に願って本書のおわりとさせていただきます。

最後に本書の執筆にあたり、クッキー商品開発に関する情報提供にご快諾いただいた京都SAZAREの國枝輝之様、そして執筆作業全般で多大なご協力をいただきました編集担当の昆清徳様には厚く御礼申し上げます。

本書内容に関するお問い合わせについて

このたびは翔泳社の書籍をお買い上げいただき、誠にありがとうございます。弊社では、読者の皆様からのお問い合わせに適切に対応させていただくため、以下のガイドラインへのご協力をお願い致しております。下記項目をお読みいただき、手順に従ってお問い合わせください。

●ご質問される前に

弊社Webサイトの「正誤表」をご参照ください。これまでに判明した正誤や追加情報を掲載しています。

正誤表　http://www.shoeisha.co.jp/book/errata/

●ご質問方法

弊社Webサイトの「刊行物Q＆A」をご利用ください。

刊行物Q＆A　http://www.shoeisha.co.jp/book/qa/

インターネットをご利用でない場合は、FAXまたは郵便にて、下記"翔泳社愛読者サービスセンター"までお問い合わせください。電話でのご質問は、お受けしておりません。

●郵便物送付先およびFAX番号

送付先住所　〒160-0006　東京都新宿区舟町５

FAX番号　03-5362-3818

宛先　（株）翔泳社 愛読者サービスセンター

●回答について

回答は、ご質問いただいた手段によってご返事申し上げます。ご質問の内容によっては、回答に数日ないしはそれ以上の期間を要する場合があります。

●ご質問に際してのご注意

本書の対象を越えるもの、記述個所を特定されないもの、また読者固有の環境に起因するご質問等にはお答えできませんので、予めご了承ください。

※本書に記載されたURL等は予告なく変更される場合があります。

※本書の出版にあたっては正確な記述につとめましたが、著者や出版社などのいずれも、本書の内容に対してなんらかの保証をするものではなく、内容やサンプルに基づくいかなる運用結果に関してもいっさいの責任を負いません。

※本書に記載されている情報は2014年６月執筆時点のものです。商品の価格、店舗の情報などは変動することがありますのでご了承ください。

著者紹介

石井真人 いしい まさと

事業戦略コンサルタント。
京都在住。ファクストリ代表。
事業計画書作成代行・商品開発コーディネートを主たるサービスとし、ご当地ビジネスのコンサルティング実績も多数。
「あなたのアイデア、あなたのビジョンをストーリー化します」を事業コンセプトとし、経営者の思いを実現するため、頭・手・体を使ってサポートすることをモットーとする。
各種団体への講演活動等も行う。
ホームページ：http://facstory.work/

STAFF

カバー・本文デザイン……菅野綾子
カバーイラスト……寺山武士
本文イラスト……武曽宏幸
本文DTP……株式会社イーフィールド
編集……昆清徳（株式会社翔泳社）

自《じ》分《ぶん》でパパッとできる事《じ》業《ぎょう》計《けい》画《かく》書《しょ》

2014年7月18日　初版第1刷発行
2019年12月5日　初版第4刷発行

著者……石井真人
発行人……佐々木幹夫
発行所……株式会社翔泳社（https://www.shoeisha.co.jp/）
印刷・製本……株式会社廣済堂

ISBN978-4-7981-3743-8 Printed in Japan